大数据时代高校教育管理理论与实践研究

饶 彬 著

湘潭大学出版社
XIANGTAN UNIVERSITY PRESS

图书在版编目（CIP）数据

大数据时代高校教育管理理论与实践研究 / 饶彬著
. -- 湘潭 : 湘潭大学出版社 , 2023.4
ISBN 978-7-5687-1233-0

Ⅰ. ①大… Ⅱ. ①饶… Ⅲ. ①高等教育－教育管理－研究－中国 Ⅳ. ① G649.2

中国国家版本馆 CIP 数据核字 (2023) 第 164022 号

大数据时代高校教育管理理论与实践研究

DASHUJU SHIDAI GAOXIAO JIAOYU GUANLI LILUN YU SHIJIAN YANJIU

饶彬 著

策划编辑：丁立松
责任编辑：丁立松　郑子豪
封面设计：清　清
出版发行：湘潭大学出版社
社　　址：湖南省湘潭大学工程训练大楼
电　　话：0731-58298960 0731-58298966（传真）
邮　　编：411105
网　　址：http://press.xtu.edu.cn/
印　　刷：长沙创峰印务有限公司
经　　销：湖南省新华书店
开　　本：710 mm×1000 mm 1/16
印　　张：12.75
字　　数：229 千字
版　　次：2023 年 4 月第 1 版
印　　次：2023 年 4 月第 1 次印刷
书　　号：ISBN 978-7-5687-1233-0
定　　价：58.00 元

前言

PREFACE

大数据是对大量、动态、能持续的数据，运用新系统、新工具、新模型的挖掘，从而获得具有洞察力和新价值的信息。以前，面对庞大的数据，我们可能会一叶障目，只见一斑，不能了解到事物的真正本质，导致在科学工作中得到错误的推断，而大数据时代的来临，一切真相将会展现在大家面前。

在知识经济时代，行业市场中的竞争等同于人力资源的竞争，而优秀人才的培养则要依赖于科学高效的教育。纵观我国高校的教育现状，虽然教育水平有了比较明显的提升，但是有关教育管理信息化的建设仍然存在很多问题。教育信息化最主要的目标是将信息技术巧妙地应用到高校的教育管理工作中，借助于网络的力量来丰富高校教育内容，以便更好地满足现代创新人才的需求。高校的教育管理水平想要达到新高度，就必须积极改进传统教育管理方法，不仅要合理应用先进大数据信息技术，而且还要整合一切现有资源，将其实际价值淋漓尽致地发挥出来。

高校教育管理是国家教育体系中的重要组成部分，在保证高校人才培养质量、规范大学教育管理秩序、培养社会主义事业合格建设者和可靠接班人等方面发挥着十分重要的作用。新时期，高校教育管理工作处于一个开放、多元、变革的环境。在经济全球化、文化多元化、社会信息化的背景下，随着高等教育大众化趋势的发展，高校学生管理工作也发生着深刻变化。面对学分制与弹性学制管理、缴费上学与学生自主择业、后勤管理服务社会化改革等趋势，在高校教育管理中，如何处理好管理与育人的关系？如何处理好以人为本和依法管理的关系？如何处理好个体发展与群体秩序的关系？如何处理好现实空间与虚拟空间学生管理的关系？如何处理好高校教育管理工作继承与创新的关系？这既是当前高校教育管理工作的基本问题，也是加强和改进高校教育管理工作的关键所在。

教育管理就是管理者通过组织协调教育队伍，充分发挥教育人力、财力、物力等信息的作用，利用教育内部各种有利条件，高效率地实现教育管理目标的活动过程；是国家对教育系统进行组织协调控制的一系列活动。本书对高校教育管理的相关问题进行了系统的阐述及概念解析，并全面深入地剖析高校教育管理模式的创新与实践问题，明晰高校教育管理模式的分类与创新策略，并对高校教育管理模式的发展提出了建设性意见。

此书对于高校管理者具有一定的学术参考价值。由于时间仓促，笔者水平有限，难免存在不足之处，我们真诚地希望读者对本书提出宝贵的意见和建议。

作者

2023 年 11 月

目 录

CONTENTS

第一章　大数据综述

大数据这个概念是由最先经历信息爆炸的学科，如天文学和基因学创造出来的。如今这个概念已经应用到了几乎所有人类致力于发展的领域中。本章具体阐述大数据的相关概念。

第一节　大数据的概念与特征

一、大数据的概念

（一）大数据的定义

大数据并非一个确切的概念。最初，这个概念是指需要处理的信息量过大，已经超出了一般电脑在处理数据时所能使用的内存量，因此，工程师们必须改进处理数据的工具。大数据这个术语最早应用于 apache. org 的开源项目 Nutch，用来表达批量处理或分析网络搜索索引产生的大量数据集。

谷歌公开发布 Map Reduce 和 Google File System(GFS)之后，大数据不仅包含数据的体量，而且强调数据的处理速度。在数据分析领域，大数据是前沿技术。

大数据以及数据仓库、数据分析、数据安全和数据挖掘是 IT 行业时下最火爆的词汇，大数据的商业价值已经成为信息行业争相追逐的焦点。大数据包括各种互联网信息，更包括各种交通工具、生产设备、工业器材上的传感器，随时随地进行测量，不间断传递着海量的信息数据。利用新处理模式，大数据具有较强的决策力和洞察力，能够优化流程，实现高增长率，处理海量的多样化信息资产。归根结底，大数据技术可以快速处理不同种类的数据，从中获得有价值的信息，并快速处理。只有快速才能发挥其实际作用。

随着网络、传感器和服务器等硬件设施全面发展，大数据技术促使众多企业融合自身需求，创造出难以想象的经济效益，实现巨大的社会价值和商业价值。

各行各业利用大数据产生极大增值和效益，表现出前所未有的社会能力，而绝不只是数据本身。所以，大数据可以定义为在合理时间内采集、处理大规模资料，帮助使用者更有效决策的社会过程。

在今天，大数据是人们获得新的认知、创造新的价值的源泉，大数据还可以改变各种服务关系。

（二）大数据的本质

观察人类认识史可以发现，对信息的认识史就是人类的认识进步史与实践发展史。人类历史上经历过四次信息革命。第一次是创造语言，语言表明人类要求表达、认识世界并开始作用于世界。通过语言产生思维，将事物的信息抽象表达为声音这个即时载体，但语言的限制和缺点是无法突破个体的时空。第二次是创造文字以及随之而来的造纸与印刷的技术，实现了人类远距离和跨时空的思想传递。文字虽然突破了时间空间上的限制，但需要耗费太高的交流成本和传播成本。第三次是发明电信通信——电报、广播、电视，实现了文字、声音和图像信息的远距离即时传递，为电子计算机与互联网创造奠定了基础。第四次是电子计算机与互联网的创造，是一次空前的伟大结合。现代通信技术和电子计算机的有效结合，使信息的传递速度和处理速度得到了巨大的提高。人类掌握信息、利用信息的能力达到了空前的高度，人类社会进入了信息社会。在一定意义上可以说，人类文明史是一部信息技术的发展进化史。

1. 信息

哈特莱（R. V. Hartley）1928 年在《信息传输》一文中对信息的定义是有新内容、新知识的消息。信息的奠基人香农（C. E. Shannon）1948 年提出信息是消除随机不确定性、是肯定性的确认和确定性的增加，并提出信息量的概念和信息熵的计算方法，从而奠定了信息论的基础。美国数学家诺伯特·维纳在《控制论——动物和机器中的通信与控制问题》中指出，信息是适应控制外部世界的过程中，同外部世界交换的内容，信息就是信息，既非物质，也非能量。

从本体论层次看，信息可定义为事物的存在方式和运动状态的表现形式。事物泛指存在于人类社会、思维活动和自然界中一切可能的对象，存在方式指事物的内部结构和外部联系，运动状态指事物在时空变化的特征和规律。从认识论层次看，信息是主体所感知或表述的事物存在的方式和运动状态。主体所感知的是外部世界向主体输入的信息，主体所表述的则是主体向外部世界输出的信息。

2. 数据

数据就是指能够客观反映事实的数字和资料，可定义为用意义的实体表达事物的存在形式，是表达知识的字符集合。性质可分为表示事物属性的定性数据和反映事物数量特征的定量数据。按表现形式可分为数字数据和模拟数据，模拟数据又可以分为符号数据、文字数据、图形数据和图像数据等。

数据在计算机领域是指可以输入电子计算机的一切字母、数字、符号，具有一定意义，能够被程序处理，是信息系统的组成要素。数据可以记录或传输，并通过外围设备在物理介质上被计算机接受，经过处理而得到结果。计算机系统的每个操作都要处理数据，通过转换、检索、归并、计算、制表和模拟等操作，经过解释并赋予一定的意义之后便成为信息，可以得到人们需要的结果。分析数据中包含的主要特征，就是对数据进行分类、采集、录入、储存、统计检验、统计分析等一系列活动，接收并且解读数据才能获取信息。

3. 数据与信息

数据是信息的载体，信息是有背景的数据，而知识是经过人类的归纳和整理，最终呈现规律的信息。但进入信息时代之后，“数据”二字的内涵开始扩大：不仅指代“有根据的数字”，还统指一切保存在电脑中的信息，包括文本、图片、视频等。

简单地说，信息是经过加工的数据，或者说，信息是数据处理的结果。信息与数据是不可分离的，数据是信息的表现形式，信息是数据的内涵。数据本身并没有意义，数据只有对实体行为产生影响时才成为信息。信息可以离开信息系统而独立存在，也可以离开信息系统的各个组成部分和阶段而独立存在；而数据的格式往往与计算机系统有关，并随载荷它的物理设备的形式而改变。大数据可以被看作依靠信息技术支持的信息群。

（三）大数据的分类

1. 依据来源不同分类

大数据依据来源不同一般分为四类：科研数据、互联网数据、感知数据和企业数据。

（1）科研数据。

科研数据在大数据时代前很久就存在，可能来自生物工程、天文望远镜或粒子对撞机，不一而足。这些数据存在于封闭系统中，使用者都是传统上做高性能计算（HPC）的企业，很多大数据技术脱胎于 HPC。

科研数据存在于具有极高计算速度且性能优越的机器的研究机构，包括生物工程研究以及粒子对撞机或天文望远镜，例如，位于欧洲的核子研究中心装备的大型强子对撞机，在其满负荷的工作状态下每秒就可以产生 PB 级的数据。

（2）互联网数据。

互联网大数据是时代的主流，尤其社交媒体是近年来大数据的主要来源，几乎所有的大数据技术都源于快速发展的国际互联网企业。比如，以搜索著称的百度与谷歌的数据规模都已经达到上千 PB 的规模级别，而应用广泛、影响巨大的脸谱、亚马逊、雅虎、阿里巴巴的数据都突破上百 PB。互联网数据增长的驱动力，一是梅特卡夫定律，二是扎克伯格反复引用的信息分享理论——一个人分享的信息，每一到两年翻番。

大型互联网企业的大数据生态系统比较独特，一方面不同程度上参与开源，另一方面维护自给自足的生态系统，甚至连硬件都越来越依靠自己了。从谷歌开始，后有 Facebook 的 Open Compute Project，国内则有 TAB 主导的天蝎计划。大型互联网公司不只是自身产生大体量数据，它还有平台级的带动作用，如 Facebook 之于 Zynga，阿里牵头做的数据交换平台。中型互联网公司，基本上也能够维持大数据技术团队，只不过与大型互联网公司的核心开发能力和社区贡献能力相比，它们更多部重兵在外围开发、优化和运维。当然，它们多少会有一些绝招，如豆瓣的推荐。三线互联网公司有数据但没有大数据能力，这催生了一些大数据技术和服务的机会，如百分点为电商网站做个性化推荐和营销分析等。

（3）感知数据。

进入移动互联网时代后，随着移动平台的感知功能和 LBS 基于位置服务的普及，感知数据逐渐与互联网数据越来越重叠，感知数据的体量同样惊人，并且总量或许可能不亚于社交媒体。

（4）企业数据。

企业数据种类繁杂，企业数据和感知数据本质上也并不是 MECE（不重复、不遗漏）的划分。企业同样可以通过物联网收集大量的感知数据，增长极其迅猛。之所以把它们分为两类，是传统上认为企业数据是人产生的，感知数据是物、传感器、标识等机器产生的。企业外部数据则日益吸纳社交媒体数据，内部数据不仅有结构化数据，更多是越来越多的非结构化数据。由早期电子邮件和文档文本等扩展到社交媒体与感知数据，包括多种多样的音频、视频、图片、模拟信号等。

之所以把企业数据和感知数据放在一起讲，是因为它们都涉及传统产业，从经济总量上要比互联网产业大很多，而且传统产业自身的大数据能力有限，所以这是大数据技术和服务企业的主要目标市场。但目前的现实是，就单个企业而言，具有大数据需求的并不多见。通过数据采集和分析来提升制造业的效率，会是个很大的市场，这是工业物联网，但未必是大数据。

互联网上的大数据不容易分类，百度把数据分为用户搜索产生的需求数据以及通过公共网络获取的数据；阿里巴巴则根据其商业价值分为交易数据、社交数据、信用数据和移动数据；腾讯善于挖掘用户关系数据，并且在此基础上生成社交数据。通过数据进行分析人们的许多想法和行为，从中发现政治治理、文化活动、社会行为、商业发展、身体健康等各个领域的各种信息，进而可以预测未来。互联网大数据可以分为互联网金融数据以及用户消费产生的行为、地理位置以及社交等大量数据。

2. 依据使用主体分类

从社会宏观角度，根据其使用主体可分为三类：政府的大数据、企业的大数据、个人的大数据。

（1）政府的大数据。

各级政府各个机构拥有海量的原始数据，构成社会发展与运行的基础，包括形形色色的环保、气象、电力等生活数据；道路交通、自来水、住房等公共数据；安全、海关、旅游等管理数据；教育、医疗、信用及金融等服务数据。在具体的政府单一部门里面，无数数据固化而没有产生任何价值。如果关联这些数据使其流动起来并综合分析有效管理，这些数据将产生巨大的社会价值和经济效益。

现代城市依托网络智能走向智慧，无论智能电网与智慧医疗，还是智能交通和智慧环保都离不开大数据的支撑，大数据是智慧城市的核心资本。

2015 年 12 月 16 日，习近平总书记在乌镇峰会开幕致辞中提出了关于推进全球互联网治理体系的四点原则和构建网络空间命运共同体的五点主张，这对于互联网时代的新型智慧城市建设这一重大主题具有十分重要的指导作用，尤其是加快网络基础设施建设、推动网络经济创新发展、保障网络安全等主张，指明了新型智慧城市建设的关键所在。

2015 年 12 月 17 日，互联网大会“数字中国论坛”上中国电科樊友山做《携手共建新型智慧城市美好未来》的主题演讲，认为“新型智慧城市”在“国家治理体系不断推进、国家发展理念不断深入、数字中国建设不断发展”三方面具有重要意义，并提出了新型智慧城市“六个一”建设理念。

2019年3月21-22日，以“因聚而生·智能进化”为主题的2019华为中国生态伙伴大会在福州举行，中地数码作为华为在空间地理信息领域重要合作伙伴受邀参会，并发布了《华为 & 中地时空大数据联合解决方案》《华为云——中地数码智慧城市严选方案》两款解决方案。本次推出的联合方案将为城市提供强大的时空数据存储、管理、分析和计算能力，打通与地理信息紧密结合的遥感、无人机、点云、倾斜摄影、BIM、VR/AR等技术环节，从地下到地上、室外到室内、现实到虚拟、静态到动态等多个维度来诠释智慧时空的理念，此外通过将MapGIS与华为机器学习、深度学习技术进行融合，提供智能化GIS服务产品，也为空间问题智能化解决提供了新的支撑工具。①

（2）企业的大数据。

企业离不开数据支持有效决策。只有通过数据才能快速发展、实现利润、维护客户、传递价值、支撑规模、增加影响、撬动杠杆、带来差异、服务买家、提高质量、节省成本、扩大吸引力、打败对手、开拓市场。企业需要大数据的帮助，才能对快速膨胀的消费者群体提供差异化的产品或服务，实现精准营销。网络企业更应该依靠大数据实现服务升级与方向转型，而传统企业面临无处不在的互联网压力，同样必须谋求变革，实现融合，不断前进。

随着信息技术的发展，数据成为企业的核心资产和基本要素，数据变成产业进而成长为供应链模式，慢慢连接为贯通的数据供应链。互联网时代，互相自由连通的外部数据的重要性逐渐超过单一的内部数据，企业个体的内部数据更是难以和整个互联网数据相提并论。综合提供数据、推动数据应用、整合数据加工的新型公司明显具有竞争优势。

大数据时代产生影响巨大的互联网企业，而传统IT公司随着网络社会的到来开始进入互联网领域，需要云计算与大数据技术改善产品、提升平台、实现升级，这两类公司互相借鉴、相互合作、彼此竞争。

（3）个人的大数据。

每个人都能通过互联网建立属于自己的信息中心，积累、记录、采集、储存个人的一切大数据信息。根据相关法律规定，经过本人亲自授权，所有个人相关信息将转化为有价值的数据，被第三方采集及快速处

① 樊友山．携手共建新型智慧城市美好未来［N］．中国日报．2015-12-19.

理，获得个性化的数据服务。各种可穿戴设备，包括植入的各种芯片都可以通过感知技术获得包括但不限于体温、心率、视力等各类身体数据，以及社会关系、地理位置、购物活动等各类社会数据。个人可以选择将身体数据授权提供给医疗服务机构，以便监测出当前的身体状况，制订私人健康计划；还能把个人金融数据授权给专业的金融理财机构，以便制订相应的理财规划并预测收益。国家有关部门还会在法律允许的范围内，经过严格程序、实时监控公共安全，预防犯罪。

个人的大数据严格受法律保护，其他第三方机构必须按法律规定授权使用，数据必须接受公开、透明、全面监管；采集个人数据应该明确按照国家立法要求，由用户自己决定采集的内容与范围；数据只能由用户明确授权才能处理。

（四）大数据的技术

大数据技术包括大数据科学、大数据工程和大数据应用。大数据科学指在大数据网络的快速发展和运营过程中寻找规律，验证大数据与社会活动之间的复杂关系。大数据工程指通过规划建设大数据并进行运营管理的整个系统。大数据可有效地处理大量数据，包括大规模并行处理（MPP）数据库、分布式文件系统、数据挖掘电网、云计算平台、分布式数据库、互联网和可扩展的存储系统。当前用于分析大数据的工具主要有开源与商用两个生态圈，开源大数据生态圈主要包括 Hadoop HDFS、Hadoop Map Reduce、HBase 等，商用大数据生态圈包括一体机数据库、数据仓库及数据集市。大量非结构化数据通过关系型数据库处理分析需要大量时间和金钱，因为大型数据集分析需要大量电脑持续高效分配工作。大数据分析常和云计算联系在一起，大数据分析相比传统的数据仓库数据量大、查询分析复杂。

大数据处理和存储技术源于军事需求，二战期间英国研发了能处理大规模数据的机器，二战后美国致力于数字化处理搜集到的大量情报信息。计算机和互联网技术导致大数据处理出现困难，“9·11”事件后美国政府在大数据挖掘领域组建了大数据库用于识别可疑人，筛选通信、教育、犯罪、医疗、金融和旅行等记录，之后组建了基于网络的信息共享系统。大规模数据分析技术源于社交网络，大数据应用使人们的思维不局限于数据处理机器，重要的是新用途和新见解。对大规模信息的处理需求从根本上推动了大数据相关技术的发展，超级计算机的发明、大数据的存储和处理技术以及大数据分析算法的研发，最终促进了在教育、金融、医疗等多方面大数据的广泛应用。

二、大数据的特征

（一）体量巨大，种类繁多

互联网搜索技术的进步、电商平台的全面覆盖以及社交平台的快速兴起促进了多元化数据的产生，而且这些数据在未来甚至会呈指数增长。互联网、存储等计算机科学领域正在迅猛进步，人们从多元化领域获得的数据资料成倍增加，搜集海量数据的根源是网络数据能够同步实时收集。如医疗领域的数据资料与科研领域的研究数据都会成倍增加，占数据总量比重高达 85% 以上的非结构数据的增速远远高于结构化数据。就网络企业等相关投资者而言，这样的数据预测能够有效提升自信心。美国咨询公司麦肯锡对大数据进行了定义，指出大数据是传统数据库以及软硬件无法收集、储存和分析的巨大数据集。随着数据种类不断增多，如视频图片等信息增速的扩大，挖掘多元形式数据流间的关系成了大数据最为显著的优势。例如，对供水系统数据和交通状况的数据资料进行关联分析，得到清晨洗浴与早高峰时间存在着密切关联的结论；将堵车地点时间的数据资料和电网运行的数据资料进行分析，得到的结论是睡眠质量与交通事故的发生率存在内部关联。

（二）开放公开，容易获得

人们之所以重视收集大数据，主要的目的是要开展数据分析。大数据并非只是在政府、企业等组织机构当中存在，还存在于社会生产、生活之中，具备自动性的特征。如：电信企业累积客户的电话记录，电商网站整合消费者信息，企业通过对大数据进行充分的分析与挖掘，能够全面提高企业的综合实力，优化企业运营，提升企业决策准确度，推动商业智能的长效发展，为企业经济效益最大化目标的实现创造良好条件。在一定规则开放性的背景之下，借助应用程序接口与爬虫采集等技术手段，大量企业组织与政府部门能够为社会各界以及科研等机构提供海量数据资源。开放公开容易获取的数据源，是大数据时代的基本特点，因此，这种时代特点会对整个社会产生巨大影响。

（三）重视社会预测

从本质上进行分析预测，是大数据特点的体现。在大数据背景下，预见行业未来前景的能力，成了企业不懈追求的目标。美国 Netflix 公司推出《纸牌屋》，通过收集 3 000 万用户播放动作，研究用户几百万次评级和搜索，评估受众面对差异化节目给出的不同观点，从多个角度掌握观众在节目欣赏方面的实际习惯，利用对海量数据的挖掘与分析获知人们的兴趣爱好和节目偏好信息。这个公司采集用户的多元化具体数据资料，为视频行业的制作方法改革创造了良好条件，使得视频行业开始运用算法与逻辑分析的方式替代以往的生产方式。大数据手段的应用能够预先分析受众情况，了解他们青睐的节目类型。更为有趣的一个案例是商场比父亲更早获知女儿怀孕的消息，因为商家通过对客户购买行为进行大数据的挖掘与预测，能够获知怀孕的可能性。人们越来越重视大数据在预知社会多元问题方面的作用，同时也开始将其广泛推广应用到社会科学领域。

（四）重视发现而非实证

实证研究特别关注构建理论假设，设定范围，并进行随机抽样，展开数据的定量调查与收集，从而证伪或证实理论假设。连续线性决策需要缜密的逻辑思维。大数据把关注点放在了数据方面，强调对数据的运用，创造知识，预测未来，挖掘本质，发现机遇。要实现对未来前景的预测，主要借助自下而上数据收集处理的方法，而不是依靠以理论假设为根基发现知识，预知未来，探寻规律。比方说，沃尔玛超市利用大数据技术对大量交易数据资料进行分析，获得的一个重要结论是，假如周末男人在购买婴儿尿布的同时，通常会顺便购买啤酒。利用大数据获得的结果，通常情况下是极具实用价值的，这也是很多超市在货物安排和摆放当中常常会遵循的规律。除此以外，大数据理论更能够从整体上进行数据的分析和把握，所以获得的分析结论价值极大，可以用于做出相关决策和获知规律的重要根据。

（五）非结构化数据的涌现

数据挖掘关注的是未知有效信息与实用性强的知识，更多的属于非结构化数据，这是大数据时代非常突出的一个特点。如今 90%以上的数据均属于非结构化数据。社交媒体会随时产生无数数据文本，造成大量具有价值的数据资料被隐藏在了信息海洋当中。大数据技术从海量文本资料当中挖掘信息，获知人们的态度与行为的相关信息，呼应舆情监测的社会需要与企业商机。在对大量非结构化数据进行收集处理和分析时，社会出现了大量新需要，技术领域产生了极大的变革，同时也让很多非关系型数据库得到发展，大量计算机新技术持续不断地产生。大数据涵盖数据挖掘、网络挖掘、文本挖掘、IT 和商业智能信息技术、决策支持系统及其在社会科学领域的应用。

第二节 大数据的发展历程和发展原因

一、大数据的发展历程

(一) 什么是数据

人类在生产实践中发明了语言、文字和图形，但仅用这些还无法准确地描述世界，因此，数字作为一项重要的改造世界的工具产生了。它把抽象的概念具体表达，如“很多”人，“非常”多人可以理解为不同的程度，但如果说 1 000 人、10 000 人就清清楚楚了。人类的生产、交换等活动都是以数据为基础展开的，如度量衡、货币等的发明和出现，大大地推动了人类文明的发展。

数据的测量产生了最早“有根据的数字”，即数据是对客观世界测量结果的记录，不是随意产生的。测量从一开始产生就是为科学服务的，从古至今，测量都是科学的主要手段，没有测量，就没有科学。测量出来的数据可以由计算再衍生出新数据。这样看来，一切数据都是人为的产物。但这时的数据还只具有传统意义，它和信息、知识是有严格区别的。数据是信息的载体，信息是数据的背景，知识是经过归纳整理后呈现出来的有规律的信息。

进入信息时代后，巨大的变化产生了，20 世纪 60 年代，软件科学发展，数据库被发明，电脑的数据库用来存储一切数字、文本、图片。这时，数据开始不仅指“有根据的数字”，其内涵扩大到一切保存在电脑中的信息，包括文本、图片、视频等。数据也成了信息的代名词，因为这些信息只是一种对世界的记录，数据因此多了一个来源——记录。

数据库出现以后，信息总量与日俱增，增速也越来越快。20 世纪 90 年代，就有美国人提出了“大数据”概念，虽还不是真正的大数据时代，但数据的重要性在提升，在价值上的重要性已经被预见。

据相关部门统计，我国大数据以及相关领域在 2023 年达到 103 亿美元以上收入。人们已经是数字世界中活跃的分子，有数据表明，在 2021

年，平均每个人会产生 1.7 兆亿字节数据。在我们看来，大数据会夜以继日地影响所有组织和机构，它会给这个世界带来巨大影响。

（二）大数据的开始

从文明之初的“结绳记事”，到文字发明后的“文以载道”，再到近现代科学的“数据建模”，数据一直伴随着人类社会的发展变迁，承载了人类基于数据和信息认识世界的努力和取得的巨大进步。然而，直到以电子计算机为代表的现代信息技术出现后，才为数据处理提供了自动的方法和手段，人类掌握数据、处理数据的能力才实现了质的跃升。信息技术及其在经济社会发展方方面面的应用（即信息化），推动数据（信息）成为继物质、能源之后的又一种重要战略资源。

大数据的现代发展历史最早可追溯到美国统计学家赫尔曼·霍尔瑞斯，他被后世称为“数据自动处理之父”。他发明了电动“打孔卡片制表机”来对卡片特定位置上的孔洞进行识别，并加以自动统计。这一发明被运用于统计 1890 年的人口普查数据，该机器用两年半时间就完成了预计耗时 13 年的人工统计工作量，这个惊人的速度就是全球进行数据自动处理的新起点。

1943 年二战期间，英国为了快速解开纳粹设置的密码，组织工程师发明机器进行大规模数据处理，并采用了第一台可编程的电子计算机（Colossus）实施计算工作。该计算机被命名为“巨人”。为了找出拦截信息中的潜在模式，它以每秒钟 5 000 字符的速度读取纸卡——将原本需要耗费数周时间才能完成的工作量压缩到了几个小时。

1961 年，美国国家安全局（NSA）——一个刚成立 9 年就拥有超过 12 000 个密码学家的情报机构，在间谍饱和的冷战年代，面对超量信息，首先应用计算机自动收集信号、处理情报，并努力将仓库内积压的模拟磁盘信息进行数字化处理（仅 1961 年 7 月份，该机构就收到了 17 000 卷磁带）。

从 20 世纪 40 年代起，人们就梦想能拥有一个世界性的信息库。在这个信息库中，信息不仅能被全球的人存取，而且能轻松地链接到其他地方的信息，使用户可以方便、快捷地获得重要的信息。20 世纪 60 年代，英国计算机科学家蒂姆·伯纳斯·李发明了一个全球网络资源唯一认证的系统——统一资源标识符，设计超文本系统。在这个系统中，每个有用的事物，称为一样“资源”，并且有一个全局“统一资源标识符”（Uniform Resource Identifier，URI）标识，将超文本嫁接到因特网上，命名为万维网。

这些资源通过超文本传输协议（Hypertext Transfer Protocol）传送给用户，而后者通过点击链接来获得资源。人们通过互联网在世界范围内实现了信息共享。

1965年，英特尔的创始人戈登·摩尔（Gordon Moore）通过研究计算机硬件的发展规律得出摩尔定律。该定律认为，同等面积的芯片每过一到两年就可容纳两倍数量的晶体管，使微处理器的性能提高两倍，或使价格下降一半。摩尔定律已经成为描述一切呈指数级增长的事物的代名词，这为大数据时代的到来铺平了硬件道路，打下了物质基础。

除了便宜、功能强大，摩尔定律使计算设备也变得越来越小。1988年，美国科学家马克·韦泽（Mark Weiser）指出，各种各样的微型计算设备能随时随地获取并处理数据，这被称为普适计算。普适计算理论指出，计算机发明以后经历三个阶段的发展：一是主机型阶段，一台占据大半个房间的大型机器被很多人共享；二是个人电脑阶段，每个人拥有一台变小了的电脑；三是计算机越来越小，甚至从人们视线中消失，日常环境中可以被广泛地部署各种微小计算设备，任何时间地点都可以获得并处理数据，计算融入环境中，即进入普适计算阶段。今天，小巧的智能手机、各种传感器、RFID（射频识别）标签、可穿戴设备等广泛使用，实现了无处不在的数据自动采集。人类收集数据的能力增强，为大数据时代的到来提供了物理基础。

1989年，英国计算机协会（ACM）下属的数据挖掘及知识发现专委会（SIGKDD）举办了第一届数据挖掘学术年会，出版了专门期刊，这是大数据时代一个最重要的里程碑，此后数据挖掘得到了如火如荼的发展。数据挖掘是指通过特定的算法对大量的数据进行自动分析，从而揭示数据当中隐藏的规律和趋势，即在大量的数据当中发现新知识，为决策者提供参考。数据挖掘进步的根本原因是人类能够不断设计出更强大的模式识别算法，这其实是软件的进步。大数据时代的技术基础集中表现在数据挖掘上。现在的信息技术已经可以把一件产品的流向、每位消费者的情况都记录下来，再通过数据挖掘，为客户量身定制，把消费和服务推向一个高度个性化的时代。基于网络数据的挖掘，不需要拟定问卷，也不需要逐一调查，成本低廉。更重要的是，这种分析是实时的，没有滞后性。数据挖掘将成为越来越重要的分析预测工具，抽样技术将下降为辅助工具。数据挖掘的优越性，也集中反映了大数据“量大、多源、实时”等特点。

大数据的前沿和热点是机器学习，和数据挖掘相比，其算法并不是固定的，而是带有自调适参数的。也就是说，它能够随着计算、挖掘次数的增多，不断自动调整自己算法的参数，使挖掘和预测的结果更为准确。即通过给机器“喂取”大量的数据，让机器可以像人一样通过学习逐步自我改善、提高，这也是该技术被命名为“机器学习”的原因。除了数据挖掘和机器学习，数据的分析、使用技术也已经非常成熟，并且形成了一个谱系。例如，数据仓库、多维联机分析处理（Mulidimemional）、数据可视化、内存分析（Inmemory Analytics）都是其体系的重要组成部分。

美国研究员大卫·埃尔斯沃斯和迈克尔·考克斯，在 1997 年使用“大数据”来描述超级计算机产生超出主存储器的海量信息，数据集甚至突破远程磁盘的承载能力。

2004 年之前，互联网的主要作用是传播和分享信息，其最主要的组织形式是建立静态的网站；从 2004 年起，以脸谱网（Facebook）、推特（Twitter）为代表的社交媒体相继问世，一个崭新的互联网 Web2. 0 时代开始了。互联网成为人们实时互动、交流协同的载体，这时的速度有多快了呢？2011 年 8 月 23 日，美国弗吉尼亚州发生 5. 9 级地震，纽约市民首先在推特上看到这个消息，几秒钟之后，才感觉到地震波从震中传过来的震感，社交媒体把人类信息传播的速度，带到了比地震波还快的时代！

同时，社交媒体给全世界的网民提供了一个平台，使他们随时随地都可以记录自己的行为、想法，这种记录其实就是贡献数据。全世界的网民都开始成为数据的生产者，引发了人类历史上迄今为止最庞大的数据爆炸。2012 年，乔治敦大学的教授李塔鲁考察了推特上产生的数据量。他估算说，过去 50 年，《纽约时报》总共产生了 30 亿个单词的信息量，现在仅仅一天，推特上就产生了 80 亿个单词的信息量。也就是说，如今一天产生的数据总量相当于《纽约时报》100 多年产生的数据总量。

从人类发明第一台计算机进入信息时代算起，到社交媒体产生之前，主要是信息系统、传感器在产生和收集数据。但由于社交媒体的横空出世，人类自己也开始在互联网上生产数据，如发推特、微博和微信，记录各自的活动和行为，这被称为“行为数据”。在社交媒体上产生的数据，基本上没有严整的结构，大多是非结构化数据，处理更加困难。目前，全世界的数据大约 75%都是非结构化数据。推动人类进入大数据时代的真正原因是，人类使用数据的能力取得了重大突破和进展。这种突破集中表现在数据挖掘上。近年来，数据挖掘的应用还在不断推陈出新，到了前所未有的高度。例如，奈飞公司利用客户的网上点击记录预测其喜欢观看的内容，实现精准营销。再如，阿里巴巴等互联网公司凭借长期以来积累的用户资金流水记录，涉足金融领域，在几分钟之内就能判断用户的信用资质，决定是否为其发放贷款。

回顾半个多世纪人类信息社会的历史，正是因为1966年提出的摩尔定律，晶体管越做越小、成本越来越低，才形成了大数据现象的物理基础，人类有了可以承载海量数据的容器制造力。1989年兴起的数据挖掘技术，是让大数据产生“大价值”的关键，因为大数据之大并不只是容量大，更在于价值大；2004年出现的社交媒体，则把全世界每个人都变成了潜在的数据生成器，这是“大容量”形成的主要原因。

（三）大数据的未来

大数据时代，人和社会、物理环境这两大领域的计算都将蓬勃兴起。物理环境领域的计算由来已久，而大数据时代最大的亮点就是人和社会的计算，越来越多的社会问题都将通过计算得到解决。换句话说，由于大数据的出现，社会正逐渐变得可以计算。可以计算的原因是，个人在真实世界的活动和社会状态被前所未有地记录。这种记录的密度很高，频度也在不断增加，为社会领域的计算提供了极为丰富的数据。

社会领域的计算，也被很多学者称为“社会计算”（social computing）。20世纪90年代，美国的学者提出这个概念时，是从“社会软件”（Social Software）这个角度出发的。最早的社会软件是指支持群体交流的软件，如MSN、QQ等。社会软件降低了人际交往的成本，使大规模的合作成为可能。2004年，社交媒体产生之后，社会软件的功能被发挥得淋漓尽致，个人的行为和思想通过脸谱网、推特、微博等工具被广泛记录。有学者进一步明确主张，将基于社交媒体的行为分析称作“社会计算”。近年来，随着大数据的崛起，越来越多的学者认为，关于人和社会本身的数据现在已经极为丰富，而且还在快速增长，未来一切社会现象、社会过程和社会问题，都可以而且应该通过以计算为特点的定量方法分析解决，这样更加精确，更加科学。虽然关于“社会计算”的定义正在演进当中，国际共识也还未形成，但是这并不妨碍相关研究的开展。

通过计算来解决社会问题，正变得越来越普遍。2013年，美国肯塔基大学利用大数据平台，对学生的各种行为数据进行整合。例如，各门课程的成绩、出勤率、在线学习平台的活跃度、使用图书馆等各种设施的记录，再通过数据挖掘，快速确认可能存在问题的学生，对他们开展专门的辅导，以减少学生流失。2013年7月，有报道称，华东师范大学的一位女生收到校方的短信：“同学你好，发现你上个月餐饮消费较少，不知是否有经济困难?”这条温暖的短信也要归功于数据挖掘，校方通过挖掘校园饭卡的消费数据，发现其每顿的餐费都偏低，于是发出了关心的询问，但随后发现这是一个美丽的错误——该女生其实是在减肥。可以想象，误会之所以发生，还是因为数据不够大。大数据的特点除了“量大”，还有“多源”。如果除了饭卡，还有其他来源的数据作为辅助，判断就可能更加准确。

通过社会计算，一些精细的、微妙的、在人类历史上曾经难以捕捉的关系和知识，现在都可以捕捉到，并被上升为显性知识。对此，麻省理工学院的教授布林约尔松比喻说，大数据的影响，就像4个世纪之前人类发明的显微镜一样。显微镜把人类对物理环境的观察和测量水平推进到了“细胞”的级别，为人类社会带来了历史性的进步和革命，而大数据，将成为我们下一个观察人类自身行为以及社会行为的“显微镜”。

2008年末，“计算社区联盟”（Computing Community Consortium）提出了独特的详细报告《大数据计算：在商务、科学和社会领域创建革命性突破》，使人们不仅考虑机器的数据处理，而且为在更广泛的领域发现大数据的社会意义，找到了更多的新用途和富有创见的新见解。社会领域的计算、对类似知识和关系的捕捉，不仅能够有效推动社会治理，还能产生商业价值。总的来看，从根本上对处理大规模信息的现实需求，推动了大数据相关技术的迅速发展。起初国家安全是大数据技术的主要推动力，伴随超级计算机的发明，大数据的存储和处理技术，大数据分析算法的研发，最终促进大数据在教育、金融、医疗等许多方面的广泛应用。2012年3月的美国政府报告里明确要求每个下属的联邦机构都要制定一个“大数据”发展战略。奥巴马政府曾宣布投资2亿美元，启动了大数据研究与发展项目。

除了在社会领域的计算正在兴起，物理环境领域的计算也面临着革新，动因就是“普适计算”。传感器、可穿戴设备等微小的计算设备将进一步普及，装备到全世界的各种物体，包括机器、电器、人体、动物、植物等需要监测的目标上，真正形成“万物皆联网，无处不计算”的状态。人类的数据总量将达到史无前例的爆炸性规模。

机器将是第一梯队。人类在进入机器大生产的时代之初，机器的效率在不断提高，但到达一个临界点之后，就很难再优化了。当机器和机器相连，形成一个系统的时候，其效率问题就更为显著。一台机器的效率可能成为系统的瓶颈，一台机器的故障可能导致整个系统瘫痪，系统的复杂性使工程师常常顾此失彼，难以优化系统的效率。如果能通过传感器监测机器的运行状态，通过计算确认各类设备的良好程度，算准时间进行设备优化和维修更新，就能控制生产过程中的不确定性，减少意外情况带来的损失。目前，全世界大概有300万个重要的、巨大的、日夜运行的机器。这些机器都在一定的温度、湿度、压力、振动、旋转状态下工作，这些参数都是重要的监测指标。此外，全世界还有上百亿台带有微处理器的机器或者电器，未来都可以装上传感器。全球人口共有70多亿，当社交媒体被发明的时候，每个网民都成了一个数据生成器，引起了一次数据大爆炸，而机器远比人要忙，它们需要不停地旋转、工作。可以想象，这次即将到来的数据爆炸，将是超级大爆炸。为此，通用电气公司启动了“工业互联网”计划，2012 年 7 月，投资 1.7 亿美元在纽约州斯克内克塔迪市(Schenectady)开设了一家电池工厂，在1.6万平方米的厂房内安装1万个传感器。这些传感器分布在各条生产线上，监控、记录生产过程中的温度、气压、湿度、生产配料、能源消耗等数据。工厂的管理人员则通过随身携带的Tad获取这些数据，以便在第一时间发现问题，对生产进行监督和调整。“让每件产品产生记忆”，未来，产品会在出厂前就被植入传感器，记录它的生产过程。在产品抵达顾客、进入服务状态之后，传感器将每时每刻都记录产品的运行情况，一旦出现问题和故障，通用电气公司可以快速地整合生产记录、销售记录、产品运行记录这三种数据进行分析。

此外，还有生活物联网，即生活电器入网。2014 年 1 月，谷歌以 32 亿美元的现金收购了智能家居设备商 Nest。业界纷纷认为，生活物联网的脚步越来越临近，我们即将迈进一个智能家居的时代。远在外面却可以根据需要遥控家里的一切设备，并且因为所有家庭都是自动化控制，这些控制之间的连接可能还远远不止自动化这么简单，还有其他意想不到的作用。

物理环境领域计算的崛起将给全世界带来巨大的机遇。新一代的机器是能够记录自己行为以及与其他机器的交互数据的智能机器，在机器“出生”的时候，传感器就已经和机器一体化了。面对机器产生的海量数据，各行各业都需要制订很多数据标准，使同一类别的机器、同一品牌的机器产生的数据能够自由整合、对比和分析。我们还需要新的分析平台和工具。同时，因为生产过程中机器工作实时数据的获得，我们需要制订新的生产流程和规范，以提高各种决策的效率，在这个过程中，全世界会需要一大批数字机械工程师、软件工程师、数据科学家和人机交互界面专家。

此外，因为这种超级大爆炸，全世界的数据中心将大量增加，这将拉动硬件产业的发展。通用电气公司估计，数据中心的需求将每两年翻一番。2015 年，对数据中心的投资增长到 1 000 亿美元；到 2020 年，数据中心的数量会增长 40 倍。到 2025 年，将达到 2 000 亿美元。数据中心是耗电大户，建设清洁、高效、具有弹性的数据中心将是未来的一个重大挑战。此外，数据中心的增加还将推动宽带网、光纤网的建设，使各种数据中心能够跨地区、跨行业相连。

2012 年以来，第三次工业革命、新工业革命、数字工业革命等各种工业革命论的提法频频在全球引起讨论。2012 年，中国科学院研究员王飞跃先生率队考察了美国的加工制造产业。他认为，这场新的产业革命已经触手可及，未来的新型制造模式可以称为“社会制造”。所谓社会制造，“就是利用 3D 打印、网络技术和社会媒体，通过众包等方式让社会民众充分参与产品的全生命制造过程，实现个性化、实时化、经济化的生产和消费模式。在社会制造的环境中，大批 3D 打印机形成制造网络，并与互联网、物联网和物流网无缝连接，形成复杂的社会制造网络系统，实时地满足人们的各种需求”。对于社会制造这种新的生产模式，虽然还有诸多细节有待想象和试验，但可以肯定的是，其发展的前景不可轻视。未来的工业制造将呈现数字化、智能化、定制化和互联化的特点。

同样在 2012 年，一种新型的智能学习平台在美国兴起，成为高科技领域创新和投资的重点，其中不少公司已经获得了初步成功。这种智能平台可以实现全球几十万人同步学习，在同一时间听取同一个教师授课，做同样的作业，接受同样的评分标准和考试。这意味着你即使身处非洲，也能和哈佛大学的学生一起学习、听哈佛的教授讲课。更关键的是，这是一个智能平台，可以对学习者的学习行为进行自动提示、引导和评价，从而弥补没有教师面对面交流指导的不足。平台的智能来自大量数据，单个个体学习行为的数据似乎是杂乱无章的，但当数据累积到一定程度时，群体行为就会在数据上呈现一种秩序和规律。通过收集、分析大量数据，就能总结出这种秩序和规律，然后把这种规律变成不同的算法，和新的学习者的学习行为进行对比，为他们达成最佳的学习效果进行提示和导航，使每个学习者都可能得到个性化、有针对性的辅导。为了收集更多的数据，各个公司、大学的在线学习平台几乎都向全世界免费开放。有更多的学习者，才能收集更多的数据，有了数据，才能研究世界各国男女老少等不同学习者的行为模式，进而打造更好的智能学习算法。

数据是一切行为的关键。大数据好比人类的新土壤，正是依托这片土壤，智能型的文明才得以滋生繁衍，充满生机和活力。未来已经来到我们中间，这将是一个由数据驱动、由算法定义的世界，自动化将接管越来越多的工作。毫无疑问，人类将以此获得更大的解放，但同时，这个新的社会形态也将给人类带来空前的挑战。

一个主流挑战是大数据市场正在不断增长。如何应对现有的海量数据成为一个新的挑战。有数据表示我们有 250 亿字节数据，且我们每天都会产生高达 463 EB 的数据。预计未来 5 年后，数据量将是现在的 185 倍。

增强数据分析已经成为主流，大数据集合变得如何之大，处理和解释它是现在的一项重大挑战。

增强数据分析通过使用机器学习与人工智能技术，对数据进行自动化准备、清洗、共享以及分析数据，并解决问题。做过数据分析的开发者应该知道，这本质是将海量数据转换拆分为小颗粒度并可分析的数据集合。增强数据分析将在 2021 年正式成为主流技术趋势，到 2025 年，增强数据分析市场的复合年增长率（CAGR）将会达 31. 2%。微推圈大数据表示，在即将到来的 2021 年，增强数据分析将成为商业智能（BI）的流驱动力量。

二、大数据的发展原因

大数据的发展不仅靠信息技术的不断创新，更离不开社会各领域的互相促进，社会需要是大数据技术发展的最大动力。大数据时代的数据规模十分庞大，传统的信息技术不具备进行快速分析、高效处理的能力，难以有效分析，获得价值，得到利用。感知采集数据储存分析加以商业化处理，推动大数据技术不断进步取得成功、实现应用，是当前最迫切的工作。挖掘大数据的价值依靠全社会支持和推动，结合世界趋势，大数据技术研发与其社会应用成为我国发展的战略重点。要体会数据技术与应用有机统一、互相促进的深刻内涵，以便掌握主动权，发展大数据。

（一）科学技术的创新推力

1. 社交网络崛起的大爆发

我们已经进入一个复杂科学领域，随着云计算、云存储、物联网、二维码技术和 LBS（基于位置的服务）互联网技术的广泛应用，人类的各种社会互动、沟通设备、社交网络和传感器正在生成海量数据。商业自动化导致海量数据存储，但用于决策的有效信息又隐藏在数据中，为了从数据中发现知识，以数据挖掘为代表的大数据分析技术应运而生。

（1）社交网络的公共性。

社交网络是大数据的重要来源，大数据的社会应用与社会价值就来自社交网络。比如，国外影响巨大的 Facebook 和 Twitter，国内近年来风起云涌突然兴起的微博，特别是大家关注度非常高的新浪微博，这些网络交流平台具有媒介属性，日益成为具有不可忽视的影响的社会化媒体，每分每秒都在产生数以亿计形形色色的话语文本。人具有与他人交流、分享、传播信息的天生需求，与他人直接交流互动和传播各种信息加大了人的社会交往。基于人际关系的信息传播创造了数量庞大的关系数据，扩大了大数据的社会价值与社会影响，带来商业上的无限想象力和各种企业的商业应用价值。大数据产生的技术背景离不开社交网络，移动互联网和物联网的发展导致大数据越来越大，呈现出随时收集、即时应用、及时生产的重要特点。

（2）社交网络的价值性。

在一定程度上，大数据的社会应用价值越来越多地来自新型的社交媒体。在这些影响巨大的微媒体社会背景下，大数据参与渗透进各种各样的商业应用领域，产生极大的社会影响。微博营销开始成为目前最显著的商业模式，是大数据最直接的商业应用。社会化媒体直接成为企业首选的营销工具。企业通过社会化媒体发布有效信息，直接影响和引导消费者，主动收集来自消费者的反馈信息，积极进行互动，成为利润来源的重要渠道。社交网络互动传播彻底改变传统大众媒体单向的传播方式，可以针对具体、特定、不同的目标群体，通过信息技术点对点直接传递不同的特定信息，影响舆论、改善声誉、建立美誉度，有助于形成购买决策。很多企业关注从海量采集的关系数据中提取发现真正有价值的商业信息，建立客户档案，实现精准营销，追踪目标客户，分析客户价值，建立商业模型。

欧盟制定了“史上最严格”的数据安全管理法规《通用数据保护条例》（General Data Protection Regulation，GDPR），并于 2018 年 5 月 25 日正式生效。GDPR 生效后，Facebook 和谷歌等互联网企业即被指控强迫用户同意共享个人数据而面临巨额罚款，并被推上舆论的风口浪尖。2020 年 1 月 1 日，被称为美国“最严厉、最全面的个人隐私保护法案”——《加利福尼亚消费者隐私法案》（CCPA）也正式生效。CCPA 规定了新的消费者权利，旨在加强消费者隐私权和数据安全保护，涉及企业收集的个人信息的访问、删除和共享，企业负有保护个人信息的责任，消费者控制并拥有其个人信息，这是美国目前最具典型意义的州隐私立法，提高了美国保护隐私的标准。在这种情况下，过去利用互联网平台中心化搜集用户数据，实现平台化的精准营销的这一典型互联网商业模式，将面临重大挑战。

(3) 社交网络的应用性。

社交媒体能够在极为短暂的时间内产生数量巨大的信息，而有效运用合理化的方法对海量数据应用，是当前急需解决的重大难题。社会化媒体一定要掌握数据处理的方法。比方说，电视广告价格昂贵，媒体投放成本高，企业广告同时有 15 秒与 30 秒的版本，而事先无法确定究竟选择哪个版本更能增强对消费者的吸引力。此时可提前将两个时长不一版本的视频发到互联网平台上，借助社交媒体免费传播。对大数据与技术的合理化运用，能够将消费者的相关信息资料进行有效收集与系统性的分析，从而发现有利于传播的重要元素，研究消费者出现反感情绪的根源。提前测试更能够提升决策的有效性，让广告成本大幅下降。大数据的应用，使企业和用户的沟通得到了革新，商业模式在持续不断地变化。在世界范围内的社交媒体上，都产生了市场化变革，体现出企业重视消费者的诚意，有效提升了用户的重要价值。

加强对社交大数据的应用，其关键点是能够获知大量的数据资料。虽然当前的用户数在持续不断地上升，但想要形成对用户行为的准确预估，得到精准建议与发展方向，仍然要收集更多和更大规模的数据。假如处理数据能力弱，无法根据商业场景实际进行数据处理，就无法获得精准度高和科学化的方案。不仅不能够获利，还会带来更大的负担，使得社交大数据的全面进步遭遇极大的挑战压力。假如没有结合实际的应用，大数据技术的意义也将不复存在。大数据时代的到来，推动着市场革新，也挑战传统模式，引导人们朝着智能化社会发展。数字化生存俨然变成了一种全新生活方式，社会化媒体随时记录生活，感知行为态度，参与互动，构建关联。数据记录不仅需要合理化保存，更为重要的是要对其进行充分的分析和研究，以此为根据预知社会预见未来，最终彻底转变社会、科学的研究方法和模式。

随着政务信息化的不断发展，各级政府积累了大量与公众生产生活息息相关的信息系统和数据，并成为最具价值数据的保有者。如何盘活这些数据，更好地支撑政府决策和便民服务，进而引领促进大数据事业发展，是事关全局的关键。2015 年 9 月，国务院发布《促进大数据发展行动纲要》，其中重要任务之一就是“加快政府数据开放共享，推动资源整合，提升治理能力”，并明确了时间节点，2017 年跨部门数据资源共享共用格局基本形成；2018 年建成政府主导的数据共享开放平台，打通政府部门、企事业单位间的数据壁垒，并在部分领域开展应用试点；2020 年实现政府数据集的普遍开放。随后，国务院和国务院办公厅又陆续印发了系列文件，推进政务信息资源共享管理、政务信息系统整合共享、互联网+政务服务试点、政务服务一网一门一次改革等，推进跨层级、跨地域、跨系统、跨部门、跨业务的政务信息系统整合、互联、协同和数据共享，用政务大数据支撑“放管服”改革落地，建设数字政府和智慧政府。

2. 物联网发展的促进作用

随着物联网迅速发展，各种行业、不同地域以及各个领域的物体都被关联起来。物联网通过形形色色的传感器将现实世界中产生的各种信息收集为电子数据，并把信号直接传递到计算机中心处理系统，必然造成数字信息膨胀，数据总量极速增长。

（1）物联网形成产业链。

物联网信息涵盖物联管理对象、物联感知设备、物联实时信息。如果把数据来源作为分类标准，就可以将物联网数据分成社交网络数据与传感器感知数据这两个类型。尽管如今网络上出现的数据多于传感器感知数据，但伴随物联网设备大范围普及应用以及相关技术手段的创新发展，未来传感器感知的数据总量会全面提升，甚至会超越网络数据量。物联网彻底改变了人们原本的社会生活方式，改变了商业运营模式，因而被称作第三次信息化高潮，是计算机与互联网之后的新革命。互联网将对象物与互联网进行有效连接、实现即时信息交换、智能识别、定位追踪、监控管理，从而出现海量数据资源，影响诸多行业，促成了大量创新型商业模式的出现。物联网与大数据进行整合，正快速创造更多社会与商业价值。

要想推动物联网的进步，就一定要在基础建设方面加大力度，要在设备制造和核心技术建设方面创新。在云计算中心建设与不断投入应用的推动之下，物联网即时产生的一系列大数据，能够实现随时存储、在线处理，产生更大的数据价值。企业要认真探究物联网搜集大数据与其产业发展的融合转换，把更多的大数据转变成利润，开拓市场，获取商业机遇，构建全新商业模式。

（2）物联网产生大数据。

物联网大数据成为焦点，引起各大 IT 巨头越来越多的注意，其潜在的巨大价值也正在通过市场逐渐被挖掘出来。微软、IBM、SAP、谷歌等国际知名 IT 企业已经在全球分别部署了大量数据中心，还拿出大笔资金收购擅长数据管理和建构分析的优秀软件企业。这些物联网产生的大数据来自不同种类的终端，如智能电表、移动通信终端、汽车和各种工业机器等，影响生产生活的各个领域、各个层面，不可小觑。

物联网产业链的核心是数据以及数据驱动的产业，物联网的核心价值是在更广泛的应用层。物联网产生的大数据经过智能化的处理、社会化的分析，将生成各种商业模式，产生各异的多种应用，形成物联网最重要的商业价值。处理物联网收集的大数据并不容易，物联网中的大数据不是简单地等同于互联网数据。物联网大数据不仅包括社交网络数据，更包括传感器感知数据。尽管社交网络数据包含大量可被处理的非结构化数据，如新闻、微博等，但是物联网传感器收集的许多碎片化数据属于非结构化数据，在目前还不能被处理。

物联网应用于多个行业，而每个行业产生的数据有其独特的结构特点，因此就形成很多相异的商业模式。物联网创造商业价值的基础是数据分析，物联网产业将出现各种类型的数据处理公司，数据分析公司、软件应用集成公司和商业运营公司将逐步分化，产业链将逐步完善。

而在物联网应用的过程中，电信运营商起着主导作用，是行业龙头，发挥带动作用。而中国电信表现突出，已开始宣传自己物联网应用系统用于全球远程监控。电信运营商之所以分外努力推广应用物联网，不仅在于运营商可整合硬件、芯片、应用等各步骤中的许多优秀合作伙伴，还在于物联网广泛应用在电信终端、可以有效整合电信互联网产业链的推进。电信运营商的示范不仅积累实战经验，甚至可帮助电信运营商将业务在物联网中拓展为系统方案解决商，介入各种增值业务。

(3) 物联网催化大商业。

物联网商业模式将更多的移动终端吸纳进来，作为数据采集设备，加以信息化应用，适应市场需求，成为物联网跨界发展的趋势。这种数据如果能得到运营商快速化、规模化、跨领域的广泛应用，那么电信运营商可能获取的商业回报，会进一步参与到物联网的各个建设环节中，并且还可能使越来越多的商业信息被运营商掌握。这些信息驱动企业合作，推动参与各方共同寻找一种多方共赢的路径，建立新型商业模式。现在大部分行业的商业信息移动化、社交化，大数据必然会成为最佳捷径，实现用户商业价值。物联网大数据支撑商业开展，服务商业决策，提供各种行业信息，因此物联网大数据的未来是无限的，富有商业魅力。物联网大数据要获得产业健康、有序发展，不能仅停留在概念上，还需要政策支持、市场完善以及产品持续创新。而更为重要的方向是推动不同部门、不同机构、不同行业之间共享物联网大数据。各部门公开数据、分享数据才能利用数据深层价值，产生数据的附加价值。虽然目前交通、电力、工业等不同行业还没有合为一个物联网，但是共享不同行业的各种数据信息是可行的。而目前政府部门也开始意识到数据单一难以发挥最大效能，开始寻求数据交换伙伴，部门之间已经开始相互交换数据，必将成为一种发展趋势，而共享不同部门之间不同种类的数据信息有助于发挥物联网更大的价值。在未来几十年，物联网大数据面临着战略性的时代发展机遇及挑战。物联网牵手大数据，不仅延伸更为广泛的应用，更会产生出价值更大的产业链，所以，物联网发展离不开大数据理念，而大数据的广泛应用进一步加快物联网的前进步伐。在互动发展全过程中，物联网能够促进并带动大数据发展。大数据的采集和感知技术的发展是紧密联系的，提升以传感器技术、RFID 技术、指纹识别技术、坐标定位技术等为基础的感知能力是物联网发展的基石。普及智能手机使发展感知技术进入高峰期，世界被数据化的过程就是感知被逐渐捕获的过程，一旦世界被完全数据化了，信息就是世界的本质。

3. 云计算提供的技术平台

大数据与云计算的关系密不可分，大数据必须采用分布式计算架构挖掘海量数据，必须依托云计算的分布式数据库、分布式处理、云存储和虚拟化技术。大数据包括大量非结构化和半结构化数据，下载这些数据到关系型数据库用于分析时，会消耗大量时间和金钱，因为实时的大型数据集分析需要像 MapReduce 一样的框架来向许多台电脑分配工作。依靠宽带、物联网的大数据提供了解决办法，具有无数分散决策中心的云计算大系统，能够产生接近整体最优的帕累托效应，无数分别思考的决策分中心通过互联网与物联网形成超级决策中心。

互联网中多元动态、并行实时的大数据思维的出现，促进重新定义知识的本质特性的认识。大数据时代企业的疆界变得模糊，网民和消费者的界限正在消弭，数据成为核心资产并将深刻影响企业的业务模式，甚至重构其文化和组织。

因此，大数据改善国家治理模式，影响企业决策、组织和业务流程，改变个人生活方式。如果利用大数据贴近消费者、深刻理解需求、高效分析信息并做出预判，所有传统的产品公司都只能沦为新型用户平台及公司的附庸。大数据是继云计算、物联网之后 IT 产业又一次颠覆性的技术变革。云计算主要为数据资产提供保管、访问的场所和渠道，而数据才是真正有价值的资产。企业内部的经营交易信息、互联网世界中的人与人交互信息、物联网世界中的商品物流信息、位置信息等数量，远远超越现有企业 IT 架构和基础设施的承载能力，实时性要求也将大大超越现有的计算能力。大数据的核心议题和云计算必然的升级方向是盘活数据资产，使其为国家治理、企业决策乃至个人生活服务。

大数据和云计算这两个词经常被同时提到，很多人误以为大数据和云计算是同时诞生的、具有强绑定关系。其实这两者之间既有关联性，也有区别。云计算指的是一种以互联网方式来提供服务的计算模式，而大数据指的是基于多源异构、跨域关联的海量数据分析所产生的决策流程、商业模式、科学范式、生活方式和关联形态上的颠覆性变化的总和。大数据处理会利用到云计算领域的很多技术，但大数据并非完全依赖于云计算；反过来，云计算之上也并非只有大数据这一种应用。

大数据出现具有深刻的原因。2009 年至 2012 年，电子商务在全球全面发展，电子商务是第一个真正实现将纯互联网经济与传统经济融合，嫁接在一起发展的混合经济模式。正是互联网与传统经济的结合才催生出被社会高度关注的大数据。大数据连接互联网产业与传统产业，而且大数据结合互联网应用于传统产业领域，范围超过纯互联网经济。在电子商务模式出现以前，传统企业的数据数量缓慢增长。传统企业的数据仓库大多数属于交易型数据，而交易行为处于用户消费决策的最后端，电子商务模式使得用户的搜索、浏览、比较等行为，企业可以采集到，这就至少将企业的数据规模提升了一个数量级。现在日益流行的移动互联网和物联网又必将使企业数据量提高两三个数量级。

（二）个人生活的供给潜力

1. 大数据影响各类文化产品

依据有关统计研究结果获得的结论，文化传媒是如今第二大数据来源，而第一是政府信息数据。怎样对数据进行更好的挖掘利用充分发现其价值，掌握消费者的实际需要，生产出大量符合实际的文化产品，满足人们的精神文化需要，提高利润率，成了文化企业重点关注的问题。

影视迎合观众实际需要。在以往的影视剧制作当中，主要凭借的是经验，依靠的是主创人员；在投资影视剧时，往往还要寻找一定的社会关系；在播出影视剧作品时要借助一定的平台，而实际播出要靠品牌效应，扩大影响力。在整个过程当中，观众都只是一个被动的欣赏者，是客体。在进入大数据时代之后，影视制作的整个模式和过程都能够实现革新，播出方面更是实现了对以往的颠覆。导演可直接获知观众的实际需求，拍出让观众满意的作品。如今，影视业开始追赶大数据浪潮，通过对大数据技术进行应用，亚马逊等网站都开始着手进行自制剧的制作。

旅游预测游客趋势。在法国阿维尼翁论坛上，人们对大数据展开了热烈的讨论，而大数据也成了整个会议当中最为流行和最具影响力的词语。为了提高对国外游客的吸引力，法国蓝色海岸区域旅游委员会和法国移动运营商 Orange 将目光转移到了大数据分析和计算方面，充分发挥大数据的调研和数据挖掘分析的优势，收集游客游览路线、住宿、游客量等方面的资料，同时还对 100 万以上用户实施数据研究，根据电话分析、测算停留时间、活动范围，调整和完善旅游发展方案，合理安排酒店位置，设置差异化的交往方法，为来自不同地区的旅游者提供个性化旅游服务。在大数据的应用之下，极大地推动了旅游业的发展，同时也保证了旅游服务的科学性与个性化，促进了旅游业产值的提升。

在线音乐投放精准广告。音乐服务商能够在网络平台的支持下，获取用户的数据资料，得到恰当的音乐类型，发现广大用户的偏好音乐，获知音乐聆听场所和时间段。从而结合用户的兴趣爱好与实际特征，推送相应的广告，满足用户的兴趣需要，提升广大用户的音乐聆听体验。比方说，在周末的午后，聆听动感音乐。在周一上午上班前聆听欢快激情音乐，可为用户投放有关于欢乐旅行的广告。

艺术品市场判断。在艺术市场的发展进程中，大数据的应用能够实现领导潮流与预测方向。艺术品行业的大数据的主要来源是用户交易、内容分析与物流渠道这几个方面。艺术品的数据企业可收集有关的交易记录信息，构建涵盖相关人员的数据库。签约用户能够加强对大数据资料的应用，对整个艺术品市场进行有效评估，并对变化进行一定的预判。例如，选出艺术家全部信息，整理交易数量，随机变化资料。

时装设计社交媒体占主流。在大数据时代，时装行业受其影响非常深刻。时装设计是否能够获得成功，主要取决于选择。比方说，颜色的选择、面料的选择等。这些所需的信息资料都能够利用大数据资料研究的方式，获取趋势信息，找到解决问题的突破口。

电子游戏和玩家互动，甚至参与游戏设计。如今，不管是手游还是社交游戏，数据分析都是游戏开发的核心环节。在大数据技术的支持和应用之下，可以有效收集每日活跃在网络游戏平台上的用户，判断玩家支付费用、所用游戏时间等方面的资料。设计者不仅能够有效调整开发设计要素，提高玩家的体验度，还能够有效避免设计出的新游戏得不到玩家青睐，从而降低设计成本。

2. 大数据改善生活潜力巨大

大数据在社会生活领域的应用也是一种重要的趋势，而且这样的趋势和实际应用范围也在不断地凸显，极大程度上改变了人们的实际生活。就卫生健康层面而言，结合临床诊断、医疗看护、科研实践、健康引导、个性治疗等多方面的需要，去构建全民医疗健康服务平台，逐步覆盖所有患者电子诊疗档案，实现 PB 级医疗大数据，支撑全部医生在线诊疗的医疗平台。就食品安全层面而言，结合食品安全的发展态势，利用有效的数据分析管理，掌握人们对于食品安全的实际需要，从而构建食品安全大数据平台。就全民教育层面而言，从根本上提升全民素质水平，满足终身学习与继续教育的发展需要，都要运用到教育大数据平台。就智能交通层面而言，科学设置交通规划，创新交通决策，协调部门管理，优化个性服务，需要加强对交通大数据的运用，并建立能够服务于交通各环节的服务平台。就社会安全层面而言，实现反恐维稳，做好治安监控，有效侦破案情等均需要大数据平台的建设，以便在实际应用当中提高社会安全与稳定水平。就科技进步层面而言，科技服务大数据体系的建设是当前人们特别关注的一个问题，以便充分发挥科技服务的应用价值，使其在工程创新等诸多领域发挥巨大作用。除此以外，在互联网、金融、机器制造、证券等多种多样的行业当中，都离不开大数据技术的开发与应用。

3. 大数据推动公共文化服务

在大数据时代的到来和持续不断的推进过程中，政府转型已经成为必然。政府可以有效抓住这一契机，转变职能，优化政府服务，抓住新的发展区域，推动社会公共文化服务的改善，推动文化服务体系的建设与发展。

首先，公共文化服务的建设和发展，通过对大数据进行应用能够显著提升整体效能。大数据的应用可以更好地提出公共卫生危机的应对方案，实现提前预估，提升应对和反应速率，进而及时控制不良事件，降低事件带来的损失和影响。2009 年，谷歌公司利用网络数据收集的方式，收集网络上高频率被检索的关键词，从而辨别用户是否患上流感，接下来通过深入挖掘数据资源，加深分析处理层次，借助统计技术等多元化的记忆卡，而判断流感规模与传播源。流感病情的发现和反应速度比美国疾控中心给出的消息早了 1~2 周。从中可以清楚地看到大数据能够给公共服务领域的革新发展提供极大的便利条件，让政府在制定有关决策时更加精准有效，在反馈方面更加及时。

其次，大数据能够为公共文化服务调整提供重要导向。在整个公共文化领域，把大数据作为重要根基，科学全面地进行信息收集，掌握广大民众的实际需要，进而设计针对性强的服务，在网络平台上进行有效推荐与效果评估，构建反馈体系，不仅增强了公共文化服务的效能水平，还让群众的满意度大幅提升。

最后，大数据能够让政府在制定公共文化决策时更加准确。为了有效应对大数据时代的挑战，打造一个更加完善科学的公共文化服务系统，政府决策部门必须要做到提早规划、有效学习以及接纳新技术与新方法。利用大数据技术掌握趋势，优化准备工作，促进文化进步与繁荣。政府方面需要特别注意做好以下几项工作：第一，抓好全面布局，转变管理思想，在建设公共文化服务体系的过程当中，除了重视内容供给之外，还需要把侧重点放在需求方面，合理开展受众划分，最终实现服务细分与服务个性化。第二，扩大范围，号召全社会力量的通力参与，借助竞争的方式，整合社会力量，使他们能够共同投入公共文化服务领域，革新管理手段，树立先进服务观念，让政府部门的充实度大幅提升。第三，做好人才教育培训工作，丰富人才储备，解决人员成分与专业结构单一问题。为了确保决策的质量，使其能够在大数据技术应用方面更加有效，所以也要在优秀人才培养方面加大力度，构建完善的培训机制，尤其是做好技术培训。与此同时，还要注意引进外部人才，将人才培养和引进工作结合起来。

（三）企业发展的利益拉力

1. 优化资源获得收益

不管是工业领域的发展，还是金融媒体领域，哪怕是我们所处的生活领域都会生成海量数据资料，大数据借助收集周围信息的方式，构建完善数据库，让我们能够预测未来，获知更为健康的生活方式，了解世界各地的信息，为自己的实际行动提供一定的方向。网络交互数据可以让企业改革迎来新机遇，推动市场化经济发展，推动国民经济的进步。

如今，不管是哪个机构和组织，都特别重视对大数据的研究，同时也在研究过程当中获取了大量能够服务客户和增强社会价值的成果。比方说，银行通过对客户金融数据资料进行分析研究，能够有效确定潜在优质客户，提升还款有效性，保证银行利润；交管部门可借助大数据分析交通信息，从整体上进行把控，预测路面情况，革新管理，建立优质交通服务体系，有效缓解交通拥堵和交通压力大的局面。

2. 高效分析释放价值

要想让数据价值被充分地分析和挖掘出来，一定要提出正确问题，合理化运用数据分析方法与工具，促使越来越多有用数据的产生，让决策行为更加科学，进一步体现出大数据价值。企业方面不仅要有大数据分析的先进技术作为有力支撑，还必须在人才建设方面进行不断的完善，特别是有丰富分析经验的人才。在人才需求非常迫切的背景之下，企业要想在激烈的竞争当中占据优势地位，必须在人才储备方面尽快着手。数据和统计学存在着不可分割的关系，在如今的大数据背景之下，更要有大量创新性的统计方法。

大数据在信息化社会建设当中发挥着重要作用，也能够让我们更加深入地了解社会。如今大数据分析人才非常短缺，整个就业市场特别需要具备知识与经验的综合型人才。在实际生活当中，人们不能够只是依靠感性经验，更为主要的是要做好实证分析。医生需要在大数据分析的基础之上，选取针对性的临床治疗手段；教师需要对案例实施大数据分析之后，再设置教学活动，优化教学策略；企业要掌握大数据的分析与应用方法，助力于企业产品与服务的革新，为广大客户提供能满足他们个性化需要的产品或服务；政府在优化决策和改善政策时，更需要做好大数据分析工作。只有当每一个人都认识到数据价值，都需要大量数据分析作为根据时，才可以让上述目标变成现实。

3. 转变经济增长方式

如今以大数据为依托的产业已经进入了飞速发展的新阶段，促进了国家经济腾飞，推动了企业核心竞争力水平的提升。目前我国经济发展正处在转型时期，要走可持续发展的道路。在这样的情况之下，一定要注意转变经济增长方式，有效迎接挑战和抓住大数据时代的机会。

大数据给全社会带来的一系列改革被企业看到，使得企业进一步认识到数据是不可或缺的资源，大数据的重要性不可忽视，意识到大数据能够创造价值，应该将大数据作为企业核心财产。如今，很多企业都从大数据分析当中获益匪浅，已经将大数据变成企业发展的资源与资产。大数据成为获得社会与经济效益的推动力，成为提高竞争实力的催化剂。医疗、教育等领域的经济发展成了大数据发展的新动力。

（四）社会服务的需求压力

从公共管理层面上进行分析，大数据拥有极大的发展与创新空间。虽然政府已握有大量的大数据资源，但是仍然有无限潜能可以挖掘，还能够继续创造出更大的社会价值。

1. 政府部门合作呼唤大数据整合

政府手中握有人口、卫生、交通、税收、医疗等多方面的大数据信息，但通过对数据资料的应用现状进行分析，发现部门之间的数据没有实现整合，很多部门数据处在固化状态，形成了信息孤岛。不仅影响政府的充分调动与应用，也无法发挥这些数据的价值为公众提供服务，降低了办事效率，导致数据活力丧失。

政府拥有社会各领域的海量大数据，在数据收集、存储方面有着天然优势。第一，政府有大量正规、专门的各级统计部门与干部团队，在统计工作的实施当中，获得了多种多样的数据资料，而且数据运行极为可观。第二，政府工作质量和民生息息相关，在政府行政时累积、存储了很多不同的与社会生活相关的数据。第三，政府可根据实际需要，直接要求企事业单位与行业协会组织等提供多种多样的数据。但大量政府信息属于不同单位与部门，部门之间存在差异化类别的数据资料，彼此之间没有联系，使得数据隔离、割据，导致各项数据无法得到充分利用，只适用在收集分类和简单统计上。只有利用大数据挖掘的方式，才能够让这些数据迸发出更大价值。

2. 大数据是公共服务的有力工具

大数据背景下，政府转型、优化政府职能、革新政府服务已经成了当务之急。公共服务的优化和改进，离不开大数据的支持。目前公共服务对象不够明确，而且种类和爱好各不相同，要想规避资源浪费问题，将大数据技术引入公共服务体系，系统性地进行信息数据搜集、需求分析、提供针对性服务、构建反馈机制等，不但能够让公共服务效能得到全面提升，还能让广大人民群众的满意度大幅提升。

就市政管理而言，通过对大数据的应用与挖掘，能够在极大程度上优化资源，促进行政资源的合理化应用，获得更大的公共支出效益。大数据在执法和经济规划、防灾与灾后重建等多个领域都能大显身手。把大数据技术用在犯罪预防方面，能够预测犯罪行为，做好提早监控，获得大量高质量证据，为执法人员提供工作依据，使其可以先发制人。

就反恐与国防安全建设而言，大数据技术的合理化应用，能够强化国家安全保障水平。有了大数据作为强有力的支撑，有关反恐和国防安全的信息资料可以被收集和整合，并在处理分析和预测研究之后，丰富相关情报资料，辅助侦查系统升级换代，让国家安防水平更加坚固。

大数据的分析和挖掘，能够让政府制定高质量的决策，使得政府的效能大幅提升，也让政府在转型升级的过程当中拥有强大的动力。

3. 我国改革亟须大数据思维

大数据价值并不是数据收集和存储，它的价值是应用。大数据的产生收集与分析共享已经成了必然趋势。加强对大数据的应用，已经成了时代发展和社会进步的必经之路和势不可挡的潮流，在如今这个大数据时代，大数据占领了时代制高点。对于政府而言，大数据能够为国家治理、强化宏观调控、增强社会管理，提供强有力的数据基础。大数据不仅是客观存在，还是全新世界观，能够成为提升主体竞争力的优势以及重大战略。我们要主动学习运用大数据，只有这样才能够在未来获得先机，收获成功。

以往数据收集工作困难重重，存储工作非常不易，于是把数据当作一种稀缺资源。在如今这个时代，大数据无限生成，大量存储，且能够及时处理和分析，使得数据迸发出多方面的价值。在大数据时代背景下，每个个体、企业、政府等都需要依赖大数据，所以就要彻底革新大数据思维。广大决策者也无法脱离大数据中的极大价值。数据存储成本持续降低，大数据实践彰显组织机构意识和实力。

第三节　大数据发展的时代意义

大数据不仅是数据科学的崭新阶段，更是信息化时代发展的必经之路。大数据对经济、社会、人类日常生活产生的影响不仅限于技术层面，对管理理念、运作方式都将产生巨大影响。大数据也使人的思维方式、行为模式、管理理念发生全方位变革，引发了全球范围内深刻的行业调整，体现了国家治理中的战略价值。

一、行业制高点

大数据巨大的体量通常涉及以行业为单位的全局数据，从而通过大数据的分析，能够洞察行业的发展规律、趋势和利润增长点。率先掌握这些信息的企业或部门，将在时代的快速变化中拥有先发优势，占据行业制高点。

这一机遇并非仅由大型企业所独有。如前文所述，大数据技术的发展，使单位计算能力的价格大幅度降低。中小企业无须布局从硬件到软件的全流程设备，即使资金有限，仍然可以通过租用灵活的云端计算和存储服务实现大数据分析。

大型企业的优势在于可以凭借雄厚的积累，在数据采集和交换等环节以较小的成本获得更大规模的数据。然而另一方面，在大型企业里，将大数据技术渗透到所有环节中指导运行，或以大数据为基础推行决策，这一过程与中小企业相比所需时间更长，阻力也更大。

因此，在大数据的浪潮中，各行业不同规模的企业或部门在同样的机遇面前。

各有不同的困难需要克服。谁能率先登上行业制高点，成为未来的最大赢家，关键的因素在于，是否能够始终持有大数据的思维习惯。在正确认识大数据的内涵、价值和运用方式的基础上，以未来为导向，坚定地推行大数据策略。

二、国家竞争支点

大数据不仅能在一个行业中创造领先优势，对于国家之间的竞争而言，它同样可以发挥类似的作用，为国家的发展趋势指明方向。利用大数据提升国家整体的竞争力，正是各国政府纷纷在这一领域发力的主要目的。

掌握更高水平的大数据技术，能够在各个方面优化国家的资源战略和发展策略，使国家作为一个整体，在更低的消耗水平上创造更大的价值，同时提高社会的运转效率，增强国家的影响力和竞争力。未来，大数据技术的发展水平，将显著影响国家之间竞争力的强弱转换。

以德国政府为例，2013 年 4 月，德国推出了工业 4.0 战略，推进以物联网和大数据为基础的智能制造革新，从而在国家层面上优化资源配置，提升竞争力。

工业 4.0 是以智能制造为主导的第四次工业革命或革命性的生产方法，包含了由集中式控制向分散式增强型控制的基本模式转变。在这一过程中，通过制造过程的全面信息化，以各个环节利用物联网产生的海量数据为基础，促进工业的智能化。如图 1-1 所示，工业机器产生的海量数据通过采集和存储进入工业数据系统中，基于机器算法和数据分析方法对大数据进行分析，将处理分析的数据通过互联网共享，并提炼出最优的模型信息和生产策略，然后返回工业机器中，用于指导各个生产环节的优化调整。

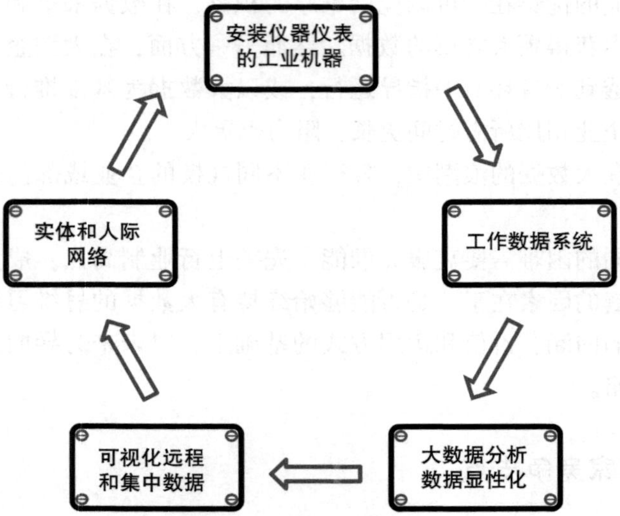

图 1-1 工业 4.0 的数据循环体系

在这种模式下，传统的行业界限渐渐消失，出现各种新的活动领域和合作形式，创造新价值的过程也在发生改变，产业链分工将被重组。利用大数据的工业 4.0 蓝图颠覆了传统制造业，不仅可以监控和保障工业生产过程中各个环节的安全和高效，让工业生产过程更加灵活、动态并适时优化和自我组织，更能够在工业智能化的过程中迅速积累大数据建设与应用的基础设施和经验。通过推行工业 4.0，德国政府令工业智能化的经济成就惠及全国，同时强化了国家在工业领域的领先优势，塑造了国家的高科技形象，大幅提升了在国际社会中的竞争力。

大数据技术具有待开发的巨大潜能，为行业企业带来了更多商机，赋予了每个企业抢占行业制高点的机会。可以预见，未来大数据技术的发展水平，将显著影响国家之间竞争力的强弱转换。一个国家所拥有的数据规模和运用数据的能力，将成为综合国力的重要组成部分，是国家提高国力和国际竞争力的重要支点。总体而言，善用大数据资源和技术，在当今时代具有无可取代的重要意义。

三、我国发展大数据的挑战与历史机遇

（一）面临挑战

在我国，实现大数据的广泛应用仍然有许多挑战和困难需要克服。在

理念和思维方面，国内有许多信息化程度不足的领域，不仅缺乏数据，而且并未形成由数据驱动决策的理念。因此，缺少主动出击、寻找大数据突破点的积极思维。在硬件与技术方面，一些企业和部门在数据库、数据仓储、智能分析软件等领域的基础积累较为薄弱，在数据采集、分析等方面的技术落后于国外先进企业。

此外，国内在部分领域的科学研究起步较晚，积累数据的时间不足。例如，在环境监测方面，自 2013 年起开始监测 PM2.5 污染物浓度数值。因此，如需对一部分针对性较强的问题进行有效和可靠的大数据分析，难度仍然较大。同时，国内许多领域虽然积累了大量数据，但有些尚未达到信息化，且不同行业、部门之间存在信息壁垒，在交互授权使用数据方面困难重重，需要通过改革推动数据共享的进程。

最后，在大数据挖掘的开发利用和安全、隐私保护方面，我国还缺乏相应的法律保障。针对其中的部分问题，人们已经做出了尝试和努力。在政府大力推进智能化、数据化科技发展政策的助力下，逐步解决这些问题，让大数据技术在我国落地安家。

（二）充满机遇

在面对困难的同时，我们也必须看到，挑战之中蕴藏着无穷机遇。目前，我国的大数据应用正处在起步阶段，许多行业尚在初步接触和了解大数据，还未形成竞争的风潮，因此，我国的大数据领域拥有巨大的发展潜力。

首先，我国是全球传统互联网和移动互联网用户量最多的国家，巨大的网络用户基数提供了充足的数据生产和数据消费主体，尤为适合大数据技术的发展和实施。其次，我国许多新兴行业的模式尚未固化，如电子商务、互联网金融等领域，可以毫无负担地应用大数据模式，适于秉持大数据思维，迅速完成高端战略布局。此外，我国许多传统行业和领域中长期积累了大量数据，这些数据大都处于“沉睡”状态，并未体现出它们应有的价值。善用这部分数据，将其有机结合至目前的信息化体系中，将成为大数据分析的宝贵财富。

（三）大数据与“中国制造 2025”

在政府导向方面，我国在 2015 年提出《中国制造 2025》行动纲领，旨在通过信息化和工业化的深度融合，来引领和带动整个制造业的创新发展。其中指出，要加快推动云计算、大数据等新一代信息技术与制造技术融合发展，把智能制造作为两化深度融合的主攻方向。"中国制造2025"的规划，为大数据技术发挥作用提供了广阔的舞台。2015年8月31日，国务院印发《促进大数据发展行动纲要》，进一步明确了要推动大数据的发展和应用，为未来5~10年打造精准治理、多方协作的社会治理新模式做好准备。在政府相关政策的支持下，公共数据的开放共享进程也开始起步，大数据技术将在各个领域获得施展的机会。

第二章 高校教育管理概述

管理一般是指在特定的环境下，对组织所拥有的资源进行有效的计划、组织、领导和控制，以便完成既定的组织目标的过程。我们在学科体系的理论研究中也提到过，管理是人们依据社会发展的客观规律和在特定历史条件下，对各种规律的表现方式进行有意识地调节社会系统内外的各种关系和资源，以便达到既定的系统目标的过程。

第一节 高校教育管理的定义

高等教育管理是根据高等教育的目的和发展规律，调配高等教育资源，调节高等教育系统内外的各种关系，进行有效的计划、组织、领导和控制，以便达到既定的高等教育系统目标的过程。这是通常给出的高等教育管理的定义。

从教育管理的层面上讲，高等教育是中等教育基础之上的教育，因此，它是指高等教育这一特殊的专业层面上的管理。

从管理的分类上讲，也可以分为宏观高等教育管理和微观高等教育管理。

从管理的内容上讲，可以分为宏观高等教育管理中的战略规划管理、宏观调控管理和微观高等教育管理中的教育组织内部的具体教育管理活动。

从定义分析，高等教育管理具有下述三层含义。

一、高等教育管理的依据

高等教育管理的概念首先指明了高等教育管理活动的依据是高等教育的目的和发展规律。高等教育的目的是为社会提供各级各类的高级专门人才，各级各类高级专门人才的教育是指：在类别上为普通高等教育、成人高等教育；在性质上为公办高等教育、民办高等教育；在层次上为专科教育、本科教育及研究生教育。这些教育的目的和目标是管理的根本依据。高等教育受到学生身心发展的影响，通过德育、智育、体育、美育等过程，培养全面发展的人，只有把人作为社会关系的总和来看待，才能对人的发展有全面的理解。因此，各级各类教育过程都有其自身的客观内在规律，只有正确认识这些客观规律，才能实施科学的管理。高等教育必须受到一定社会的经济、政治、文化制约，并为一定的经济、政治、文化发展服务。因此，生产力和科学技术的发展水平，社会的制度、文化传统都对高等教育活动产生制约；无论是国家宏观的高等教育发展政策的制定，还是高等学校培养人的过程，都必须遵循高等教育的目的和高等教育发展的客观规律。这也是高等教育管理的出发点。

二、高等教育管理的任务

高等教育管理的概念指出了高等教育管理的任务，这就是有意识地调节高等教育系统内外各种关系和高等教育资源，以适应高等教育系统发展的客观规律。

从一个国家或者地区来讲，高等教育系统是国家或者地区社会系统中的一个子系统；从高等教育组织系统来讲，高等学校也是一个社会子系统。由于系统中存在着多种矛盾，因此，高等教育管理的任务就是协调并最终解决系统中存在的矛盾。在高等教育管理中，要用系统论的眼光来设计高等教育的整体和各部分之间、要素与要素之间、学校系统与外部环境之间、学校系统内部子系统之间的相互关系，树立整体的观念，并通过有效的管理实现系统要素间的整体优化。

三、高等教育管理的目的

高等教育管理的概念还指明了高等教育管理的结果是不断促成高等教育系统目标的实现。高等教育管理的目的最终也只是高等教育目的的一种辅助性（工具性）目的。在高等教育系统中，培养人的目的是高等教育的根本目的，高等教育系统的一切工作（包括管理工作）都必须围绕这一目的展开，对高等教育系统中各种关系和资源的协调构成了高等教育管理的目的，它的目的是通过有效的管理，确保高等教育实质性目的的实现。因此，高等教育管理最终也只能是手段。当然，由于高等教育管理有其自身的需要，其自身也有目的，如效率就是管理的目的之一，但它是通过有效的管理来保证高等教育目的有效实现。

综上所述，不论是宏观的高等教育管理，还是微观的高等教育管理，所依据的都是国家的教育方针、组织的发展目标、活动的游戏规则、高等教育的基本规律和社会政治、经济、文化的发展背景与环境，通过立法、行政、经济、市场等手段进行协调和控制，保证高等教育人才培养质量，推动科学文化知识创新，促进社会进步等目标的实现，最终实现高等教育的可持续发展。

第二节　高校教育管理的本质与属性

一、高校教育管理的本质

高等教育系统相对于其他社会系统而言有其独特的活动主体和活动目标，这就使高等教育管理同其他社会系统的管理区别开来，表现出它的特殊性。高等教育的总目标是培养高级专门人才和发展科学技术文化并与社会经济发展的需要相适应。高等教育管理活动就是要在总目标的指导下，把对高等教育系统的战略规划、资源调配通过制度和机制进行协调。高等教育管理的本质就是协调高等教育系统有限资源的投入与高效益地实现高等教育总目标的矛盾。

无论高等教育有多么复杂，无论把高等教育系统分解为怎样的子系统，高等教育系统都必然要求各子系统在目标上协调一致。不仅要求每个子系统的目标与整体目标相协调一致，也要求每个子系统的目标与自己内部的组织成员的个体目标相互协调。更重要的是，每个系统的目标与实现这些目标的条件之间需要相互协调，这就形成了管理活动的整体性和普遍性，即每个系统都需要协调。高等教育系统内部的等级层次性导致了高等教育管理活动也具有层次性，这就形成了一个多层的、多级的、专门的分系统，即集合成高等教育的管理系统。协调就是蕴涵于各个子系统之间，对各个子系统的目标进行设计、筹集和分配资源，分析系统的活动信息即通过政策、制度和一些技术手段等协调系统成员的活动，以达到系统所设计的目标。从事这些专门活动的管理人员（或称管理者）的活动所构成的有机整体就是管理系统。

马克思对“管理”曾有过精辟的论述：“一切规模较大的直接社会劳动或共同劳动都或多或少地需要指挥，以协调个人的活动，并执行生产总体的运动（不同于这一总体的独立器官的运动）所产生的各种职能。一个单独的提琴手是自己指挥自己，一个乐队就需要一个指挥家来指挥乐队。”马克思的这一段话，揭示了管理协调所包含的以下几个含义：

（1）管理是集体协作劳动的共同需要，即“或多或少地需要指挥”；

（2）管理必然有管理者，管理协作的对象主要是组织及其成员；

（3）管理是执行生产总体运行所产生的各种职能；

（4）管理的职能主要是指挥和协调他人的活动，同时把自己也处于管理活动之中，以取得成效；

（5）管理的目的是取得比“各个独立的运动”之和更大的效益。

管理活动的普遍性（指管理活动作为人类活动的一个重要方面）普遍存在于所构成的各种组织机构中。专门管理者的出现体现出社会系统在结构层次上的性质，表明个人在社会系统中具有的不同位置、作用和性质。管理活动中人是管理的主体，权力是管理系统赖以存在的基础，权力对人的活动的约束性使人们按一定的方式组织起来，以便实现系统的整体目标，也在一定程度上体现了权力在协调中的作用。协调（或称调节）是指调整或改善高等学校与校外及校内各部门或成员之间各方面的关系。就一个国家和地区来讲，把高等教育放到社会的大背景中，政府对高等教育的协调是使高等教育的层次、规模、结构、水平、质量、效益的协调发展，与社会的政治、经济、文化的发展相适应，如果不相适应，就必须进行协调。就高等教育的组织——学校来说，它是高等教育系统中的子系统，学校组织的类型因区域的差别、体制的差别、机制的差异、管理者的差异等出现差异，存在着的矛盾是多种多样的，有总体目标与部分目标之间的、有长期规划与近期打算之间的、有整体利益与部门利益之间的、有组织利益与个人利益之间的矛盾，这些矛盾如果不加以协调和解决，就会影响高等教育系统的运行和发展，也会影响高等教育效益的最优化。高等教育的协调任务与高等教育管理的本质要求是相一致的，体现了高等教育管理的基本矛盾和本质特征。根据1999年1月1日开始实施的《中华人民共和国高等教育法》（以下简称《高等教育法》），在第四章、第五章、第六章中明确了高等学校组织和活动的范畴与规定，高等学校应该做什么有了法律层面上的依据。作为高等学校的管理者，应通过领导的权威性和艺术性来调配和协调组织内部的各种资源，实施有效的管理。

了解管理活动中冲突的本质才能对症下药地协调。冲突是指由于工作群体或个人试图满足自身需要而使另一工作群体或个人受到挫折时的社会心理现象。冲突表现为双方的观点、需要、欲望、利益或要求不相容而引起的一种激烈斗争。冲突是人类社会的一种普遍现象，它具有有利和有害两种结果。从有利的方面看，冲突的解决能促进组织的发展，可以增强干劲，形成一种激励力量，它还能促进交流，诱发创新。从有害的方面看，冲突使人产生情绪压力，影响人的身心健康，剧烈冲突带来的破坏作用会浪费资源，不及时解决冲突会影响组织运转，破坏组织目标的实现。因此，必须探讨冲突产生的根源及其解决途径和方法，便于协调。

一般地说，在集体组织成员之中，总是存在许多不一致，其中某些不一致可能上升为矛盾（程度不一的矛盾），这些矛盾关系中比较激烈的便会转变为明显或不明显的冲突。冲突一般分为三种类型：第一类是认知性冲突。由信息因素、知识因素、价值观因素等引起的冲突都属于认知性冲突。这种冲突随着双方认识趋于一致就能得到缓和与克服。第二类是感情性冲突。这是一种由非理性因素引起并为这种非理性因素所控制的冲突，也可能是由认知性因素所诱发，最后为非理性因素所支配的冲突。个性相抵是这种冲突最常见的诱因。它持续时间长，破坏性大。第三类是利益性冲突。这是一种由本位因素引起的目标冲突。社会中的个人和群体在处理问题时所关心的利益不同，从本位出发就可能引发矛盾和冲突，伴随利益的再分配，这种冲突可以克服。在日常的社会活动中，随处存在可能导致冲突的根源，一旦有了起因，这种潜在的冲突随时就会转变为现实的冲突。

产生冲突的原因一般有以下几种：

（1）人的“个性”。从人的本性讲，不满情绪积累到一定程度就会形成冲突，需要有适度的发泄。

（2）有限的资源争夺。资源在一所高等学校总是有限的，而需要却是无限的，为争夺有限的资源而产生的冲突在所难免。

（3）价值观和利益的冲突。不同经历的人价值观容易形成冲突，部门和个人都可能因利益而形成冲突。

（4）角色冲突。由于个人和群体所承担的角色不同，而不同的角色都有其特定的任务和职责，从而产生不同的需要和利益，因而发生冲突。

（5）追逐权力，是一种权力欲望的争夺而产生的冲突。

（6）职责规范不清楚，导致对任务的要求产生冲突。

（7）组织的变动。组织的变动会导致利益的重新组合而产生冲突。

（8）组织风气不佳。如领导的矛盾和派系“传染”给整个组织而形成的冲突。

单从冲突的结果看，无外乎三种可能：一胜一败、两败俱伤、两者全胜。显然前面两种结果都不是理想的结果，这些结果往往潜伏着第二次更大的冲突，领导过程应尽量避免这种结果出现。第三种结果是在双方都较满意的基础上解决冲突而得到的，这是可取的解决问题的方案，这就需要很好地进行协调，有效的协调是我们协调的目的。

冲突的协调与解决方法主要包括以下几种。

（一）认知型冲突的协调

在高等教育系统中，从宏观方面来讲，高等教育如何适应国家政治、经济、文化的发展，每一个发展时期如何规划区域高等教育的发展、高等教育发展速度的快慢、高等教育的科类层次结构等的确定，不同的决策者及管理者会产生不同的意见，甚至矛盾。在微观高等教育管理中，学校教育都是非常具体的管理活动，对于学校如何定位、如何发展、如何运用学校有效的教育资源，在培养目标、课程设置、培养计划的拟定和实施、教学与科研活动的具体展开、各项工作的总结评价等方面都可能出现一些不一致和矛盾，甚至会形成明显的冲突。一般来讲，增加交换看法、进行交流协商的机会，消除可能由于误会与信息不全所导致的认识上的不一致；进行“和平谈判”，把对各种原因和结果的认识都拿到桌面上来，这需要领导者的权威和协调能力；提供学习机会，提高大学组织内成员的认识能力和观念水平，这不仅针对冲突双方，而且针对冲突涉及的各方，大家都需要提高自身的认识水平；调整或改善组织内部的有关结构，使各种不一致、矛盾和冲突能够最大限度地被比较完善的组织结构和人员组合（搭配）所“稀释”和“化解”；用超然的态度承认并超越某种冲突，这种方法可能有助于解决某种矛盾冲突。具体来讲，要解决这类矛盾和冲突，最好的办法就是在学习和研究的基础上，开展对高等教育的教育思想、教育观念的大讨论进行认知统一。要提供公开交流的平台和场所，进行认知交流，认知融化，消除和化解形成矛盾和冲突的原因，使组织成员和冲突各方在观点上达成一致，或者提高他们的认识水平。

（二）感情型冲突的协调

这是一种非理性的冲突，主要存在于微观高等教育管理的活动中，相对于某个方面的具体事项，带有个人的情感色彩。其原因可能是一些微不足道的小事，也可能是不同的性格、爱好，甚至可能找不到“原因”。在高等教育系统中，解决这类冲突的方法可以通过提高成员的心理素质，使其具有能够承受一定的情感冲突的能力；提高认识水平，认识冲突的原因是微不足道的，认识冲突的结果可能会产生严重后果；施行合理而公正的奖惩手段，坚持规章制度的原则性，对于坚持感情办事而导致不良后果的，做出制度上的处理；进行感情牵引，引导感情向有益的方向发展，如完善和改进目标管理，把成员的注意力集中到实现高等教育目标上去。对于某些历史性的感情冲突，最好的解决办法也许是让时间这位“老人”来协调解决，因为时间可以抚平某些感情创伤，并教会人们许多书本上没有的道理。

（三）利益型冲突的协调

利益冲突有一种特征，如果利益的消长或损益幅度不超过某一程度，则这种冲突不仅不可怕，而且对集体的凝聚力和组织目标没有太大的影响或破坏作用；如果超过了某一较高程度，则会导致整个组织或系统的瓦解与毁灭。因此，需要解决并能够解决的利益冲突基本上都是处于这两者之间的利益冲突。利益冲突是冲突各方在各自追求效用最大函数值（或最大利益）的过程中构成的冲突。利益冲突所围绕的中心就是利益，而利益在各人的眼中是不一致的。一般说来，出现冲突时，组织中可能存在无数个个体利益或自身利益，也可能存在多个不同规模的共同利益，但最大的共同利益只有一个。对于作为利益代表的个体或群体来说，他们的自身利益也只有一个最大值，这两个最大值就是“自利最优解”和“共利最优解”。解决利益冲突的关键在于如何进行利益的重新分配。如果借用函数求解的方式，当代表多方利益的曲线处于同一坐标系时，共利最优解就不难找到，但要把共利最优解和自利最优解结合起来就不容易了。寻找各方的自利最优解和共利最优解，实际上是一个人对利益的产生和形成的分析过程，而要使自利最优解和共利最优解取得一致，则不仅是一个分析过程，而且是一个策略的实施过程。另外，它们也不是一成不变的，它们会因环境变量的改变而发生变化。因此，利益冲突的解决是一个因地制宜的过程。在高等教育系统中，各子系统，甚至更小的群体和个人，都有自己的切身利益。他们在实现系统目标的过程中也同样追求自己的切身利益。例如，高等学校教师在进行教学科研工作时，一方面在完成高等教育的任务；另一方面也在追求自身的利益——职务的晋升和自我价值的实现。这里，职务晋升就是引起冲突的原因之一，特别是当候选人数远远多于晋升名额时，冲突就异常激烈，如何确定好公平合理的晋升方案就是解决冲突的关键。此外，在人员任免、经费分配、改革方案实施等方面，同样存在着各种利益冲突。如果忽视这些矛盾和冲突，尤其是利益上的矛盾和冲突，要想调动全体教职工的积极性，充分发挥他们的创造精神，就可能成为一句空话。在解决这种矛盾时，有两个办法：一是通过政策法规来约束，明确整体与局部利益、局部与局部利益、个人与组织利益、组织与组织利益、个人与个人利益的关系，公平公正地解决这些利益冲突；二是应注意加强思想政治工作，把物质奖励和精神鼓励结合起来，处理好国家、集体、个人三者之间的关系，这是高等教育领导必须研究和解决的重要问题。

总之，要充分认识高等教育系统中存在的矛盾运动的规律，特别是在微观高等教育管理中，要按照矛盾运动规律来解决这些问题。具体来讲，个人与个人之间的矛盾主要表现在工资福利、提级晋升、表彰奖励、教育经费分配及学术观点等方面，此时应遵循公正、平等的原则。在个人与整体的矛盾方面，要使系统整体目标与个人的目标相一致，当两者一致时，个人目标的实现可以通过整体目标的实现来达到，整体目标的实现是个人目标得以实现的前提条件。从宏观方面来讲，系统与环境之间的矛盾表现为对高等教育投资少与实现高等教育系统目标、政府包揽过多与高等学校缺乏办学自主权等方面的矛盾，应该也只能通过政策、体制去解决这些矛盾。

但是，高等教育系统的三种矛盾是有机地联系在一起的，每一矛盾系列的解决都关系到其他矛盾系列的解决。因此，在高等教育管理活动中，要从整体出发去解决高等教育系统所存在的矛盾，即进行系统的科学的管理。如果不从整体的角度去处理系统内部的矛盾及系统与环境之间的关系，看不到矛盾之间的相互关系和相互转变，那么就会激化矛盾，破坏高等教育系统内部的稳定性，就不可能实现高等教育系统的整体目标。例如，个人的合理需要得不到满足就会抑制个人的积极性和创造性，个人在工作中就会表现出动力不足，主动精神不够。一旦个人在工作中缺乏主动性就会大大降低劳动效果，这样培养出来的人才质量就难以达到预期的目标。而人才质量的降低又会引起社会上人才供需关系的变化。这种关系反过来又抑制高等教育的运行和发展。同样，如果系统的整体目标与实现这些目标的现实条件差距过大，则目标就难以达到，这反过来又会挫伤人的积极性。所以，高等教育系统目标的实现过程本质上是一个系统与环境、系统内部矛盾关系不断得到协调和解决的过程。

其实，我们要辩证地看矛盾，特别是高等教育管理活动中的矛盾，从矛盾的普遍性来看，所有的矛盾都有共性，因为产生矛盾的规律性都是一样的。首先，我们要认识到矛盾的存在是必然的，不存在没有矛盾的社会，不存在没有矛盾的管理，人的价值观各异，认识方法和认识水平各异，有矛盾是很正常的，不要因为有了矛盾就惊慌失措。根据动态平衡的观点，管理活动中要有矛盾，有矛盾不是坏事，通过制造合理的矛盾，挑起正常的冲突，当然只是思想上的冲突，在冲突中谋求一致，达到矛盾的解决，在冲突中达到平衡。要善于处理和解决矛盾。矛盾出现并不可怕，可怕的是当矛盾出现以后我们束手无策，或者任其发展。我们有些管理者不善于解决这类认知型冲突的矛盾，甚至不愿意去正视这些矛盾。另外，最不可取的是扼制矛盾，结果造成矛盾的激化，这样一来可能会带来新的冲突，产生更大的矛盾，因为他没有解决矛盾，而是转移了矛盾的方向，使小的矛盾集合成了大的矛盾。

高等教育管理中对待矛盾与冲突要注意以下两个方面的问题：

1. 避免人为地制造矛盾和冲突

从源头上避免矛盾与冲突的出现，这就是我们要注意的源头方面。在制定各种政策和制度时要科学合理，要经过专家论证和民主决策，千万不要匆忙出台不合时宜的政策和制度，特别是避免头痛医头、脚痛医脚的出台政策和制度，为矛盾与冲突埋下祸根。在管理活动中我们也要尽量避免矛盾与冲突。管理活动中尽量避免矛盾与冲突的办法有很多，其中之一是管理活动的透明、公开、公正，而透明的前提是游戏规则的认同。在游戏规则认同的前提下，游戏的运作必须透明、公开、公正。只有这样，才能有效地避免矛盾和冲突。我们知道高等教育管理的本质特征与企业管理、经济管理有很大差别，中国高等教育的管理在具有行政性一面的同时，又是学术性很强的专业管理。行政管理需要很强的透明度，学术管理除了知识产权方面和技术层面比较透明外，纯粹的管理活动更需要讲求透明、公开、公正。

只有把握好了透明、公开、公正的度，避免管理活动中人为地制造矛盾和冲突才是可能的。

2. 实事求是地化解矛盾与冲突

矛盾与冲突在管理活动中始终是存在的，关键在于如何去化解。化解矛盾与冲突要本着实事求是的态度。首先，要敢于承担由于管理者的原因引起矛盾与冲突的责任，用真诚来化解矛盾与冲突。其次，一旦矛盾与冲突出现，既不要大惊小怪，也不要消极怠慢，要以积极的心态与行动去化解矛盾与冲突，把矛盾与冲突造成的后果降低到最低程度。

二、高校教育管理的属性

在社会活动中，为了与高等教育系统整体性相适应，高等教育管理一开始就提出两个目标：一是为使个体同整体相适应，用系统整体去整合各系统的个体，以实现系统整体的功能目标。二是为了实现系统效益的最大值，要求把具有一定功能行为的个体有机结合在一起，达到系统最大“结合力”的功能目标。只有这两个目标的综合，才能使系统整体功能大于系统中各分散个体功能之和。这是高等教育管理的系统属性。这两个目标的矛盾运动决定了高等教育管理的两条基本规律：第一，高等教育管理的自然属性与社会属性趋于一致的规律。自然属性具体表现为高等教育管理的个性和特殊性，社会属性具体表现为高等教育管理的历史继承性和为阶级服务的政治性。第二，高等教育管理的封闭性与开放性的矛盾统一的规律。这是高等教育管理最重要的本质属性。

为什么系统的矛盾运动可以使系统整体功能大于系统各分散个体功能之和？又如何认识高等教育管理的基本属性和规律？对于第一个问题，因为“整合”和“综合”使高等教育系统获得整体的功能目标和最大“结合力”的功能目标，这就具备了系统整体功能大于系统内各成员个体功能之总和的条件。如果系统中的管理者尤其是领导者能够找到两个互为矛盾的平衡点，也就是要求各级管理者，尤其是各级管理的最高决策者，在管理中必须找到两个目标的平衡点，才能保证系统功能放大。高等教育管理具有自然属性与社会属性，高等教育管理活动本身就反映了它的属性。要实现管理的功能，在管理中运用专业的知识。使用某些技术和方法，从而就表现出了它的自然属性，有管理者必然有被管理者，他们之间总是存在着利益、认识、感情等方面的矛盾，在阶级社会里往往表现为阶级矛盾，在市场经济体制出现多元化格局的情况下，宏观高等教育管理中有时候会出现各阶层利益之间的矛盾，在整个国民经济的发展中，教育同其他行业的矛盾，教育内部中高等教育同其他层次教育之间的矛盾等，从而表现出它的社会属性。在不同社会制度的国家里，解决这种矛盾的方法往往是不同的，认识两类属性矛盾的存在和有效地解决这两类矛盾，必将推动高等教育事业的发展和目标的实现。同时，对高等教育系统的封闭性与开放性而言，这是一种客观存在的事实，要注意的是封闭性和开放性是相对的，只有系统与环境进行有效、快速且准确的物质、能量和信息的交换，才能使系统实现整体的功能目标和最大“结合力”的功能目标。

（一）自然属性与社会属性

高等教育管理的自然属性主要表现在普遍性方面。高等教育的管理是一种社会活动，社会活动的有序进行就需要进行管理，因此，高等教育管理是社会活动中普遍存在的一种管理现象。不论哪个国家，无论哪个历史时期，只要存在高等教育活动，就存在各种培养高级专门人才的活动（包括专业设置、培养目标、课程设计、教学过程、教学方法、教学手段等），就有进行管理的必要。在当今社会中，接受高等教育已经成为国民的素质需求乃至消费需求，成为国家和民众的普遍需求，特别是在高等教育大众化的时代，高等教育管理已经成为一种普遍的专业管理。高等教育管理的共性方面，即高等教育管理在各个历史发展时期都具有明显的共同点，这些共同点不因国家的政治、经济、文化等差异而有所变更，也不因历史时期的变化而消失。正是由于这种共同性，中国传统高等教育中的优秀部分应当继承和发扬，如唐代的高等学府在教学管理上制订较详细的教学计划，规定了严格的考核制度，放假、升级与退学等都有明确的规定，唐代太学退学的规定有三条：请假逾期不返校者，令其退学；学满最高修业年限三次不及格者，令其退学；品德行为恶劣不堪教育者，令其退学。这些管理制度仍有其现实意义。与现代大学有历史渊源关系的欧洲中世纪大学，一开始就建立包括文法学、哲学和医学等学院。这种校院制一直被后来的大学所采用，随着课程的发展，学习制度发展成最初的学位制，这种制度对以后的大学学位制度产生了深远的影响。例如，在法学、哲学、医学等学科，都规定有不同的学习年限，需要学习若干门课程，还要实习讲授一定工作量的课程，然后才能申请学士、硕士和博士学位，之后，还要接受一次口试和辩论，经评审批准，才能戴上硕士帽、博士帽。现代大学申请硕士、博士学位程序基本同过去一样，只不过是在此基础上更加完善。这就是高等教育管理的“古为今用，洋为中用”。这些共同点来源于高等教育管理活动的循序渐进，在发展过程中所形成的特点和规律，成为高等教育活动中遵循的管理的一般原则，表现出它们的共同性特点。另外，在高等教育管理的技术性方面，高等教育管理使用的技术和方法一般不受社会制度的影响，各国都可以相互学习先进的管理技术，推动了高等教育管理的发展。

高等教育管理的社会属性包含两层含义：一是高等教育管理具有历史文化的继承性，即在人类创造历史的过程中，由于社会及自然环境不同所形成的各种地域文化，在高等教育管理活动中留下深深的烙印。这些“印记”在高等教育管理思想上，表现为不能超越一定的社会文化形态及人们的社会心理状态，并且在具有“同源文化”的国家和地区，在高等教育管理思想和管理哲学上具有很大的相似性，而非同源文化中所产生的高等教育管理思想和管理哲学就存在明显的差异。欧洲中世纪的高等教育管理受到神学、宗教及哲学的影响，使其在管理思想和方法上都有其浓厚的中世纪痕迹，反映出中世纪的宗教和神学文化。一般高等教育管理具有政治性。因为高等教育管理是与权力关系联系在一起的，高等教育的体制和有些制度、政策总是一种社会制度和政策的一部分，是为一定的政治服务的。在阶级社会里决策者与被管理者之间一般表现为阶级关系。在社会主义社会里，人民群众是社会和国家的主人，社会主义国家的管理者，包括高等教育管理者，是为人民办事的公仆，而不是骑在人民头上的老爷和官僚，如果发生公仆转为主人的现象，就意味着管理的性质发生蜕变了。所以，有人不太赞成高等教育管理具有这样的社会属性，好像是把管理的自然属性社会化了，这种看法是片面的，作为高等教育的管理者，特别是高级的、高层次的管理者，一定要懂得管理的社会属性，高等教育管理必定具有社会属性，并且，要搞清楚管理的社会属性在哪些方面，在我们的管理活动中如何恰如其分地处理好社会属性的问题，是当前高等教育管理者必须懂得的。从宏观高等教育管理来讲，它的社会属性的政治性问题是不言而喻的，反映在高等教育的方向上，反映出是否办社会主义的高等教育的问题。从微观高等教育管理来看，管理的方向性具体地反映在培养的人上。高等教育管理社会属性认识的淡化是很危险的，有的人甚至不承认社会属性则更可怕，这是高等教育的民族性、国家性的根本问题。

自然属性与社会属性是高等教育管理活动本身所具有的两种属性，两者处于矛盾统一体之中。高等教育管理的两个目标，规定了高等教育管理两种属性是一对相对统一的矛盾，它具体表现在维持系统整体特性功能目标应具有的稳定性与高等教育管理追求最大“结合力”，要求改变系统结构而产生不稳定性之间的矛盾，此两者之间的矛盾运动，使高等教育管理不断得到改善。同时，高等教育管理的两种属性又统一于高等教育管理计划、组织、领导和控制等管理环节上，根本上统一于高等教育管理的效益上。没有社会属性，没有维持系统整体特性的功能目标，就不会有产生最大“结合力”的需要，高等教育管理的自然属性就失去了存在的基础而无从实现它的自身价值。把高等教育系统内成员的个人目标整合成系统整体特性的功能目标，目的在于把分散的具有一定功能行为的个体结合起来，实现系统功能的“放大”，而离开了自然属性，高等教育管理的社会属性也不可能体现出来，它的社会价值目标也不可能实现。

（二）封闭性与开放性

高等教育管理的封闭性是指在高等教育管理过程中，根据高等教育管理的特殊矛盾而在高等教育系统内部自我运转和良性循环的性能；高等教育管理的开放性是指在高等教育管理过程中，根据高等教育管理的特殊矛盾而在高等教育系统与外界环境相互关系中，实现物质、能量、信息交换的性能。就高等教育管理的封闭性而言，在高等教育系统内无论进行哪种高等教育管理工作，一个首要的前提就是在一个相对独立、完整的高等教育系统内部，按照高等教育系统的特定目标而进行优化组合，即在高等教育系统的“投入—加工—产出”的过程中构成一个相对封闭的系统。没有相对的封闭性，高等教育系统就没有相对稳定的环境。任何对高等教育系统的分析及高等教育管理活动过程都不可能按照自己的独特方式运行。

这种相对封闭性是一种客观的存在，是更好地进行高等教育管理的必备条件，当然，完全封闭的高等教育系统是不存在的，因为完全封闭就意味着与环境不进行任何物质、能量、信息的交换，这样的高等教育系统必然会逐渐消亡。因此，这就是我们所指的高等教育系统和高等教育管理的封闭性又具有相对性的一面。现代社会中，任何一个系统都不可能是完全封闭的，封闭是相对的。就高等教育管理的开放性而言，高等教育系统受外界环境的制约和影响，只有开放才能获取更大的信息资源和物资资源，才能进入社会大系统中去循环，去接受洗礼，去成长壮大。纵观中国高等教育的改革与发展，中国高等教育管理现代化进程的不断加快离不开开放，我国高等教育管理的很多思想与观念就是通过改革开放得到启发，很多技术与方法就是在国际高等教育的大背景下开发与形成的，现代高等教育管理的进程没有国际化的开放是行不通的。没有开放性就没有中国高等教育的大发展，就没有中国高等教育管理的成长。

故步自封、关门主义使高等教育系统独立于社会大系统之外，是有历史教训的。因为，这个社会不可能停留在古代文法教育时代，教育脱离社会，脱离社会化生产活动，成为贵族教育的一种象征，难以推动社会生产力的发展。现代社会大生产催生了科学教育的迅猛发展，科学教育的内容、科学教育的方法，无不是来自社会的，封闭已经是不可能了。那么，高等教育的管理在思想上首先要开放，要引入先进的管理思想和方法，但不改变高等教育管理的本质，这就是开放性的基本原则，也是封闭性和开放性的矛盾统一的需求点。高等教育管理的封闭性与开放性的矛盾在于：如果片面强调高等教育管理的封闭性，为高等教育系统的“存在”花费更多的人力、物力和财力，那么就会影响系统的外延“发展”，失去取得更大效益的机会；如果片面强调高等教育管理的开放性，过分注意高等教育系统效益的最优化，而忽视甚至否定高等教育管理的相对封闭性，破坏高等教育系统自身，就会只强调系统“发展”而忽视系统“存在”。这将导致高等教育系统的紊乱和能量的消耗，最终将导致系统“存在”基础的动摇。无论是高等教育管理封闭性还是高等教育管理开放性，其目的都是使高等教育系统的生存和健康发展得到保证，具体表现在统一高等教育管理的诸环节上。例如，通过高等教育计划，在解决高等教育系统与环境矛盾中使封闭性与开放性统一起来；通过高等教育组织、领导，在解决高等教育系统内系统与系统、系统与个人矛盾中使封闭性和开放性统一起来；通过高等教育控制，在解决高等教育系统既定目的与实施中偏离目的的矛盾中使封闭性和开放性统一起来。这里要明确的是，高等教育要向世界开放，汲取世界上先进的管理经验，包括一些先进的管理制度。要向其他行业开放，走开放办学的道路，特别是在市场经济体制下，企业管理是最活跃的，现代企业管理的先进理念和方法尤其值得高等教育管理借鉴。

高等教育管理的自然属性与社会属性的两重性是我们要充分认识清楚的。两重性规律以高等教育系统中一切有目的的活动为基础，自然属性和社会属性、封闭性和开放性是高等教育管理本身所固有的。因此，高等教育管理的自然属性及其客观性规律，不仅在对高等教育管理的认识上，而且在高等教育管理的具体活动中都是必须要遵循的。高等教育管理活动中的两重性规律揭示的是高等教育管理固有的自然属性和社会属性、封闭性和开放性及其相互联系，这种联系是由高等教育管理的“整体功能”和“结合力功能”两个目标的矛盾运动所规定的。事实上，两重性从整体上反映了高等教育管理的特殊矛盾。因此，管理属性要素之间的联系是本质的和必然的。

总之，我们研究高等教育管理的自然属性与社会属性、封闭性与开放性，以及它们的规律在高等教育管理过程中是共同存在、相对稳定的，是高等教育管理本质的反映，是高等教育管理的基本规律。

第三节　高校教育管理的原则与理念

高校教育管理是一个由系列管理活动按一定顺序结合而成的系统组织过程。遵循适当的理念和原则，对于确保高校教育管理工作的正确方向，实现管理质量与效率的最大化具有重要意义。

一、高校教育管理的原则

高校教育管理的原则是在高校教育管理过程中必须遵循的基本准则。恩格斯指出：“原则不是研究的出发点，而是它的最终结果；这些原则不是被应用于自然界和人类历史，而是从它们中抽象出来的；不是自然界和人类去适应原则，而是原则只有在适合于自然界和历史的情况下才是正确的。”因此，高校教育管理原则的确定，主要依据高校教育管理的内在规律、实践经验及党的路线、方针、政策。新形势下，高校教育管理主要包括方向性、发展性、激励性和自主性等基本原则。

（一）方向性原则

高校教育管理坚持方向性原则，是涉及培养什么人、如何培养人的根本性问题。高校教育管理是高校办学的重要方面，是学校育人环节的重要一环，社会主义大学的主要目标是培养合格的社会主义事业建设者和可靠接班人，高校教育管理工作直接影响这一目标的实现。方向性原则是指确定高校教育管理的目标，进行高校教育管理活动，要与高校育人工作的总目标相一致，要与党和国家的教育方针、规范、政策和法律法规中规定的教育目标、管理目标等相一致。方向性原则是高校教育管理中具有决定意义的基本原则。只有坚持这一原则，才能促进高校教育管理沿着高等教育育人工作的总目标发展，才能保证高校教育管理的正确方向，才能有利于培养全面发展的社会主义事业建设者和接班人。坚持方向性原则，是高校教育管理的社会属性决定的，也是我国高校教育管理历史经验的总结。

高校教育管理中坚持方向性原则，关键需要做到以下三点：

（1）增强管理者的政治意识。高校教育管理是具有鲜明的政治方向、价值导向的。任何社会的高校教育管理都是为一定社会、阶级服务的。不同社会的高校教育管理目的、理念、任务、方式和方法等，是有着显著差异的。然而，在我们的管理理论和实践中，往往存在着忽视管理的政治功能和价值导向的现象。一些人甚至不认为高校教育管理有何方向性可言。因此，体现高校教育管理的方向性，首要的问题就是增强管理者本人的政治意识，促进管理者有意识地在管理过程中思考管理的政治方向和价值导向。管理者要把方向性要求贯穿在高校教育管理全过程和具体的活动中。引导广大学生积极投身改革开放和社会主义现代化建设，在为祖国、为人民的不懈奋斗中，实现自己的人生价值。

（2）以制度的合法性体现管理的政治导向性。坚持方向性原则，就必须自觉接受党的领导，其核心是坚决贯彻党的方针、路线、政策。学校的各项制度就是贯彻党的方针、路线、政策的主要载体，是一定社会政治方向、价值导向等的具体体现。因此，学校层面制定的各类高校教育管理相关制度，一定要与国家的法律、法规相一致。通过合法制度来保障高校教育管理的方向性。要注重把方向性原则融入制度建设和执行的全过程，使学生坚定社会主义的理想信念，在实践中成长成才。

（3）按时代需求及时调整管理目标。坚持方向性原则不仅体现在政治方向上，而且体现在管理是否能为党和国家的中心任务服务。不同时期，党和国家的任务是不同的，对人才的需求也是不同的。这就要求高校教育管理要紧扣时代主题，不断调整管理目标，创新管理模式。目前，发展是时代主题，经济建设是党和国家的中心任务，要根据这一中心任务制定具体的高校教育管理目标。

（二）发展性原则

高校教育管理坚持发展性原则，包括两方面：一是管理工作本身要不断发展，二是通过管理促进学生的全面发展。从管理工作本身来看，随着我国社会政治、经济、文化的不断发展，社会生活发生了复杂而深刻的变化，高校教育管理工作的形势、环境、对象、任务发生了深刻的变化，这就要求管理的体制、机制不断变化，管理方式、目标、途径及时调整，以确保高校教育管理工作的实效。

通过管理促进学生全面发展，关键是做到三点：

（1）要树立发展意识。思想是行动的先导，有什么样的发展理念，就会有与之相应的管理方式和结果。传统的高校教育管理重管理，把管住学生作为学生管理的出发点。个别管理者往往以强硬的制度规范、约束学生的行为，以训诫、命令代替沟通。这些方式往往会伤害学生的自尊心，挫伤学生的自主性，有悖于学生的全面发展。高校教育管理坚持发展性原则亟须转变传统的观念，要有意识地把学生全面发展作为管理活动开展的前提。在高校教育管理中，牢固树立促进学生全面发展的责任感和紧迫感，打破思维定式，以新的发展观念指导管理决策，设计管理计划，谋划学生的全面发展。

（2）要不断推动管理创新。通过管理促进学生全面发展，需要同时注重管理本身的发展，而管理的发展实际上是创新。服务于学生全面发展的管理创新就是在遵循高校教育管理规律基础上，与时俱进，坚持继承与创新相结合，创造性地开展工作，促进学生全面成长和成才。目前，高校教育管理的机制、途径、方法与载体都是在过去的环境条件下，针对过去的情况产生的。但随着社会经济的迅速发展，高校教育管理工作面临着新环境、新问题，大学生在思想上出现了迷惑和困扰，在观念上呈现出多元化特点。如果固守原有的管理方法必然不能较好地适应今天的需要，解决不了今天的问题。为此，创新高校教育管理工作成为时代和社会赋予的重任。

（3）要统筹各方面的资源形成促进学生发展的合力。一直以来，我们在高校管理的实践工作中都强调高校学生管理包括管理学生和服务学生两大方面。但在具体操作上，管理却总是多于服务。实践证明，把职业生涯规划、生活帮扶、大学生就业指导、心理辅导等贯穿管理始终更易于发挥学生的主观能动性、激发学生的创造性，从而促进学生的发展。要理顺学校各管理部门关系，通过部门间的相互协调，相互联系，从而将组织内部各个要素联结成一个有机整体，使人、财、物、信息、资源等得以最佳配置，形成促进学生发展的合力。

（三）激励性原则

激励性原则，是指高校教育管理中利用一定的物质手段或精神手段，引导学生思想行为的变化，调动学生的积极性、创造性，使学生的潜能得到最大限度发挥，从而实现管理目标的基本准则。在高校教育管理中，恰当运用激励性原则，将使管理活动更易于被学生接受，更好实现管理的目标。

激励的效果取决于在激励过程中采取的手段、方式能否针对大学生的发展实际、能否满足大学生的需要、能否在大学生内心形成自我激励的内在动力等。因此，在高校教育管理中贯彻激励性原则，需要做到以下三方面。

（1）运用正向激励手段。高校在学生管理过程中，科学、合理地运用激励机制，有助于调动大学生的能动性和创造性，改变大学生的观念、行为。正向的激励主要有两种：一种是物质上的，主要指金钱或是实物，物质利益的需求和满足是人生存和发展的一个必备条件。对学生进行一定的物质激励，有助于调动学生积极性、主动性；另一种是精神上的，主要指通过各种形式的表扬，给予一定的荣誉。正向的激励有助于学生将外部的推动力量转化为自我奋斗的动力，充分发挥自身潜能，从而有效地激励学生成长成才。在高校教育管理中，要协调好物质激励和精神激励的关系，依据学生的实际采取相应的激励手段，确保管理效果。

（2）在管理中树立典型，通过榜样进行激励。榜样使人有目标，有方向。因此，要善于树立榜样，培养榜样，宣传榜样，并鼓励学生学习榜样、争做榜样、成为榜样。

（3）采取情感激发的方式。“情感，是人格发展的诱因，是青年追求美好生活的动力”。要确保管理目标的实现，一般都要有感情的催化。当管理者与学生平等对待、敞开心扉、相处愉快时，管理活动就比较容易开展；当双方针锋相对、互不理解时，学生往往产生抵触情绪，管理效果就会打折扣。因此，要求管理者不仅要以制度约束人，而且要以真情感染人，注重沟通，消除疑虑，用欣赏的眼光去看待学生，使每一个学生的需求得以尊重，困惑得以解决，特长得以发挥。

（四）自主性原则

自主性原则是指高校在进行高校教育管理时，使大学生参与到管理过程中来，充分调动大学生的积极性和创造性，进行民主管理，实现自我管理和自我服务。高校教育管理遵循自主性原则，是由两方面决定的。一方面有利于育人目标的实现。管理的目标是育人，这就要求将外在的行为规范转化为内在的思想观念，从而支配管理对象的行为。如果不调动学生的主观能动性，学生就难于接受管理，管理的实效性就难于发挥。另一方面有利于满足学生自主管理的现实需求。随着我国社会主义市场经济体制的不断完善，高等教育逐步走向经济社会发展的前台，市场经济的自主、平等、竞争、法治精神对高校师生的影响不断深化，大学生自主意识不断增强。大学生渴望在各项事务管理中充当主角，自己管理自己，充分发挥主观能动性，实现自我管理、自我服务。

高校教育管理中坚持自主性原则要做到以下三点：

（1）唤醒学生的自主管理意识。在高校教育管理过程中，要营造轻松、愉快、快乐的氛围，使学生的自主需求得到尊重；同时，要使学生体会到自主管理的成就感，享受自主管理收获的成果。

（2）打造学生自主管理的平台。辅导员要抓好班委会、团支部、学生会等学生组织为载体的自主管理平台，增强凝聚力、吸引力，建立定期流动机制和激励机制，充分保证学生广泛地参与到自主管理中来。作为辅导员，要敢于充分“放权”，敢于把高校教育管理工作交给学生，实现学生的自我管理、自我服务。

（3）加强对学生自主管理的指导。自主管理不等于放任自流，必须加强自主管理的指导，才能保证管理的方向和实效。怎样才能保证管理的方向和实效呢？有四方面的要求：明确方向，定准目标，告诉学生工作要达到的程度和要取得的效果；定好标准，明确思路，告诉学生怎样开展工作；做好监督，对学生任务执行情况进行跟踪观察，时刻关注工作进展情况；及时反馈，帮助学生及时调整方向，确保学生工作在正确的轨道上进行。

二、高校教育管理的理念

高校教育管理的基本理念是对高校教育管理规律的认识和对实践经验的高度概括，是高校教育管理必须遵循的基本指导思想。教育部颁布的《普通高等学校学生管理规定》明确指出：为规范普通高等学校学生管理行为，维护普通高等学校正常的教育教学秩序和生活秩序，保障学生合法权益，培养德、智、体、美、劳等方面全面发展的社会主义建设者和接班人。它是依据教育法、高等教育法以及有关法律法规制定的。由教育部于2017年2月4日发布，自2017年9月1日起施行。

（一）人本管理的理念

理性化和人性化一直是管理发展中的两条重要线索。泰罗及其科学管理理论是理性主义的典型代表，并长期居于管理思想的主流。20世纪20年代以来，随着“人际关系理论”以及“行为科学”的发展，人文主义逐渐占据管理思想的重要地位，人性和个人价值得到普遍认同。人本管理的思想要求在管理活动中，始终把人放在中心位置。在手段上，着眼于所有成员积极性发挥和人力资源的优化配置；在目的上，追求人的全面发展以及由此带来的效益的最优化。

在高校教育管理工作中，坚持人本管理理念就是要以学生为本，就是要树立现代学生观，尊重学生的主体地位，促进学生的个性化发展，实现学生的多样化评价。在实际工作中尊重学生的主体性、差异性、丰富性及独特性，把学生当作有血有肉、有生命尊严、有思想感情的人；以学生成长成才为中心，真正尊重学生，理解学生，关心学生，引导学生。

（1）尊重学生主体需求，促进学生成长成才。要区分不同类型、不同层次学生的特点和需求，分层次、分阶段做深入细致的教育、管理和服务工作，建立起帮助学生成长，解决学生困难，方便学生办事，维护学生权益的高校教育管理工作体系，让学生受到最好的教育。因此，高校教育管理工作必须从学生的需求出发，把工作的需求与学生的成长成才需求紧密结合，把学生的当前需求与长远需求紧密结合，把学生个人的需求与群体的需求紧密结合，把表面的物质需求与深层次的精神需求紧密结合，努力培养德才兼备、品学兼优、知行合一的社会主义建设者和接班人。

（2）体现学生的主体参与，实现学生的自主发展。就是要充分发挥学生的主体作用，引导学生参与管理实践，使学生成为管理的主人。学生参与管理的主要平台有学生会、班委会、团支部、社团联合会等学生组织，可以通过学生干部定期换届等方式，努力让每个学生都有机会参与管理。在就业管理、安全管理、资助管理等工作中，也要充分调动学生的积极性，引导学生参与相关政策制定和实施，真正实现学生管理依靠学生。

（3）实行民主管理。推行民主管理，尊重学生的主动性和首创性是人本理念的重要体现。因此，不仅要增强管理者和学生的民主管理意识，更要完善民主选举、决策和监督等民主管理运行机制，畅通民主管理渠道。

（二）服务育人的理念

高校教育管理说到底就是为大学生的全面发展和健康成长服务，而不仅仅是为了“管”学生，更不能把学生仅看作管理的对象。只有树立了管理就是服务、管理就是育人的理念，才能从根本上转变高校教育管理的态度、思路、方法和作风。《中共中央国务院关于加强和改进大学生思想政治教育的意见》明确指出，高校加强和改进大学生思想政治教育是教书育人、管理育人、服务育人相统一的系统工程。要“坚持教育与管理相结合”，要“从严治教，加强管理”，要“建立健全与大学生成长成才相适应的管理制度体系”。要时刻注意把思想政治教育融入高校教育管理之中，建立起自律与他律、激励与约束有机结合的长效机制。

（1）要强化服务意识，着力解决学生最关心的实际问题。高校教育管理涉及关乎学生切身利益的诸多方面，比如学业问题、就业问题、家庭经济困难问题和心理问题等等。管理者要高度重视解决学生的这些实际问题，让学生感受到关怀与温暖，为其接受管理者的教育与引导奠定感情基础。在解决实际问题的过程中，注重和解决思想问题相结合，既办实事又讲道理，坚持管理与教育的结合，做到既关心人、帮助人，又教育人、引导人。

（2）在实施管理时，要注意学生的情感因素，注意制度的刚性和管理的弹性。学生管理是做“人”的工作，人是有理性、有感情的。无论教育手段多么先进，也不能替代面对面的思想沟通；无论传媒手段多么发达，也不能替代人与人之间的感情交流。正是这种情感作用，才使得管理产生融洽和理想的效果，才能调动学生的积极性和主动性。要考虑每个学生的具体情况，采用学生最容易理解和接受的方式来实现管理。这样才能让学生乐于接受制度规范要求，主动地内化为自己的行为准则，从而形成良好行为习惯和品质。

（3）要营造良好的管理氛围。良好的管理氛围不仅要求管理者对学生要真诚、尊重、理解、关怀和信任，同时更要求管理者时刻注重自身形象，把形象育人作为管理育人的重要方式。要建立全员育人的机制，形成全员育人、全程育人、全方位育人的格局。要创造丰富多彩的校园文化，校园文化具有丰富的内涵，对学生有潜移默化的教育和引导作用。通过校园文化活动使学生的业余生活更加丰富，能力得到锻炼，才干得到发挥，素质得到提高；使学生在浓厚的校园文化氛围中，身心愉悦，拓宽视野，获得全面、和谐的发展。

（三）科学管理的理念

科学管理是20世纪初在西方工业国家影响最大、推广最普遍的一种管理思想，其代表人物泰勒被称为“科学管理之父”。科学管理的实质在于将实践积累的管理经验加以标准化、系统化、科学化，用科学管理代替经验管理。科学管理的主体思想包括三方面：一是提高劳动生产率，这是科学管理的中心问题，是确定各种科学管理原理和方法的基础；二是在管理实践中建立各种明确的规定、条例、标准，使管理科学化、制度化，这是提高工作效能、达到最高工作效率的关键；三是科学管理不仅在于具体的制度和方法，而在于重大的精神变革。高校教育管理工作中的科学管理，特征是规范化、制度化和模式化，其价值核心在于提高学生管理的效率，强调建立完备的组织机构、详细的工作计划、严格的规章制度、明晰的职责分工、管理的程序化和采用物质激励以及纪律约束与强制。在这种管理方式下，大学生的学习模式、纪律制度、行为准则、运作程序都实现了规范化；信息传递、各项学习生活实现了程序化，最大限度地引导学生接受正确的价值取向，实现管理效能的最大化。

（1）要用科学完备的制度规范引导人，尊重不等于放纵，没有规矩不成方圆。养成良好的行为习惯是学生成才的重要维度。为此要大力加强高校教育管理的制度文化建设，建立科学、人性的高校教育管理体制体系。

（2）要构建平等和谐的师生关系，在师生互动中实现管理的和谐。管理者不应是高高在上的发号施令者，而应是积极的引导者和平等的协商者。管理者要以学生为友，平等地与学生交流，尊重学生的个性，真诚地为学生提供学业指导、生活帮扶和心理辅导。管理者尤其是辅导员老师，要在管理过程中，创造性地展示自己的才华，在与学生交往、交流中实现自己的理想与人生价值，真正做到互为主体、教学相长。

（3）要建立一体化工作体制机制和运行模式。加强学生工作机构的建设，强化其组织协调功能，理顺学生管理系统各部门、各层次、各岗位的职责权限关系，使管理工作与教学工作、课堂内的管理与课堂外的管理、学院与机关、机关各职能部门以及各管理者之间坚持统一标准、统一的声音，形成合力，互相促进。

（四）依法管理的理念

依法管理是依法治国方略在高校的具体体现。高校教育管理中强调依法管理，是指高校教育管理必须要以法律为依据，符合法律要求。也就是说，高校教育管理过程中的决策、计划、组织和控制，都必须纳入法律轨道，不能违法违规。高校教育管理坚持依法管理，是高校教育管理自身的发展需求。一方面，管理对象发生了较大变化，大学生的维权意识显著增强。另一方面，管理工作面临诸多新情况、新问题。比如国家助学贷款违约、学生就业签约违约、在校学生结婚、学生意外伤害或死亡处理、学生心理问题及隐私保护等等。这些新情况、新问题对大学生的依法管理提出了迫切要求。

（1）要增强法律意识，加强法律知识学习。新中国成立以来，国家制定了《中华人民共和国教育法》《中华人民共和国高等教育法》《中华人民共和国教师法》等教育法律，国务院还颁布了《中华人民共和国学位条例》《普通高等学校学生管理规定》《教育行政处罚暂行实施办法》等 200 多个法规、规章，基本形成了以《中华人民共和国教育法》为核心的教育法律法规体系。作为高校教育管理者，不仅自身要认真学习这些法律条文，深刻理解，做到关键问题心中有数，疑难问题随时查询，同时，还要注意引导学生积极学习各种常用的教育法律、法规和规章，了解自己的合法权利、义务，增强依法维权和依法履行义务意识，养成良好的学法、守法的习惯，为学生适应社会、推动国家法制建设夯实基础。

（2）要以法律为准绳，依法制定适用于学校实际的内部具体规章制度。目前，高校教育管理的一般性法律法规已经比较健全，但是，不同类型、不同层次、不同地区的高校有着不同的学生管理具体实际，需要按照《普通高等学校学生管理规定》等法律法规，制定适合学校实际的内部具体规章制度。

（3）要严格遵守法律法规。要把对学生的规范管理与对学生合法权益的有效维护结合起来，既严格要求，又要充分尊重和平等对待。尤其是在处理违规违纪学生时，一定要做到事实清楚，证据确凿，使用法律法规正确恰当，处理程序符合相关法律规定。做到不滥用职权，不越权，不以权谋私，公平公正。

第四节　高校教育管理的创新与发展

一、高校教育管理的创新

高校教育管理在其发展的每一个历史时期和发展阶段都需要创造性地发展。当前，做好新时期的高校教育管理，必须准确把握当代高校教育管理的新趋势，不断更新对高校教育管理的认识，进而不断创新高校教育管理的实现路径。

（一）当代高校教育管理的新趋势

1. 管理过程的规范化

高校教育管理过程主要包括决策、计划、组织和控制四个环节。高校教育管理过程的规范化就是要从这四个环节入手。

（1）管理决策的规范化。高校教育管理决策是指高校教育管理工作者在掌握充分信息和深刻分析有关情况的基础上，运用科学的方法，从两个以上的可行性方案中选择一个合理方案的分析判断过程。管理决策的规范化主要包括以下四方面：首先，确定决策的指导原则，即指导管理决策活动的准则。其次，建立专门的决策机构，即有专门的决策机构和承担责任的专职决策人员，专门的决策机构是实现科学决策的组织保证。再次，构建管理决策的民主化机制。随着决策内容的日益复杂、决策速度的不断加快，高校教育管理工作的领导者难于独立承担决策的重任。管理决策越来越趋向民主化，以确保决策的正确性，提高决策的效率。最后，严格遵循决策程序。决策程序从制度上规定了论证、评审和决策的方法与过程，是决策科学化的重要措施。在高校教育管理的决策过程中，既要做好总体决策，又要结合高校教育管理的实际情况做好分段决策。

（2）管理计划的规范化。高校教育管理计划就是在决策既定目标的前提下，进一步根据实际情况，科学、及时地制定未来行动方案。要做到管理计划的规范化，就要规范地进行高校教育管理计划的制定、执行和调整。首先，在计划的制定方面，要有规范的信息获取渠道、科学的分析方法、合理的目标分解和有效的综合平衡，使管理计划得以有效下达。其次，在计划的执行方面。除了按照原有计划执行外还要让所有相关人员都了解在其执行任务时，一旦遇到突发事件，该怎么处理。同时，还可以建立一个良好的信息沟通系统，确保纵向、横向沟通的顺畅。最后，要根据实际执行情况对计划进行调整。

（3）管理组织的规范化。高校教育管理组织就是高校学生管理机构和学生管理人员为了有效地实施既定的计划，通过建立组织机构，确定职位、职责和职权，协调相互联系，从而将组织内部各个要素联结成一个有机结合体，使人、财、物、信息、时间、技术等资源得以最佳配置和利用。高校教育管理组织的规范化主要包括以下四方面：首先，根据高校教育管理目标、内容、特点和外部环境划分工作部门，设计组织机构，如建立专门的学生就业管理机构、学生资助管理机构等。其次，根据高校教育管理所涉及的具体内容，按专业化分工的原则设立相应的职位，如心理咨询专业人员、计算机系统开发人员等。再次，明确组织机构中的各种职责和职权，做到责权明晰。最后，协调高校教育管理组织机构中各方面的相互关系，使组织机构内部成为一个有机整体。规范化的管理组织，能够让高校教育管理人员更加明确在管理过程中的任务、责任、权利以及组织机构中的各方关系，保证组织机构的协调运行、组织目标的全面实现。

（4）管理控制的规范化。高校教育管理控制是对高校教育管理的计划、组织等管理活动及其效果进行测量和校正，以确保拟定计划得以实现的有效手段。管理过程是一个动态的发展系统，既不能一蹴而就，也不能一劳永逸，需要将规范化的控制贯穿于管理的全过程。管理控制的规范化主要包括三方面：首先，要确定控制标准。即为实际和预期工作成果的比较提供一个尺度，这是执行管理控制的前提，如果没有控制标准，控制工作也就失去了目的性。其次，要衡量偏差。即通过与标准进行比较，对实际执行情况做出客观评价，主要有直接观察、统计分析和例会报告三种形式。最后，要纠正偏差。即在衡量工作成效的基础上，根据被控对象相对于标准的偏离程度，及时采取措施予以纠正，使其恢复到预期状态上来。以上三方面实际上构成了管理控制的一个运行周期，通过螺旋上升的循环过程，形成了一个完整、规范的反馈控制系统，使偏差不断缩小，从而保证管理活动向目标方向健康发展。

2. 管理模式的多样化

高校教育管理模式的多样化是高校根据学生的需要，通过多方参与、协同解决的方式提供相应的公共服务与产品，从而确定高校教育管理对学生负责的公共责任机制。多样化的高校教育管理模式的特点主要有：第一，多样化的高校教育管理是一种互动的过程，突破了传统高校教育管理模式中以单纯管理为主的工作方式，形成以管理与服务并重的工作方式。第二，多样化的高校教育管理主体之间是相互协作的关系，追求公共责任的实现，高校与学生在传统高校教育管理模式中的管理与被管理关系变成了相互协作的关系。

当前，高校教育管理模式呈现多样化的特点。常见的管理模式有“目标—关系型”“系统—过程型”“契约—参与型”和“中心型”四种类型。但在管理模式的应用中，不能照搬照抄，而是要科学把握管理模式多样化的核心要素（内容、对象、方法），结合各高校实际情况，建立起合理有效的管理模式。实现高校教育管理模式的多样化要从以下几方面入手。

（1）管理内容的多样化。构建管理、教育、咨询和服务于一体的多样化管理。第一，管理也是教育。高校教育管理工作必须坚持管理与教育相结合的原则，发挥制度的引导、约束、规范和教育作用，有意识、有目的、有计划、有组织地促进受教育者的发展。学生日常的教学管理既是一种管理手段，又是一项重要的教育措施。学校可以通过对课堂、作业、考试、社会实践等的管理，抓好教学管理的各个环节，帮助学生培养和提高综合能力，更好地实现自我价值。管理目的达到了，教育效果就实现了。第二，充分发挥咨询在学生管理中的作用，采取恰当的方法对学生进行有针对性的教育和疏导，切实解决学生在实际生活中产生的困惑，如就业咨询、心理咨询等。第三，以“服务管理”为突破口，改变过去重管理轻服务的做法，将管理与服务有机地结合起来。

（2）管理对象的多样化。管理对象的多样化要求管理要立足于管理对象的差异性，承认他们在智力、生理、情感和社会背景等方面存在的差别。在整个大学过程中，应根据学生的年级、性格等特征进行个性化的教育管理。一方面，根据每个年级的不同特点。每个阶段的管理目标和任务都应有所侧重。管理手段也要有所差异。一般来说，对于大一新生，要着重培养他们的适应能力，把重点放在养成教育上，之后，再有目的地培养他们的学习能力，提升专业基础知识水平。对于高年级学生，则应以导代管，引导其自我约束，自我管理，重视培养学生的实践能力，使学生在社会实践中得到锻炼。另一方面，学生的特长、兴趣、爱好不一样，发展方向也不一样。在管理中，应立足于这些类型差异，注意个性间的有序协调，多层次、多方位、多渠道地做好学生管理工作，使学生的个性和专长得到充分发展，潜力得到充分挖掘。

（3）管理方法的多样化。高校教育管理方法是指在管理活动中为实现管理目标、保证管理活动顺利进行所采取的工作方式。高校教育管理方法日渐成熟，已逐渐形成了一个相对完整的管理方法体系。它包括法律方法、行政方法、经济方法、教育方法等。不同的方法有不同的特点，也有其特有的适应对象，因此，在高校教育管理的具体工作中，应该结合实际情况采取最有效的方法来实现大学生的科学管理。

3. 管理手段的信息化

管理手段的信息化主要是指利用信息技术来优化学生管理信息的传递和反馈程序，改变学生管理的组织方式，最终提高学生管理的运行效率。在实际的应用中，管理信息化主要是构建学生管理信息化体系，提供大量的学生信息资源，各种学生管理专用信息系统及其公用通信网络平台等。学生管理手段的信息化主要包括以下几方面：

（1）日常管理的信息化。大学生的日常管理是一项十分具体、繁杂而又细致的工作，主要涉及学生的基本信息、学籍、学业、奖惩等方面的管理，实现日常管理的信息化能够让高校教育管理人员从琐碎的事务处理中超脱出来。首先，学生基本信息管理的信息化。即对学生的基本信息能进行方便、快捷、动态的更新、查询、统计等管理。其次，学籍管理的信息化。学籍管理分为基本档案、学籍档案、学生调班、分班以及退学办理等部分，可以管理学生的基本信息、学籍变动等情况；可以管理学生在校期间的专业调整和班级调整情况；还可以在新生入学时按照相关条件智能分班。再次，学业管理的信息化。学业管理包括学生选课、成绩录入、统计分析和成绩报表查询四个部分。最后，奖惩管理的信息化。奖惩管理主要包括学生奖励、处罚、考勤以及考评等内容，记录学生在校的行为表现。

（2）管理服务的信息化。目前，不断提高服务质量，丰富服务内容，优化服务形式成为管理的一项重要内容。在信息化时代，利用信息化手段积极开展学生就业服务、学生资助服务、心理咨询服务等是当代高校教育管理的必然要求。首先，资助服务的信息化。资助服务的信息化主要包括困难补助、奖学金、国家贷款、勤工助学四方面的内容，以及完成各项主要工作的计划划拨、申报、审批、发放、查询等功能。其次，就业服务的信息化。就业服务的信息化主要包括毕业生信息、用人单位信息、咨询指导和就业情况统计四大部分。它可以在毕业生和用人单位之间搭建一座桥梁，实现毕业生和用人单位的双向选择，由就业管理部门和辅导员统计学生就业情况。最后，心理咨询服务的信息化。心理咨询服务的信息化主要包括建设网上测试与咨询系统，让学生通过网络测试自己的健康程度，及时地调整自己，平衡心态，同时让受挫折、有心理障碍的学生通过网络接受在线咨询。

（3）思想教育的信息化。随着科学技术特别是信息技术的迅猛发展，高校应积极主动地运用现代科技手段，使正确、积极、健康的思想文化占领网络阵地。一方面，建立融思想性、知识性、趣味性、服务性于一体的主题教育网站或网页，及时宣传国内外重大时事，使思想政治教育的内容不仅“进教材、进课堂”，而且“进校园网”，形成网上网下思想政治教育的合力。另一方面，开辟网上专栏，组织一支由水平较高的专家学者、德育教师和学生党员组成的骨干队伍，以平等、热情、友善的态度与大学生网民一起对一些热点问题、敏感问题、有争议的问题开展讨论、交流，宣传党和国家的方针、政策，发布积极健康的信息，倡导爱国主义、集体主义，帮助学生树立正确和科学的世界观、人生观和价值观。

在实现管理手段信息化的过程中，必须要有相应的配套支持，如管理业务流程、信息化标准、信息化建设队伍等。否则，管理的信息化进程就会遇到许多管理和协调等方面的问题，既发挥不出信息化的高效率优势，也无法对信息化的质量和效果进行客观的评价，信息化建设取得的成果也就无法充分表现出来。

4. 管理队伍的专业化

管理队伍的专业化，主要指学生管理人员在整个管理生涯中，以学生管理为基础，通过专业训练，习得学生管理的专业知识、技能，逐步提高管理水平，成为一个良好的高校学生管理工作者。管理队伍的专业化是高校学生管理工作的重要趋势，对于提高高校管理水平和办学效益有十分重要的意义。管理队伍的专业化主要表现在以下几方面：

（1）专业化的职业素养。高校学生管理队伍具有一般管理队伍的特征，但因为其管理对象的特殊性而表现出具有高校学生管理特征的专业性质。主要体现在：第一，掌握高校学生管理工作的相关专业知识和具有从事高校学生管理工作的专业能力。高校学生管理队伍应掌握的专业知识主要包括系统的科学文化知识、坚实的马克思主义理论及教育理论知识，高等教育管理科学的基础知识、现代管理知识、国家法律（法规）等方面的知识。高校学生管理工作人员的专业能力在结构方面主要包括：语言表达和文字写作能力、教育管理和经营能力、科学研究能力和创造能力。第二，专业化工作效率高，工作效果好。这是推进高校学生管理队伍专业化的目的之所在，同时也是衡量高校学生管理队伍专业化程度高低的一个硬指标。专业的职业技能既不完全等同于知识化，也不完全等同于文凭化，关键在于学生管理者是否掌握并熟练运用高校学生管理专业知识和技能，管理行为是否专业化。可见，专业的职业素养是管理队伍专业化的前提。

（2）专业化的机制保障。完善的管理机制包括专业化的招聘、培训、薪酬和考核机制四个环节。首先，专业化的招聘过程是建设专业化队伍的入口保障。它可以从源头上保证高校学生管理队伍与管理岗位的匹配度，实现招聘的“最适”原则。根据“冰山模型”理论，高校学生管理队伍的招聘考核，除了“冰山上”的相关专业知识和技能外，“冰山下”应聘者的思想素质、职业道德、工作态度更是考核的重点。其次，专业化的培训是建设专业化队伍的成长保障。高校学生管理队伍的培训是一个系统、复杂的工程，是一项长期性的工作，要始终坚持全员性、全面性、全程性原则。高校应该把学生管理队伍的培训纳入用人体制中，构建相应的培训制度，并落实专人负责管理。例如辅导员队伍的专业化，实质就是依托专门机构及终身专业训练体系，对辅导员进行科学的管理和培养，使辅导员掌握从事思想政治教育工作的知识和技能，实施专业自主，体现专业道德，提高自身学术地位和社会地位，全面有效地履行辅导员职责的过程。再次，专业化的薪酬体制是建设专业化队伍的动力保障。合理的薪酬体系对高校管理队伍的满意度有积极的影响。高校学生管理队伍的薪酬体系构建可以坚持“对内公平、对外竞争”的原则，结合美国的行为科学家弗雷德里克·赫茨伯格的“激励保健理论”，充分发挥薪酬的“保健”效果，尽量消除工作的不满意因素。最后，科学合理的考评制度是建设专业化队伍的优化保障。公平合理的绩效考核体制对于提高高校管理人员工作积极性有重要的促进作用。绩效考核不仅要建立一套科学合理的考核机制来考核高校管理人员的绩效，还要通过考核，形成相关的绩效反馈机制。进而为实现管理人员绩效的改善提供支持。完善的管理机制是管理队伍专业化的保障。

（3）专业化的机构支撑。健全的组织机构是管理队伍专业化的支撑。没有健全的高校学生管理机构，高校学生管理专业化和高校学生管理队伍专业化的实现就成了无源之水、无本之木。同时，组织机构的构架也应相对稳定，只有这样，才利于提高职位的专业化程度。当然，这种稳定性是相对的，稳定并不排斥队伍内部的竞争上岗和定期轮换，更不排斥队伍内部的新陈代谢。因此，应该在高校学生管理的群体组织管理、行为管理、安全管理、资助管理、就业管理等方面设立专业化的部门和队伍，建立健全组织机构，为全面实现管理队伍的专业化提供有力支撑。

（二）高校教育管理创新概述

1. 高校教育管理创新的简要

习近平总书记在党的十九大报告中指出，“建设教育强国是中华民族伟大复兴的基础工程”。在全国教育大会上，习近平总书记进一步提出了“加快推进教育现代化、建设教育强国”的新要求。关于教育强国的论述是习近平新时代教育新理念新思想新观点的重要组成部分，是新时代建设教育强国的行动指南。

（1）教育现代化方面，强国建设是建设社会主义现代化强国和实现中华民族伟大复兴中国梦的必然要求，“教育兴则国家兴，教育强则国家强。”当今世界强国无一不是教育强国，在其发展过程中，都十分重视发展教育。教育也为其经济社会发展、确立和维持强国地位发挥了巨大作用。建成社会主义现代化强国是中国共产党人不懈奋斗的目标，也是近代以来中国人民和中华民族孜孜以求的梦想。教育强国是现代化强国的重要内容，也是建设现代化强国的基础。没有现代化的教育，就不会有现代化的事业。习近平总书记指出，“‘两个一百年’奋斗目标的实现、中华民族伟大复兴中国梦的实现，归根到底靠人才、靠教育”。改革开放四十多年，特别是党的十八大以来，党中央一直十分重视教育事业发展，先后提出并实施了科教兴国战略、人才强国战略和创新驱动发展战略，把教育放在优先发展的战略位置上，全面深化教育改革，大力推进教育事业发展，建成了世界上最大规模的教育体系，使我国教育迈进世界中上行列，为我国社会主义现代化建设事业提供了坚实的人才支撑和智力保障，促进了我国由人口大国向人才资源大国的转变，为加快教育现代化和教育强国建设奠定了坚实的基础。

但是，目前我国教育还明显存在发展不平衡不充分的问题，教育质量特别是人才培养质量相对滞后于教育规模的扩张，教育体系和人才培养体系还不完善，教育结构不能完全适应经济社会发展需要，一些不利于教育发展的体制机制障碍明显存在，教育对外开放与合作办学的水平有待提高，优质教育资源不足，区域、城乡、校际、不同群体之间的教育差距还比较明显，高水平教师队伍建设相对滞后，等等。总体上看，我国教育还不能完全满足人民群众对教育的需求和建设社会主义现代化强国的需要。与世界教育强国相比，尽管差距在不断缩小，但大而不强是当前我国教育的现实。

强国必强教，强国先强教。教育本质上是培养人的事业，是面向未来的事业。在经济社会发展中，教育具有基础性、全局性和战略性作用，同时也有周期长、效益滞后的特点。今天的学生是未来建设社会主义现代化强国，实现中华民族伟大复兴中国梦的主力军。习近平总书记指出："教育是民族振兴、社会进步的重要基石，是功在当代、利在千秋的德政工程，对提高人民综合素质、促进人的全面发展、增强中华民族创新创造活力、实现中华民族伟大复兴具有决定性意义。"党的十九大作出了在全面建成小康社会的基础上到 2035 年基本实现社会主义现代化，到 21 世纪中叶把我国建成富强民主文明和谐美丽的社会主义现代化强国的战略安排，为新时代中国特色社会主义发展和中华民族伟大复兴，展现了光明前景，指明了前进方向。"时代越是向前，知识和人才的重要性就愈发突出，教育的地位和作用就愈发凸显。我国正处于历史上发展最好的时期，但要实现'两个一百年'奋斗目标、实现中华民族伟大复兴的中国梦，必须更加重视教育，努力培养出更多更好能够满足党、国家、人民、时代需要的人才。"建设社会主义现代化强国，实现中华民族伟大复兴中国梦，为新时代我国教育提出了新的使命和要求，迫切需要"对加快推进教育现代化、建设教育强国作出总体部署和战略设计"。①

《普通高等学校管理规定》明确规定了高校教育管理的基本原则，指出："高等学校要以培养人才为中心，按照国家教育方针，遵循教育规律，不断提高教育质量；要依法治校，从严管理，健全和完善管理制度，规范管理行为；要将管理与加强教育相结合，不断提高管理水平，努力培养社会主义合格建设者和可靠接班人。"这就突出体现了育人为本、德育为先的原则，强化了高校的育人功能。在《高等学校学生行为准则》

① 习近平在全国教育大会上强调 坚持中国特色社会主义教育发展道路 培养德智体美劳全面发展的社会主义建设者和接班人．人民日报，2018-9-11.

中更是明确提出了高校教育管理的目标：那就是要培养大学生“志存高远、坚定信念、热爱祖国、服务人民”的思想政治素质；培养大学生“勤奋学习、自强不息、追求真理、崇尚科学、刻苦钻研、严谨求实”的科学文化素质；培养大学生“积极实践、勇于创新”的创新素质；培养大学生具有“强健体魄、热爱生活”和“诚实守信、严于律己、明礼修身、团结友爱”的身体心理素质。

这两个文件均从政策的高度回应了高校学生管理工作中出现的新问题，在其指导下，高校教育管理工作更加有效地应对了高等教育体制改革、高校规模扩大、高校后勤社会化、互联网络普及带来的新情况和新问题，使高校教育管理工作克服了管理理念落后、管理制度不健全、管理模式滞后、管理手段老化等突出问题，推动了新一轮高校教育管理的政策创新。

（2）实践创新方面，全国高校以贯彻落实学生管理新政策为契机，在实际工作中进一步解放了思想，更新了观念，不但确立起全新的高校教育管理理念，而且形成了全新的高校教育管理的原则和模式。在管理原则方面，全国高校普遍确立起三条基本原则：第一，始终坚持以人为本、育人为本的学生管理指导思想和原则。《普通高等学校学生管理规定》是一个完整的制度体系，一条主线就是育人为本，它以最大限度地发挥学校教育功能为根本目的和出发点，通过管理育人、服务育人、制度育人的管理形式，全面贯彻国家教育方针，把维护、保障和发展学生权利作为学生管理的最高价值取向，努力促进学生的全面发展，从而顺利完成高等学校人才培养的使命。在高校，以人为本就是以学生为本。管理只是手段，绝不是最终目的，最终的目的在于培养学生。管理过程中充分尊重和肯定学生的主体作用，充分信任学生的智慧和潜能，充分激发学生的能动性和创造性。真正做到以学生为本，以育人为本。第二，始终坚持依法治校、依法管理的学生管理原则。《普通高等学校管理规定》坚持并遵循了“依法治教、依法建章、依法管理”的基本原则，严格依据国家基本法律法规建章立制，充分体现了与《中华人民共和国教育法》《中华人民共和国高等教育法》等有关上位法的承接性关系，具有时代性、创新性、合法性和规范性的制度创新特征，体现了科学化、法制化、人性化和个性化的现代学生管理的总体趋势，并且充分实现了在新形势下对上位法的细化、深化和发展，充分体现了依法治校、依规则规程行事的精神实质。第三，始终坚持理论联系实际、实事求是的学生管理原则。在深刻领会精神实质的基础上，全国各个高校正确分析和判断本校学生管理工作及其制度建设的实际状况，准确定位本校学生管理工作及其制度建设的目标，扬长避短，突出特色，形成个性，充分发挥学校优势，努力形成本校特色的既有共性特征又有个性特点的充满生机活力的现代高校学生管理制度。各高校在制定管理规定过程中实事求是，根据本校的具体情况，依据本校的办学目标来制定自己的管理规定，既不盲目攀比，也不千篇一律。在管理模式方面，全国形成了依法推动管理创新的新趋势。很多高校对本校的学生管理规定进行了更加精细的修改，做到贯彻文件精神而不是照搬照抄，从法学专业视角对相关管理文件的语言表述做了调整，把最不易被关注的细节都进行了修订。总体上来看，各个高校新制定的学生管理规定都突出强调了管理制度的育人功能。使教书育人的行为规范内化为各校条例的自觉要求，实现了行为规范与管理制度创新的“无缝对接”。全国高校实现了以观念创新推动制度创新的工作目标。很多学校在加强学生管理过程中，遵循权利义务、权利救济、形式合理、公平正义、权力制约、普遍奉行六个观念，摒弃工具主义和处罚学生两个观念，有力地推动了制度创新。

（3）理论创新方面，以政策创新为先导，高校教育管理研究拓展了研究视域，充实了研究内容。主要研究成果集中在四方面：第一，在以人为本的管理理念指引下，一大批理论文章从教育的本质是培养人的活动入手，重新界定高校教育管理过程主体与客体的关系，深入探讨新时期高校教育管理工作的新理念问题。提出了以学生为本，尊重学生，培养学生，切实关心学生成长成才，推动学生从他律走向自律，逐步实现自我管理的理论观点。第二，将依法治国的基本理念引入高校教育管理领域，把“法治”作为新时期高校教育管理的重要手段，论述了依法管理大学生的必要性和重要性，提出了依法管理学生的理论观点。第三，加强高校教育管理队伍建设的理论研究，深入剖析了当前高校教育管理队伍建设中存在的突出问题，探讨了新时期高校教育管理工作队伍的发展趋势，普遍认为专业化是新时期加强和改进高校教育管理队伍建设的必由之路。第四，开展中外高校学生管理工作的比较研究，在对美、英等发达资本主义国家的学生事务管理工作进行深入考察和研究的基础上，吸收和借鉴西方国家在“人本”理念指导下，以学生个体为主体、以学生需要为中心、以学生满意为标准、以激发学生潜能为目的、以帮助学生成才为目标的具体做法，不断充实我们国家高校教育管理工作的内容，提高管理、服务、咨询、指导水平。随着研究的不断深入，高校教育管理理论研究已涉及管理理念、管理对象、管理模式、管理体制、管理队伍、比较研究等多个层面，高校教育管理理论已见雏形，理论创新与实践创新有效互动，整体上推动了高校教育管理工作水平的提升。

2. 高校教育管理创新的路径

新时代高校教育管理创新要通过引导学生实现自我管理、探索网络信息化管理以及加强管理队伍建设三条路径来实现。

（1）以学生为本，引导学生实现自我管理，推进高校教育管理创新。没有管理的教育和没有教育的管理都是软弱无力的。教育离不开管理，管理是为了教育。这就是以人为本的大学管理工作的全新辩证法。正是因为高校教育管理工作与人才培养的这种特殊关系，使得高校教育管理创新的路径有别于一般管理工作。它客观上要求用全新的管理理念作为指导。理念是反映对象深层次本质和规律的观念。教育理念是关于教育基本问题的深层次本质和规律的观念，具有理想性、持续性、统合性和范式性的特点。新时代的高校教育管理理念要契合科学发展观的价值尺度，追求以人为本的管理。以人为本的实质就是尊重学生的发展特点和规律，尊重学生的人格个性，创建学生思想政治教育的良好环境，建构和谐的师生关系，培养素质全面、个性优化的创新人才；其关键是要正确发挥学生的主体性，尊重学生学习主体需求，使思想政治教育活动忠实于教育本身的内涵，根据不同的学生施以不同的教育，使学生的潜能得到充分的发挥，形成一种积极向上的内在的力量。开展高校教育管理工作不是管理人、约束人、控制人，而是创造条件培养人，通过有效的培养发展人。在这种方式中，学生本身既是管理者，又是被管理者，学生在这种角色转换中极大提高了自我管理的积极性，特别是增强了学生的自我约束、自我管制能力，在学习知识的同时锻炼了自己，既“学到了知识”，又“学会了做人”。增强了学生的主体意识和责任感。

（2）运用网络实行信息化管理，推进高校教育管理创新。在创新管理方式、方法和手段的过程中，要注重运用网络实行信息化管理，充分利用现代科学技术手段，针对不同时期高校教育管理发展新情况和新趋势，开发管理平台，整合管理资源，实现网络化、数字化管理。通过网络实现信息化管理，能够使管理方式变封闭式管理为开放式管理，进一步加强了管理与思想政治教育的融合，与学分制等学校管理制度的配合，与社会管理的结合。同时，通过网络实现信息化管理，也是促使高校教育管理变单一管理为综合管理，把管理与服务紧密结合起来，以服务促管理的有效途径。在管理方法创新方面，要充分发挥网络虚拟互动平台作用，实现师生有效互动，变说教为参与、变灌输为交流、变命令为引导，创造学生主动参与的全新工作局面。同时，在管理手段创新方面，当前最为重要的是通过网络信息化促进实行法制化的规范管理，建立合理的程序机制。

（3）加强管理队伍建设，推进高校教育管理创新。毛泽东曾经深刻地指出："政治路线确定之后，干部就是决定的因素。"加强学生管理人员队伍建设是确保管理工作顺利开展的重要保障。随着新时代社会形势的变化，高校学生工作也发生了许多变化。学生工作的一些职能转化了，一些职能弱化了，还有一些职能需要强化了。学生工作由过去重管理向现在重教育、咨询和服务转化。心理健康教育、经济困难学生资助、助学贷款、就业指导等学生工作职能必须得到强化才能适应形势需要。同时，大学生群体的思想问题和实际问题也更加复杂化、多样化，这就需要管理工作队伍凭借智慧、知识和技能形成"专家化"的本领。因此，从高校教育管理工作的发展趋势来看，高校学生管理工作队伍必须走专业化道路。就当前高校教育管理工作队伍而言，虽然在政治素养、敬业精神、个人品德上是合格过硬的，但在驾驭、解决实际问题的能力和本领上，还与现实要求有较大差距，不同程度存在着"本领恐慌"。一些管理工作者带着固有的陈旧观念和思维定式面对学生，不了解、也不理解当代学生与以往迥然有别的内心世界和真实想法，甚至在语境上都难以与学生沟通，形成了代沟和隔膜。一些管理工作者虽充满热情，但缺乏相关的基本训练和专业知识，甚至在信息的获取和使用上还不及学生，难以对学生产生真正有效的指导。显而易见，"本领恐慌"状态下与学生产生的隔膜，解决不了学生面对的实际困难，也解决不了学生的思想问题。因此，需要有专职从事学生管理工作的人，通过专业方式担当起新时期学生管理工作的重任，以工作的专业化带动队伍的专家化。要超常规选拔人才，高起点聚合精英，不拘一格广纳贤才，培育一支数量足、素质高、业务精、能力强的专业化学生管理工作队伍。

3. 高校教育管理创新的内容

（1）突出高校教育管理中的育人功能。高校教育管理不是单纯地为了管理而管理，而是为了实现国家培养人才的目标而服务的。从这个意义上讲，高校教育管理的目的就是培养国家需要的德、智、体、美、劳全面发展的人才，管理的目的就是育人。因此，高校教育管理创新的内容，应充分重视育人功能的发挥，突出以育人为目的和指向的管理内容。以育人为目的和指向的管理内容，一方面应体现在高校教育管理过程中的人、财、物等资源配置的方方面面，另一方面更应体现在对大学生进行教务管理、安全管理、行为管理、群体组织管理、就业管理、资助管理等学校各部门分属管理的方方面面。只有在这些方面充分发挥管理中的育人功能，才能实现高校教育管理的创新。这就需要在高校教育管理中处理好管理与思想政治教育的关系，将高校教育管理与思想政治教育有机地结合起来，自觉地遵循教育规律，重视发挥思想政治教育在树立大学生正确的世界观、人生观和价值观方面的作用，实现科学管理和有效管理。

（2）完善高校教育管理中的规章制度。高校教育管理具有基本的规章制度，长期坚持，不断完善，才能推动管理工作不断迈上新的台阶。高校教育管理工作要创新，必须以科学高效的工作规章制度作为基础性的客观保证。在规章制度建设方面，除了国家制度层面的保障外，高校自身也必须努力创新学生管理工作制度，真正在学生管理工作领域形成一套宽容有序、落实有力、鼓励创新的工作制度，为学生管理工作走上创新之路提供可靠的保证。这不仅仅是一个为完善规章制度而进行制度设置的问题，更是一个在严格执行现有制度的基础上，在高校教育管理的日常工作经验的不断积累和实践过程中的完善和创新。因此，高校教育管理要牢固树立依法治校、依法治教的法制观念，通过正当程序控制学生管理过程，规范权力运行程序，彻底避免学生管理运行的无序性、偶然性和随意性，保证管理行为的合法性和高效性。

（3）健全高校教育管理中的服务体系。高校教育管理的对象是青年大学生群体，不仅涉及大学生的生活、学习，而且涉及大学生社会实践和求职就业等方面。大学生活动的范围、领域、内容、目的都随着时代的发展和要求而不断地呈现出新的发展和变化，影响大学生的各种因素也相对复杂。这就要求高校教育管理不能仅仅是管理者的管理、单纯的事务性的管理，而更应该是作为被管理者的青年大学生主动参与的管理、全方位服务性的管理。因此，高校教育管理要强化和健全管理运行中的服务体系，积极健全管理中的服务软件和硬件体系。一方面，进一步解放思想，深化对管理的认识，树立服务意识和服务观念，在高校教育管理中不断提升服务水平，营造管理育人、教书育人、服务育人的各部门齐抓共管的良好局面。另一方面，要加大投入和研发力度，充分利用网络信息技术平台，实现网络化、信息化、一体化的教务、安全、就业等服务平台，引导大学生主动参与到管理中来，最终实现自我教育、自我管理和自我服务。

二、高校教育管理的发展

准确把握高校教育管理的发展脉络，离不开对高校教育管理的历史考察。在了解高校教育管理发展历程的基础上，进行历史经验的总结，有助于我们进一步深入认识和分析当代高校教育管理的新发展。

（一）高校教育管理的历史考察

高校教育管理是随着高等教育的发展而发展的。中国共产党自成立以来，一直在不断地探索中国教育的新路，经历了从新民主主义革命时期党领导下的革命根据地教育到新中国成立，开始建立具有中国特色社会主义教育的探索历程。在此期间，党领导下的高等教育从无到有，不断发展，取得了丰硕成果。相应地，对学生的教育和管理也不断地发展和成熟起来。

1. 革命时期的高校教育管理

根据地时期，高等教育的主要形式是培养高级和中级干部的学校。这一时期的学生管理对象主要是在职干部和投身于革命的青年，目的是培养有坚强战斗力和领导能力的革命力量。在高级干部学校和中层干部学校中，较有影响的是马克思主义大学、红军大学、中国人民抗日军事政治大学、华北联合大学等。其中，中国人民抗日军事政治大学（以下简称“抗大”）是干部学校教育和管理的典型。“抗大”通过多种途径对学生进行政治思想教育和管理工作，深入工农群众，向工农学习，向实践学习，严格组织纪律要求，完善管理规章制度。这一时期的高等教育形成和积累了教育和管理为政治服务、与生产劳动紧密结合、走群众路线等一系列的教育管理体系和经验，为新中国高校学生管理打下了坚实的理论和实践基础。

2. 新中国成立初期的高校教育管理

新中国成立初期的教育，承担着接管旧教育、建设新教育的全新任务。与这一时期的总任务相适应，高校初步建立了学生管理工作机制。这一阶段的高校学生管理对象由新中国成立前的主要以干部和革命青年为主向工农劳动人民转变，管理的对象从年龄、层次和文化水平上都有很大的变化。管理的任务和目标同时也随着新高等教育的建立和完善，指向培养国家建设的合格人才。《中国人民政治协商会议共同纲领》规定：“中华人民共和国的文化教育为新民主主义的，即民族的、科学的、大众的文化教育。人民政府的文化教育工作，应以提高人民文化水平，培养国家建设人才，肃清封建的、买办的、法西斯主义的思想，发展为人民服务的思想为主要任务。”这一阶段的学生管理工作主要体现在以下几方面：一是接管和改造旧学校，掌握学校的领导权。在高校建立党的各级组织和青年团组织，管理和引导各类学生组织，各高校形成党委统一领导的学生教育管理体系；二是邀请苏联专家参加学校管理和学生管理工作，仿照苏联的学生管理模式，根据苏联的教育理论指导高校学生管理工作；三是加强制度建设，完善学生管理各项规章制度，探索适合国情的学生管理模式；四是组织 1951 年开始的“三反”“五反”等学习运动，以及 1960 年贯彻“八字”方针，即“调整、巩固、充实、提高”的要求，不断改进和加强学生管理工作。1949—1966 年新中国成立初期，17 年的教育和管理历程为探索建设有中国特色社会主义的教育积累了许多丰富的理论和实践经验，如学生管理工作必须坚持党的领导，坚持社会主义方向，坚持知识分子与工农相结合，脑力劳动与体力劳动相结合。以教学为主，在管理中，有机地促进教学、生产和科研三结合，师生参加生产劳动和社会活动必须有所限制，进行相应的配套管理。管理要根据学生的实际特点，做好不同年龄、层次和水平的学生管理工作。党团组织要善于团结群众，建立同志式的良好师生关系等。

3. 开放以后的高校教育管理

进入改革开放时期，我国高校学生管理工作得以恢复和发展，四十多年来，大体经历了三个发展阶段。

（1）拨乱反正，逐步恢复高校正常的学生管理阶段（1978—1985）。这一时期开始的关于真理标准的大讨论和党的十一届三中全会的召开极大地解放和鼓舞了教育界。“解放思想，实事求是”思想路线的重新确立与党和国家工作重心的转移成为这一时期高校教育管理最重要的历史背景。这一时期高校教育管理主要表现在以下三方面：首先，在拨乱反正中推翻了“两个估计”，即所谓新中国成立后的 17 年教育部门的领导权不在无产阶级手中，教师队伍和培养的学生“世界观基本上是资产阶级的”，恢复了广大教师的社会地位。这使得高校教育管理队伍重新建立和稳定下来。其次，各种管理规章制度重新建立。1978 年恢复了高考制度，重新颁布了《高校六十条》，制定了《中华人民共和国学位条例》，从总体上基本恢复了高校教育及管理秩序，高校教育管理质量得到了提高。最后，明确了高校教育管理的方向。1983 年，邓小平同志为北京景山学校的题词“教育要面向现代化，面向世界，面向未来”，成为中国教育改革和发展的战略方针，为高校教育和管理指明了方向。

（2）适应现代化建设和高等教育改革发展要求，进一步规范和完善高校教育管理阶段（1986—2003）。邓小平同志南方谈话和党的十四大明确提出建设社会主义市场经济体制目标，要求加快改革开放和现代化建设。与此同时，随着科学技术的飞速发展，国际竞争的日趋激烈，教育必然要承担起培养创新人才和推动民族复兴的重任。这一时期高校教育管理的发展主要体现在以下五方面。一是健全和完善高校教育管理各项规章制度。以1990年《普通高等学校学生管理规定》和1989年《高等学校学生行为准则（试行）》为代表的一系列高等学校学生管理规定的颁布，从大学生学习、生活、行为所涉及的学籍管理、课外活动、校园秩序以及奖励与处分等各方面进行了规范，明确了学生入学到毕业在校阶段管理的规定和过程，对于维护高校正常教育教学秩序，促进学生全面发展发挥了重要作用。二是加大对大学生毕业分配的管理。大学生分配管理打破了过去“包分配”的单一行政管理模式向以市场为导向的双向选择和就业工作管理模式转变。1997年3月24日颁布的《普通高等学校毕业生就业工作暂行规定》中，明确了高校在大学生就业过程中所应承担的诸如资格审查、信息收集以及就业指导等六方面的责任。三是注重教育与管理相结合。1999年《中共中央关于加强和改进思想政治工作的若干意见》中强调，高尚思想道德的培养，良好社会风尚的形成，既要靠耐心细致的思想教育，又要靠科学规范的严格管理。要抓紧建立健全有关的法律法规和制度，依法加强对大学生社会生活各方面的管理。四是加强对大学生公寓管理的力度。随着高校后勤社会化改革的不断推进，出现了由几所高校共同使用的学生公寓。这就要求建立健全与之相应的管理机制，改进和加强学生公寓的管理。2002年，教育部《关于进一步加强高等学校学生公寓管理的若干意见》中明确规定，由几所学校共用的学生公寓，各高校要分别派人管理。要求狠抓学生公寓管理的人员、机构、制度的落实。建立了由学生代表组成的学生民主监督机构。五是加强大学生心理健康教育工作。将高校专职从事心理健康教育的教师纳入学生思想政治工作管理队伍，加大了大学生心理健康教育的普及力度。

（3）以科学发展观为指导，高校教育管理迈向科学化、法制化发展的新阶段（2004至2017年）。在新的历史条件下，胡锦涛同志提出了科学发展观，对新时期的高校教育管理提出了更高的要求。这一时期的高校教育管理发展主要体现在以下五方面。一是《中共中央国务院关于进一步加强和改进大学生思想政治教育的意见》颁布实施，就新形势下加强和改进大学生思想政治教育做出了全面部署。文件是新时期加强和改进大学生思想政治教育的纲领性文献。明确了坚持教书与育人相结合，教育与自我教育相结合，政治理论教育与社会实践相结合，解决思想问题与解决实际问题相结合，教育与管理相结合，继承优良传统与改进创新相结合的基本原则。指出加强和改进大学生思想政治教育必须体现时代性，遵循大学生成长成才规律和教育规律，做到教学、管理、服务工作相衔接。二是高校教育管理法制化。为贯彻依法治国、人才强国的战略，在新的历史时期继续推进高等教育的发展，2005 年教育部修订实施了《普通高等学校学生管理规定》和《高等学校学生行为准则》，标志着我国高校现代学生管理制度建设和管理水平又跨上了新的台阶。遵循“育人为本，依法建章，规范管理，加强监督”的原则，新修订的《普通高等学校学生管理规定》在合理继承的基础上，不仅具有时代性、创新性、合法性和规范性的制度创新特征，而且也体现了科学化、法制化、人性化、个性化的现代学生管理的总体趋势。它不仅是我国高校在今后相当长一段时间内学生管理的依据，而且也是我国高校学生管理制度创新的新起点。三是进一步加强高校学生党、团组织、社团建设。先后颁布《共青团中央、教育部关于加强和改进大学生社团工作的意见》《共青团中央、教育部关于进一步加强和改进高等学校共青团建设的意见》《中共中央组织部、中共教育部党组、共青团中央关于加强和改进在大学生中发展党员工作和大学生党支部建设的意见》等。这使得高校教育管理工作中对大学生组织的管理更加科学化并富有成效。四是加强新时期高校教育管理的队伍建设。教育部 2006 年施行的《普通高等学校辅导员队伍建设规定》中明确指出了辅导员在高校教育管理中的重要作用，提出了新时期加强和改进高校教育管理队伍的目标和要求。五是进一步加强大学生资助和就业的工作力度。《国务院关于建立健全普通本科高校、高等职业学校和中等职业学校家庭经济困难学生资助政策体系的意见》《教育部、财政部关于认真做好高等学校家庭经济困难学生认定工作的指导意见》《关于引导和鼓励高校毕业生面向基层就业的意见》等相关大学生资助和就业政策的执行，标志着新时期高校教育管理向着以人为本、科学发展、系统建设的方向不断探索和完善。

（4）新时代发展以来，教育管理工作是为高等教育发展服务，是为促进高等教育更快更好发展提供高质量的管理服务。当前我国正在深化高等教育改革，新时代的高等教育改革对教育教学管理的要求越来越高，而要提高高等教育的教学质量，就必须对教育管理工作进行全方位的提升。这就要求我们做到：一是要创新教育管理模式，促进教师创新教学方式方法，让教师以高质量的投入换取更多的教学成果；二是要创新人才培养管理模式，围绕学生发展，实行有效教学策略提高教学质量，增强学生的学习兴趣，积极参与教学过程，在轻松氛围中有效提高学习质量。相关高校可以通过利用先进的计算机技术提高学生的资源接触率，在高校教育管理过程中加强学生的自我管理，更加重视学生的心理健康，增设学生的安全教育课程。

首先，可以利用飞速发展的计算机网络技术推进相关教育管理平台建设。提高我国大学生的综合素质，应该在教学过程中增加通识类课程、人文类课程、社会类课程、科学与社会类课程，同时还要引导学生积极参与素质拓展、竞赛培训、创新创业、社会参与等方面的活动，以便综合提高学生的素质，使高校学生不仅学到知识而且掌握适应社会高速发展的能力。多媒体和网络资源在很大程度上能够帮助学生增强对理论知识的了解以及掌握。因为多媒体信息技术结合了声音、文字以及视频于一体的教学工具，它能够在教学的过程中为教师提供多种教学辅助，能够模拟课本中的一部分教学实践，能够使学生在进行理论知识学习的过程中接触到更加生动形象的知识，并且利用多媒体和网络资源能够及时有效地反馈学生的学习情况，加强学生与教师的沟通与交流。综上所言，多媒体技术和网络资源既可以提高学生的参与度，调动学生的主动性和积极性。同时，实行“互联网+”的学习模式，不仅拓宽了学生的知识面，让学生获得更多的学习资源，更能让学生进一步提高学习兴趣和参与度，加强学生与教师的互动，培养学生进行思维交流与碰撞的学习习惯，让学生体会到思绪的飞扬，解放学生长久以来被束缚的“双脚”。其次，高校在进行教育管理的过程中要更加重视学生的情感教育。人是教育的对象，教育的对象是人，学校在创新教育管理创新工作中要以学生为中心，注意学生发展的实际需求，以及实现学生综合发展。但是，长期以来，高校偏重于服务社会，主要是根据社会文化经济政治的需求来培养学生，只考虑学生适合社会需求来发展，实行大众式教育，却没有考虑学生个人成长的特点。因此，教育管理创新必须以学生成长成才全面发展为中心，以基于学生身心发展规律有利于学生健康发展为条件，不但要培养学生适应社会化的技能，还要考虑学生的人格健全、个性发展，努力做到学生全面化、个性化发展，让学生既能适应社会需要，又能独立自由健康地成长。最后，高等教育管理创新还应该重视以人为本的教育理念，注意营造良好的教育氛围，强化环境育人。一方面，针对新媒体的发展，引导学生培养新时代的媒体素养，正确认识新媒体。高等学校要引导学生学会甄别新媒体的有效信息和无效信息，区分正面信息和负面信息。另一方面，要发挥高校教师的主导作用，加强学生和老师之间的交流和互动，转变传统不平等的师生关系，让师生关系变得平等和尊重。要让师生之间实行价值和视野融合，在平等尊重理解的基础上，在包容开放的课堂教学环境下，老师和学生之间相互聆听和理解，围绕学习目标，针对学习不足，丰富教学内容，改善教学方法，最终实现教育价值目标。另外，培养适合的教师学生担任新媒体教育的“意见领袖”，发挥好关键人的作用，用“意见领袖”引导学生获取正确的信息和资源，树立正确价值观，营造良好的校园氛围。

进入新时代以来，高等教育面临着转型时期进行深化改革的任务挑战，我们要培养适应新时代需求的综合性素质人才，就要认真研究创新高等教育管理的模式和特点，要适应新媒体和网络发展的需求，加强新媒体环境下的平台建设，在教学管理工作过程中更加重视学生个人需要和情感教育，以及重视学校以人为本的教育理念，提高学生对信息的甄别能力。

（二）高校教育管理的历史经验

高校教育管理的实践，特别是改革开放以来的探索，为高校教育管理积累了基本经验。概括地说，主要包括以下几方面：

1. 遵循国家教育方针，确保高校教育管理的正确方向。国家教育方针，是国家在一定历史时期内为实现该时期的基本路线和基本任务，对教育工作所提出的总的指导方针。国家教育方针规定着我国教育的总方向和培养目标，集中体现了坚持党对教育工作的领导，坚持教育为社会主义现代化服务，为人民服务，教育与生产劳动相结合，培养德、智、体、美、劳全面发展的合格社会主义建设者和可靠接班人等要求。高校一切工作都要紧紧围绕国家教育方针来进行。高校教育管理作为一种高校工作管理手段，是为国家的教育方针服务的，是为培养德、智、体、美、劳全面发展的社会主义建设者和接班人服务的。实践证明，高校教育管理一旦脱离了国家教育方针，就会迷失方向，就会偏离轨道，就会造成管理工作的混乱和校园失序。高校教育管理工作，必须紧紧围绕我国教育的总方向和培养目标，全面贯彻国家教育方针，为培养社会主义建设者和接班人服务。

2. 发挥育人功能，依据教育规律，科学管理。管理是一门科学。高校教育管理作为管理科学的一个分支，应遵循管理的一般规律，充分发挥其育人功能，科学、有效地进行管理。与一般管理工作不同，高校教育管理的对象是大学生群体，有其特定的指向性。改革开放以来，我国经济快速发展，社会结构发生深刻变化，利益关系和利益格局重新调整，这给人们的思想观念带来一定冲击。在新的时代背景下，大学生们总体上树立了自强意识、创新意识、成才意识、创业意识，但与此同时，在一些大学生中也不同程度地存在政治信仰迷茫、理想信念模糊、价值取向扭曲、诚信意识淡薄、社会责任感缺乏、艰苦奋斗精神淡化等问题。因此，在高校教育管理工作中，必须注意把握时代特征，根据大学生的具体特点，依据教育规律，探索高校教育管理工作的科学方法，加强高校教育管理工作的科学性，实现科学管理、有效管理，在管理中培养人和教育人，引导大学生树立正确的世界观、人生观和价值观，使高校教育管理工作既符合大学生的实际状况，又符合国家的人才培养要求。

3. 完善学生管理制度，提高管理水平，依法管理。依法建章，规范管理是现代学生管理所必须遵循的原则，是贯彻依法治国，人才强国战略的必然要求。随着高校办学规模的不断扩大，办学层次的不断提高，高等教育由精英化教育阶段步人大众化教育阶段，学校管理作为一种公共权力，其如何行使，怎么行使，日益受到社会各界的广泛关注。同时，随着大学生群体法律意识的增强，学生维权活动增多，客观上要求在高校教育管理工作中，必须依法管理，不断深化管理制度改革，健全管理制度，细化管理流程，在涉及学生切身利益的管理活动中切实保障学生的合法权益。这就必然要求在高校教育管理中高校根据自身办学层次、办学特色和办学类型不断创新各种适合自身的办学管理制度，使之科学化、规范化。在完善学生管理制度的基础上，不断提高管理水平，增强管理能力，做到依法管理。

4. 坚持教育与管理相结合，形成齐抓共管的长效机制。高校教育管理工作涉及大学生在校期间学习和生活的方方面面。从对大学生的学籍管理、课外活动管理到对大学生群体组织管理、安全管理，高校教学、科研以及行政管理各个部门和各个机构都相应地承担着管理学生的责任。因此，高校教育管理必须坚持教育与管理相结合，发挥高校各个部门和机构间的合力，实现教学和管理部门间的密切合作，改变以往那种认为高校教育管理只是学生工作部门的事，只有各院、系的辅导员和班主任才负有管理大学生的责任等错误认识，形成齐抓共管的长效机制。这就客观地要求各部门间权责明确，分工有序。只有在明确权利和责任的前提下，才能做到全校工作一盘棋，形成齐抓共管的工作局面。坚持教育与管理相结合，形成齐抓共管的长效机制，还必须依靠体制和队伍方面的建设，如有些高校建立了定期的学校各部门联席会议制度或学生工作领导小组等，都很好地保障了各职能部门间协调有效的运转和功能的充分发挥，增强了高校教育管理工作的针对性和实效性。

5. 充分利用现代科学技术手段，不断创新管理方式、方法。随着时代的发展，科学技术的不断进步，高校教育管理的对象和工作条件也在不断地发生变化，这就要求高校教育管理不断创新管理方式方法，以适应不同时期的新情况和新要求。因此，充分利用现代科学技术手段，如信息技术、计算机网络技术、测量技术、咨询技术、评估技术等技术条件，成为不断创新高校教育管理方式方法的必然选择。这就要求在高校教育管理工作中，一方面要充分利用先进的管理技术，积极推进办公网络化、自动化建设，在管理过程中重视对网络技术和相关信息技术的应用，将各种现代技术引入并渗透到高校教育管理中去；另一方面，要在充分利用现代科学技术手段的基础上，不断开发针对高校教育管理实际的应用技术管理平台，建立诸如大学生信息管理系统、高校教育管理网络互动系统、大学生综合管理办公系统等现代化的办公及服务体系，以科学技术的创新不断推动管理方式方法的创新。

（三）当代高校教育管理的新情况

1. 管理环境的新变化

（1）国际国内环境的变化决定了高校教育管理环境的时代性。第一，随着全球化的推进，我国在政治、经济、文化、教育等诸多领域的国际交流与合作日趋频繁，高等教育国际化进程加速。在这一过程中，将不可避免地受到西方敌对势力“西化”“分化”的影响，大学生成为主要影响对象，面临着西方文化思潮和价值观念的冲击。与此同时，高校学生管理工作既要考虑吸收国际先进管理经验，又要保持中国高校教育管理的特色。第二，改革开放以来，我国社会发生了深刻的变革，大学生既是改革开放成果的最大受益者，同时也受到了改革开放诸多矛盾的影响和冲击。在高等教育从“精英教育”向“大众化教育”转变过程中，越来越多的不同年龄阶段、不同学历层次、不同社会阅历、不同价值追求的人都有机会进入高校进修、学习，高校学生管理对象呈现出多样化的特点，高校教育管理势必相应发生新的变化。第三，随着高等教育法制化进程的不断深入，法治观念逐步得到普及，个人维权意识也不断增强，大学生们不再简单地服从于学校管理，而是需要从学校获得更多的自由和权益保障，权利诉求不断增加。这就要求新时期的高校学生管理工作要做到“从严管理”与“以人为本”的有机结合。在此背景下，高校教育管理体制革新步伐必须跟上社会进步和形势的发展变化，进一步拓展学生管理工作内容，管理方法和手段必须体现出时代特征。

（2）高校办学模式的变化增加了高校教育管理环境的复杂性。一方面，随着高等教育规模不断扩大和高校后勤社会化的推进，部分高校由单一校区办学变成了多校区办学，校园由封闭式变成了开放式，部分地区甚至形成了大学城，大学生出现了生活社区化和成长环境社会化的新问题。大学生的学习、生活、社交、实践、娱乐等活动都呈现出走出校园、走进社区和走向社会的新趋势。这使得学生群体管理由以前的建制式为主的群体管理向流动式群体管理转变，大学生安全管理也面临着前所未有的挑战，这使得高校教育管理的难度有所增加。另一方面，随着高校学分制和弹性学制的实施推广与不断规范，学年制整齐划一的教学管理模式逐步被打破，学生班级观念逐步淡化，学生自主选择专业、课堂、修业年限等，形成了以课程为纽带的多变的听课群，使不同专业甚至不同学校的学生在一起学习。学生管理的对象不仅局限于本专业学生，还包括因选修课程形成的其他专业或其他学校的学生，管理对象日趋复杂化。同时，以统一的教学计划为依据，以学习成绩为主要指标的学生评价体系失去了可操作性，以年级和班级作为学生评价基本单位的难度增大，这可能会导致原有学生激励机制失效。现行的以班级和党团组织为建制的大学生群体管理体制已不能适应这一新的变化，基层管理组织的作用受到削弱。

（3）学生就业、资助、心理等现实需求的强化，凸显了高校教育管理环境变化的现实性。从就业管理来看，随着就业高峰的来临，就业难问题成为社会关注的焦点，也成为每个大学生最关心的现实问题。面对日益严峻的就业形势，大学生对于国家的就业政策和就业市场规律明显不适应，学生的就业心态、诚信观念也不同程度地出现了偏差，学生对学校提供的就业市场、咨询指导、职业生涯规划、就业服务等有较高的诉求，但这种诉求不是当前所有高校就业管理能够满足的。这就使得高校学生就业管理工作需要根据学生的现实需求，不断进行调整与深化，切实为学生成功就业铺平道路。从资助管理来看，伴随我国经济的快速增长，人民的生活水平虽然有了较大提高，但目前在校大学生中经济困难学生的比例仍然较高，高校承载着不让任何一名学生因经济困难而辍学的任务。传统的资助管理只是对学生进行经济援助，使得部分经济困难学生出现了情感负担重、上进心缺失等问题。因此，新时期的学生资助管理工作不仅要满足学生物质需求，也要满足他们的精神需求。这使得学生资助管理工作的内容大大扩充，工作难度也不断增加。从学生心理健康发展来看，部分大学生不同程度地出现了一些心理问题，直接影响到大学生的健康成长和日常学习生活，心理咨询与调适越来越受到大学生们的认可。但由于社会环境的影响和大学生成长环境的差异，学生心理特点和心理问题也体现出较强的时代特征，新的心理问题不断出现，且发展性心理问题居多，这就要求在学生管理过程中，密切关注学生的思想和行为，根据学生特点，切实有效地解决学生的心理问题。值得注意的是，目前不仅存在经济困难学生、就业困难学生和心理困难学生等单一类别，还不同程度地存在经济、就业、心理三方面困难复合而成“复困生”，这也使学生管理面临更多的矛盾，大大增加了学生管理工作的难度。

（4）互联网的发展增加了高校教育管理环境的挑战性。随着信息技术的进步，特别是互联网的发展，社会生产生活方式发生了相应的变化。一方面，网络已经成为大学生获取信息的主要来源，大学生既是网络信息的生产者，也是网络信息的消费者，海量信息对促进大学生更新知识、拓宽视野有着较大的促进作用，有效地激发了他们的学习兴趣、创新意识、竞争意识，形成新的文化意识和文化精神。另一方面，网络也给高校学生管理工作的有效开展带来了一定的负面影响。网络信息的开放性、快捷性、丰富性等特点，使得知识的权威性受到质疑。网络的虚拟性、隐蔽性使网络成为有害信息的滋生地和传播地。一些大学生出现了沉溺于网上虚拟世界不能自拔，难以明辨信息而上当受骗，甚至出现了网络犯罪等情况。对学生管理而言，网络是一把“双刃剑”，给学生管理工作带来了新的挑战，需要学生管理工作者具有网络化思维，在网络环境中加强学生的正向管理，最大限度地消除网络对学生的负面影响。

2. 管理对象的新特点

《中共中央国务院关于进一步加强和改进大学生思想政治教育的意见》明确指出：总体来看，当代大学生思想状况的主流是积极、健康、向上的。但在发展社会主义市场经济和对外开放的条件下，在各种思想文化相互激荡的环境中，大学生思想活动的独立性、选择性、多变性、差异性明显增强，受到各种思想文化的影响明显增多。一些大学生不同程度地存在政治信仰迷茫、理想信念模糊、价值取向扭曲、诚信意识淡薄、社会责任感缺乏、艰苦奋斗精神淡化、团结协作观念较差、心理素质欠佳等问题。

（1）从横向上看，不同学生群体由于理想追求、知识水平、生活背景、努力程度的不同，体现出了明显的差异性。从党员群体来看，他们是当代青年大学生中优秀分子，代表着青年的发展方向，是大学生的标兵，是党与大学生联系最紧密的桥梁和纽带。他们理想信念坚定，政治意识强，政治认同积极，价值观、人生观积极向上；热爱祖国、热爱人民，关注国家大事，崇尚良好社会公德；富有正义感、集体荣誉感和团队精神，自主管理能力与帮扶助人意识强。但部分学生党员也表现出党性修养不足、功利性明显等特点。从学习优秀学生群体来看，他们学习目标明确，有强烈的求知欲和探索精神；敢于坚持真理，敢于开展批评；珍惜时间，讲求效率；具有良好的学习习惯，能自觉地遵守学校纪律和公共秩序。但也有部分学习优秀的学生表现出了高高在上，脱离群体，参与集体活动少，集体荣誉感弱等特点。从后进生群体看，部分学生理想信念模糊，社会责任意识缺乏；价值观念扭曲，依赖心理严重；秩序意识淡薄，处事随心所欲。从经济困难学生群体看，表现出了多样化的特点。他们一般具有较强的上进心和艰苦奋斗的精神，自强不息，富有爱心，乐于助人。但部分学生过于敏感，精神负担较重，容易发生不同程度的心理问题。

（2）从纵向上看，不同年级的大学生呈现出不同的特点。以本科生为例，从大一年级学生看，他们具有不同程度的考上大学后的自豪感和优越感，对未来大学生活充满期待，自尊心强但心理承受能力较弱，参加集体活动热情较高，期望尽快转变角色适应大学生活。部分大学生也表现出对大学生活不适应，学习目标丧失，人际关系处理不当，理财与生活经验缺乏等特点。从大二年级学生看，他们学习目标逐渐明确，人生理想更加现实化和社会化，主动意识增强，学习意愿强烈，对自我的定位趋于理性。但也有部分大学生开始受到情绪、人际交往、学习、生活、恋爱等的影响出现不同程度的心理问题。从大三年级学生看，他们人生目标更加现实，学生群体开始逐步分化为保研、考研、就业、出国等群体，且体现出不同特征。准备保研的学生学习更加努力，更加注意收集保研相关信息；准备考研的学生则呈现出“占一线”式的规律性学习，参与集体活动意愿明显降低；准备就业的学生开始积极准备就业的“敲门砖”，考取各种证书成为热潮，学生开始密切关注学校和本专业就业情况。从大四年级看，上半学期所有学生都处于紧张状态，准备保研的学生四处奔波，准备考研和就业的学生压力增大，他们都会不同程度地表现出焦虑、急躁等特征。下半学期，除尚未找到工作的学生外，其他学生的学习、生活开始呈现出散漫的状态，学生自由时间增加，社会兼职增多。毕业前夕更是表现出聚会多、安全隐患多等特点，毕业生离校教育管理的工作量大大增加。

3. 管理任务的新要求

（1）坚持“育人为本、德育为先”，切实解决大学生的实际问题，是高校学生管理任务的根本要求。大学生是十分宝贵的人才资源，是民族的希望，是祖国的未来。“培养什么人，如何培养人”成为高校教育管理的一项重大课题。高校必须紧紧抓住育人这个中心任务，坚持“高校教育，育人为本；德智体美，德育为先”的原则，从教书育人、服务育人和管理育人入手，坚持理论联系实际，贴近实际、贴近生活、贴近学生，切实为学生解决实际问题。辅导员的职责和教育管理工作的任务主要体现在：一是做好学生日常思想政治教育及服务育人工作，加强学生班级建设和管理；二是遵循大学生思想政治教育规律，坚持继承与创新相结合，创造性地开展工作，促进学生健康成长与成才；三是主动学习和掌握大学生思想政治教育方面的理论与方法，不断提高工作技能和水平；四是开展相关工作调查和研究，分析工作对象和工作条件的变化，及时调整工作思路和方法；五是注重运用各种新的工作载体，特别是网络等现代科学技术和手段，努力拓展工作途径，贴近实际、贴近生活、贴近学生，提高工作的针对性和实效性，增强工作的吸引力和感染力。

（2）一体化运行、专业化发展、个性化服务、信息化促进、法制化保障是当前高校学生管理任务的现实要求。第一，传统的学生管理已不适应富有时代性、复杂性、现实性、挑战性的高校教育管理新环境，这就要求传统的学生管理应向教育、管理、咨询和服务拓展，应将高校教育管理的基本任务确立为大学生的群体组织管理、行为管理、安全管理、资助管理、就业管理以及管理的评估。大学生各管理部门应统筹规划、形成合力，实现学生管理工作的一体化运行。第二，随着高校教育管理环境的变化和管理任务的细分，以及管理对象要求的不断提高和变化，要求高校学生管理必须走专业化道路，保障学生管理的效率和效益。第三，随着“以人为本”管理理念的深化和当代大学生个性化的凸显，高校教育管理任务必须实现个性化服务。通过富有针对性的学生管理，促进每一名大学生的顺利成长成才。第四，网络使学生管理工作面临新的挑战，已成为学生教育管理的重要阵地之一。这就需要高校学生管理工作既要利用网络加强对学生的教育、管理和服务，形成网上网下教育和管理的合力，又要充分利用现代网络技术，建立起信息化、网络化的学生管理系统，切实提高工作效率，更好地为学生服务。第五，近年来，司法部门介入学校教育管理，法院受理大学生状告学校案件的现象已屡见不鲜，法制化已成为新形势下高校教育管理的迫切需求。这就要求学生管理要严格遵守国家的法律法规，有法律有规定必须按法律规定办，没有规定的，也必须符合法律的基本原则。高校在制定各项学生管理制度时，应该认真研究国家和地方相关法律条文，注意听取学生意见，防止出现制度本身与法律法规相违背的尴尬问题，增强规章制度的科学性。只有这样，才能有助于增强学生管理的权威性，才能有助于保障学校的正常秩序。

第三章　高校教育管理模式的分类

高校教育管理模式是学校教学的基本组成部分，是提高教育教学水平和人才培养质量的关键，对高校的教育质量有着举足轻重的影响。本章主要对高校教育管理模式的分类进行详细的阐述。

第一节　高校文化管理分析

一、文化和文化管理的内涵及发展历程

什么是文化？随便浏览一下，就可以发现，关于文化的定义有几十甚至上百种。有意思的是，虽然“文化”包罗万象，但不同的定义却又殊途同归地表达着“文化”的基本内涵，即观念形态、精神产品、生活方式这三层含义。具体来说，它包括人们的世界观、思维方式、宗教信仰、心理特征、价值观念、道德标准、认知能力，以及从形式上看是物质的东西，但透过物质形式能反映人们观念上的差异和变化的一切精神的物化产品。高校文化，是大学思想、制度和精神层面的一种过程和氛围；是理想主义者的精神家园，是大学里思想启蒙、人格唤醒和心灵震撼的因素的结合体。[①] 大学应该让大学外的人神往，让大学内的人心情激动。大学是一个让我们永远怀念的场所。大学用人文精神培育出全面发展的优秀人才，使其成为民族复兴和文化复兴的中坚力量，大学要引领社会前进。高校文化是知识、能力、人格的升华和结晶。

文化管理就是“人化管理”，就是以人为根本出发点，并以实现人的价值为最终目的的尊重人性的管理。这种管理是靠管理主体与管理对象之间所形成的文化力的互动来实现的。文化管理的核心是“以人为本”。

学校文化管理与企业文化管理有着密切的关系，它借鉴了企业文化管

---

① 郭琳．高校校报：大学文化的建设者和传播者［J］．吉林教育：综合，2016（10）：2-2.

理的思想，但是学校文化管理更是它自身内在文化因素发展的必然要求。因为学校本身就是一种文化存在，是一个文化实体，它是以传承和创造文化为己任的，是以文化为中介培养人、塑造人的机构。

学校与文化的关系是其他任何社会要素、社会组织所不可比拟的，在学校管理中，更应当重视文化的因素。文化管理是学校管理顺理成章、水到渠成的结果。

学校文化管理是以文化为基础，注重学校文化建设，并利用文化要素和文化资源实施调控的学校管理活动，它具有价值性、伦理性、知识性、人本化、合作性、品牌形象性、整合性等特征。

学校文化是学校的灵魂。学校文化不仅是老师的灵魂，更是学生的灵魂。学校文化建设的核心在于师生的认同，认同的关键是参与。可以说，无论是学生还是老师，如果对自己的学校文化没有清醒的认识，就像身处异国的游子，不时会产生陌生感和沮丧感，很难学有所成。

回顾改革开放以来学校管理形态的演变过程，大致分为两个阶段：

第一阶段是从改革开放到 1990 年前后。这一阶段的学校管理，用一句话来概括，即“经验型管理”。就是说，在这一阶段，校长对学校的管理主要是凭个人的经验，起决定作用的主要是校长的主观意志及其人格魅力。在教学管理上，如果校长是业务能手、教学专家，他就办法多、措施多，学校教学质量也就提高得较快。在学生管理方面，校长有经验、有办法的，管理就井然有序，校风、学风就好，否则校风校纪就差。特别是对教职员工的管理，能否调动教师的积极性，几乎全凭校长的个人魅力。因此，在这一时期，校与校之间的差别很大。

比如，我国目前的一些名校、非名校，究其形成原因就是在这一时期烙下的印子。这一时期虽然也有好校长、好学校，但总体上数量不多，学校的管理水平也不高。

第二阶段是从 1990 年前后到 21 世纪之后逐渐形成了“以人为本的学校管理制度”。这一阶段的学校管理，也可以用一句话来概括，就是“制度型管理”。这一阶段的标志是“校长负责制，教师聘任制，结构工资制”，即所谓“三制改革”的提出和实施。其宏观背景是《教育法》《教师法》等一系列教育法律、法规的颁布与实施。伴随着“依法治国”理念的提出，教育也提出了依法治教、依法治校的理念，学校开始注意加强制度层面的建设，促使学校管理从经验型向制度化、规范化转化。随着国有企业改革的深入，企业管理的一些新理念引入教育系统，“论资排辈”“平均主义”等老观念受到冲击。

当然，这个阶段各校的管理水平也还是有差别的，但相对于第一阶段来说，差别已经小了很多。制度是一种相对稳定的形态，不因人事之变而变。一所学校，一种比较完善而可行的管理方略一旦形成，就不会轻易随着校长的变动而变动，或者因校长注意力的改变而改变。

以上两个阶段的划分是相对的。在第一阶段，学校管理不是完全没有制度保障，也不是说制度不起一点作用；在第二阶段，不是说学校管理中管理者的经验和个人魅力不重要，不起作用，这里主要是就其主导方面而言的。就是说，在第一阶段，在学校管理中起主导作用的是管理者的经验、意志和个人魅力，而在第二阶段，起主导作用的则是制度。

通过以上的对比我们会发现，在学校管理工作中，制度比校长个人的经验、意志和人格魅力更重要，它更带有普遍性，起着更举足轻重的作用。

然而，必须思考这样一个问题，制度是不是我们学校管理最权威、最理想的手段？现在大家都在量化考核指标，细化考核内容，尽可能地完善制度，但是不管我们怎么量化、细化，制度怎么创新，总还是有一些很重要的内容是无法考核的，无法与教师的工作量及其报酬挂钩。① 比如说，学校的德育工作，尽管有一些内容可以量化考核，但是多数内容无法量化、很难考核。比如，教育学生诚实守信，这是很重要的公民素质，需要教师言传身教，花很大的精力来教育。但是，怎么考核？再比如说，爱学生是师德的核心，教师对学生应该倾注无私的爱，特别是在学生的思想、学习、生活上碰到困难，受到挫折的时候，教师应该全身心地给予呵护。这一切又如何量化，如何考核，如何与教师的待遇挂钩？显然，制度不是万能的，制度的完善和创新还不能穷尽学校管理中的所有问题，制度建设并非治校治教的“制高点”。那么，不能靠制度解决的问题，要靠什么来解决呢？笔者的思考是：靠文化，靠学校文化。也可以这样说，文化乃是学校管理的最高境界。学校管理发展的阶段及特征用表 3-1 简单表述如下。

表 3-1　学校管理发展的阶段及特征

学校管理阶段	时 间	特 征	具体描述
经验型管理	从改革开放到 1990 年前后	人治	校长个人的经验、意志和人格魅力起作用

① 岳若惠．现代教育理念下的高校教育教学管理［M］．咸阳：西北农林科技大学出版社，2013：98-105.

续表

学校管理阶段	时 间	特 征	具体描述
制度型管理	从 1990 年前后到 21 世纪初	法治	制度化、规范化管理
文化管理	最近几年	文化引领	“以人为本”，形成集体信念和价值观。具备学校核心精神和核心能力

二、高校文化管理的特点和意义

（一）文化管理和高校文化管理的特点

1. 文化管理的特点

（1）管理的中心是人。从科学管理以物为中心转变为文化管理以人为中心，人既是管理的出发点，又是管理的落脚点。尊重人、关心人、培养人、激励人、开发人的潜力，是文化管理的关键。

（2）管理的人性假设前提是“善”。科学管理把人看作“经济人”，以“性恶论”为哲学依据；文化管理把人看作“自我实现的人”和“观念人”，以“性善论”为哲学基础。

（3）控制方法追求主动。科学管理以外部控制为主，重奖重罚是主要手段；文化管理中心内置，依靠人文关怀等激励手段调动、激活行为主体的内在需求和动力，追求主动发展。

（4）管理重点为文治。科学管理直接管理人的行为，职工的一言一行都有制度约束，是典型的法治；文化管理严于管理人的思想（信念和价值观），间接影响人的行为，是一种新的管理方式——文治，即以文化来治理。

（5）领导者类型为育才型。在科学管理中，领导者恰如乐队指挥，属于指挥型领导；在文化管理中，领导者既是导师又是朋友，属于育才型领导。

（6）激励方式以内化为主。科学管理以外塑为主，依赖于工作的外部条件；文化管理以内在激励为主，着重满足职工的自尊和自我价值实现的需要，依赖于工作本身的魅力。

（7）管理特色具有人情味。科学管理的特色是纯理性管理，排斥感情因素；文化管理的特色是将理性与非理性相结合，是有人情味的管理。

(8) 组织形式具有开放性。在科学管理中，权力结构明确，是“金字塔形”组织；在文化管理中，权力结构模糊，管理者与被管理者更为平等，是平等沟通、自我学习的学习型组织。

(9) 管理手段具备“软”特征。科学管理是依靠强制性的制度和物质手段的投入；文化管理是依靠思想交流，价值观的认同，感情的互动和风气的熏陶，即依靠非强制性和非物质性手段的投入。管理由硬管理为主走向软硬结合，以软管理为主。

(10) 管理者和被管理者的关系改变为同伴互助。科学管理强调上级与下级之间的关系，管理者靠制度约束人；文化管理中管理者和被管理者是为了共同的目标而携手并进，是合作伙伴关系。

2. 高校文化管理的特点

大学既是文化发展的重要成果，又是文化建设的重要载体，作为人才培养的基地，大学理应发挥文化育人作用，为中国特色社会主义事业培养建设者和接班人。作为知识的集散地和思潮的发源地，大学理应成为社会文化的风向标和引领者。在推动社会主义文化大发展、大繁荣的进程中，大学一方面要加强自身的高校文化建设，另一方面要承担文化传承创新、文化辐射引领和文化服务支撑的重要使命。突出“以文化人”的教化性，这是高校文化区别于其他文化形态的重要特质；注重主流价值的导向性，这是建设社会主义高校文化的必然要求；建设各具特色的高校文化，这是各个高校张扬个性，增强文化发展生命力的关键所在。

(1) 教化性。大学以人才培养为天职，高校文化必须始终围绕育人这一中心任务展开。大学“以文化人”，即通过文化潜移默化地感染人、熏陶人、教化人，从而实现情感陶冶、思想感化、价值认同、行为养成的目标。按照马克思主义的观点，教育的目的是促进人的全面发展，高校文化育人的过程实际上就是塑造健全人格、开发智力潜能、丰富生命内涵，使受教育者得到自由、全面、完整发展的过程。

(2) 导向性。文化并非一个中性的概念，其本身具有鲜明的价值取向。当今社会呈现出多元思想文化相互交织、相互激荡的格局，需要一个占主导、支配地位的价值观来引领高校文化建设。在高校文化建设中，必须坚持以马克思主义为指导，坚持不懈地用中国特色社会主义理论体系教育师生，推动中国特色社会主义理论体系进教材、进课堂、进头脑；加强理想信念教育，弘扬以爱国主义为核心的民族精神和以改革创新为核心的时代精神；深入开展社会主义荣辱观教育和社会主义核心价值体系建设，全面加强学校思想道德体系建设。

（3）独特性。有个性才有魅力，特色鲜明的高校文化才是有生命力的文化。虽然大学精神具有探索真理、崇尚学术、传承文化等共性追求，但由于各个高校文化传统及类型风格各异，而社会对大学的需求多样化，因此必须建设和发展各具特色的高校文化，营造不同类型、不同层次、不同风格的高校文化形态，形成异彩纷呈、和谐互补的整体高校文化格局。多年来，我国不少高校办学定位、办学理念雷同，导致高校文化建设缺乏个性，存在着同质化的倾向。这一点从反映大学精神文化精髓的校训表述中就可以看出，“求是”“创新”“厚德”等成为千篇一律的高频词。

（二）高校文化管理的意义

文化，是一种历久的精神创造活动及其成果。对于一个民族来说，文化是民族之根；对于一个国家来说，文化是国家之魂。我们可以看到，遍布海内外的中华民族子孙，尽管多少年来可能居住环境不同，政治信仰不同，生活习惯不同，但还是年年要到陕北祭黄帝陵，到福建拜妈祖庙，在家里供关公，与子孙说岳飞，就是因为有文化这条根、这个魂。假如他不认识祖国的语言文字，不知道祖国的历史，完全丢弃民族的习俗，那么他纵然还是黑头发黄皮肤，也不能算是一个中国人，因为他精神世界中的这条文化之根已被彻底拔除。所以，历史上一切侵略者在攻城略地之后，接着便是设法同化当地人的文化。可见，文化的影响力、渗透力之大、之强不可估量。

纵观学校发展的历史，正经历着从经验管理、制度管理（科学管理）向文化管理转型的历程。学校文化管理是一种新型的更高级的管理形态，是学校经验管理、制度管理（科学管理）的总结和升华，是管理内容的回归，是与知识经济时代相适应的学校新的管理方式。① 作为学校管理者，构建文化校园，积极推进学校文化管理具有极其重要而深远的意义。

随着社会主义市场经济体制的建立和完善，学校建设中也逐渐引入了市场力量，学校之间的竞争在逐渐地加剧。学校要在竞争中处于优势地位，必须具备某种核心能力，充分发挥文化传承创新功能、文化辐射引领功能和文化服务支撑功能，这对学校的发展具有实际的促进作用。文化对学校和人的发展产生的影响可以从深、广、远、优四种状况来理解。

深——学校文化管理是一种内隐的、深层次的、无形的力量，这种力

① 岳若惠．现代教育理念下的高校教育教学管理［M］．咸阳：西北农林科技大学出版社，2013：55-78.

量决定着学校的改革、发展和成败。文化是根、是魂、是格、是力。学校文化具有导向功能、提升功能、凝聚功能、激励功能和稳定功能，为学校的发展带来动力。

广——文化无处不存在、无人不显示、无事不体现，弥漫在整个学校的全部生活之中，甚至影响到社区文化和城市文化。

远——与生俱在、与校共存、与人同享，学生时代有幸经历先进学校文化的熏陶会一辈子回味无穷、受用不尽。

忧——当前市场经济急速发展，竞争空前激烈，社会财富增加，但文化价值导向相对滞后，优秀传统文化失落。先进学校文化建设是学校优质发展的根本，没有文化的学校，是另类的薄弱的学校。

高校文化的内部功能主要表现为教化育人，高校文化的外部功能则包括文化的传承与创新、传播与辐射、示范与引领、服务与支撑诸多方面。党的十九大指出了深化文化体制改革，完善文化管理体制，建设社会主义文化强国的目标，这也对大学发挥文化功能提出了更高的要求。大学在服务文化发展、促进文化繁荣方面重任在肩，大有可为。

1. 文化传承创新功能。大学既是一种教育机构，又是一种文化存在，传授知识、传承文化是大学最根本的职责。传承是创新的前提，创新的方式则是扬弃。在掌握前人积累的文化成果的基础上，去粗取精，赋予新义，创立新知识，形成新文化。大学正是这种新知识、新思想、新理论的重要摇篮，通过继承民族优秀文化，借鉴世界进步文化，创造时代先进文化，丰富精神文化的内涵，充实人类智慧的宝库，推动社会文明进步。

2. 文化辐射引领功能。大学既是社会文化的组成部分，受到社会文化的渗透，同时又以其自身的优势深刻影响着社会文化。大学是研究高深学问、探索真理的知识殿堂，也是高学历、高层次人才相对集中的地方，承担着影响、辐射、引领社会文化的功能。高校文化通过价值判断引领社会的文化选择，通过升华大众文化、超越流行文化、抵制腐朽文化、彰显高雅文化、强化主流文化，对社会文化起着积极的辐射和示范作用，引领社会文化向着健康方向发展，向着更高层次发展。从历史上看，大学一直是各种新思想、新理论的发源地，是各类思潮和运动的策源地，历来领文化风气之先。在历史的转折关口，往往是大学率先高擎时代的火炬。高校文化对整体文化质态的建构和文化精神的塑造具有辐射、提升、示范和引领作用。

3. 文化服务支撑功能。大学不仅以独特的高校文化影响社会文化，更以培养的大批人才去带动社会文化的发展，通过科学研究和直接的社会服务，推动社会文化的进程。在新的历史条件下，高校要充分发挥文化建设的人才库、智囊团和思想库作用，提升服务社会主义文化发展的意识和能力，为发展文化事业、文化产业及深化文化体制改革输送优秀人才、提供智力支持。高校应加强文化领域的专业建设，增加优秀传统文化课程内容，建设优秀传统文化教学研究基地，为社会输送大批高质量的优秀专业人才；应加强文化领域的学术研究，繁荣发展哲学社会科学，不断推出理论研究和文化创作的精品力作；应积极参与构建有利于文化繁荣发展的体制机制，拓展为发展文化事业和文化产业及深化文化体制改革服务的渠道，壮大文化志愿者队伍，开展各类群众性精神文明创建活动；应积极搭建国际文化交流平台，推动文化“请进来”和“走出去”，为提升国家文化软实力、增强国际话语权做出应有的贡献。

三、高校文化素质教育的管理现状

目前，我国高校文化素质教育管理机构有以下几种建制：一是管理机构附设在教务处，人员和业务归于教务处；二是全部归于学工部门，人员和业务直接设置在学工部下面；三是成立专门的常设机构，直接隶属于学校领导；四是成立学院负责文化素质教育工作，比如复旦大学的复旦学院、北京大学的元培学院、浙江大学的本科生院、宁波大学的阳明学院、山东理工大学的一年级工作部等。

相对于管理机构的多样化，目前我国文化素质教育课程设置与实施方式也是丰富多彩。主要有四种形式：一是建立课程系列，推荐必读书目；二是建立模块课程选修制；三是推行课程套餐制；四是结合欧美的通识教育形式、经验与内容，成立文理学院（通识教育学院或本科生院）。

迄今为止，我们的大学生文化素质教育尚未建立一套切实可行、可以推广的评价体系。教育部也曾在高等学校文化素质教育指导委员会建立了一套针对设置大学生文化素质教育基地的高校基地评价指标，但是其评估对象是学生文化素质教育基地，而不是对教育的成效进行评价。

总体来看，目前高校文化素质教育管理存在的问题主要有：其一，管理机构条块交叉。各高校虽然在机构设置上都体现了对大学生文化素质教育的重视，但在具体工作中却存在一定的差别。由于不同的体制与机构有着不同的工作范围、责任定位、职能效力与资源配置，所以其工作绩效或者说机构的工作能力也是不同的。其二，课程设置与实施方式随意性大。目前的课程设置基本上是从学校和教师的角度出发，较少考虑学生的实际期望，因而难免有些课程学生对其不感兴趣，也难免有价值不大的课程混杂其中，在课程的构成上科学论证不足，“拼盘”现象明显。其三，课程内容存在知识化倾向。高校大多以掌握知识的数量来考虑课程的价值，以知识体系的选择来代替课程体系的设计，造成了知识量太大而课时有限的困境。其四，评价体系不完善。现有的以学校为单位的评价体系存在各自为政、各有侧重的特点，尤其受到行政力量与个人好恶以及传统思维的影响。

四、学校文化管理的构建

针对高校文化素质教育管理存在的问题，怎样致力于学校文化建设？相对于学校硬环境建设和制度建设，学校文化建设具有看不见、摸不着的隐性特点，需要我们做出更加艰巨、更加长期的努力。

学校文化与制度管理是有机统一、互为补充的。做管理工作最终的落脚点是人的思想问题。严格管理的规范的制度能否落实到位，取决于人的思想高度和认识程度。学校文化必将为制度管理提供一个人文环境。

可以说，文化与制度的关系一如道德与法律，学校文化是学校制度的有益补充，两者相互统一。总之，学校文化的出现和完善不仅是学校发展的必然，也将是传统教育方式向素质教育方式转变的必由之路。这种文化又是人的文化，是以人为本的文化，突出“人文”“人本”“人情”“人性”“人权”在管理中的作用，从而形成一个强大的“磁场”。它是弥漫在空气中的一种精神存在，在每一位师生的呼吸吐纳中，化为一种气质、一份修养，或见于谈吐，或形于笔端，形成学校管理的文化，即所谓的管理文化。校园文化建设在学校管理中的作用按其不同层次来划分，主要表现在以下几个方面：

（一）用物质文化陶冶人

校园物质文化是校园的外显文化，是以某种文字符号为载体，将校园精神显现于校园的各种标记物之中，如校服、校歌、校刊校报、雕塑、学校建筑、艺术节、文化墙、名言警句等。它是校园思想文化建设的前提和条件，是思想文化、制度文化赖以生存发展的基础和载体，有利于陶冶师生的情操。优美的校园环境有着春风化雨、润物无声的作用，如诗如画的校园风光、干净整洁的校园环境、美观科学的教室布置、文明健康的文化教育设施……无不给学生以巨大的精神力量；学生在优美的校园环境中受到感染和熏陶，触景生情，因美生爱，从而激发学生爱学校、爱老师、爱同学、爱家乡、爱祖国的高尚情操；学生在幽静的环境中学习，感到舒心怡神，从而增强环境保护意识。所有这些都有利于学生正确的世界观、人生观、价值观的形成。

（二）用制度文化规范人

校园制度文化是指校园人在交往过程中缔结的社会关系以及用于调控这些关系的规范体系，是校园一切活动的准则，它包括相关的法律法规、学校管理体制及其规章制度、组织机构及其运行机制、特定的行为规范等。校园制度文化从根本上决定着校园的正常运行和创新发展，是校园思想文化的保证。建立和健全学校规章制度，塑造良好的校园制度文化，是校园文化建设的重要内容，也是提高学校有效执行力的重要保障。制度文化以其导向性与规范性、稳定性与发展性、科学性与教育性的特征彰显校园文化。

（三）用思想文化凝聚人

校园思想文化是指学校在长期办学过程中形成的一种学校意识和文化观念，它是一种深层次的校园文化，是校园文化的灵魂，主要体现在班风、校风的建设上。班风、校风看不见、摸不着，但它渗透、表现在校园内多种文化载体及其行为主体身上，让人时时处处切实感受到它独特的感染力、凝聚力、震撼力。置身其中，受教育者无须教育者更多的说教，便会自然而然地、不知不觉地感悟它对心灵的净化和情感的熏陶。校园思想文化是校园的内隐文化，是校园文化的深层内涵，是在长期的校园物质文化、校园制度文化和校园行为文化的建设过程中积淀、整合、提炼出来的，反映学校广大师生、员工共同的理想目标、文化传统、学术风范和行为准则的价值观念体系，难以用文字、符号表达出来。校园思想文化是一所学校整体面貌、水平、特色、凝聚力、感召力和生命力的体现。

校园思想文化作为一种强大的教育力量，对广大师生的健康成长有着巨大的影响：一是导向功能，即指导个人正确认识和处理个人与学校组织的关系，把个人行为引导到学校组织目标上来，使他们向着学校期望的方向发展；二是凝聚功能，即思想文化起着心灵黏合剂的作用，它把各个方面、各个层次的人都聚合到一起，使师生、员工对学校产生一种使命感、自豪感、归属感，形成强烈的向心力、凝聚力和群体意识；三是激励功能，即思想文化往往能产生一种激励机制，激起校园人的积极性、主动性与创造性，使学校成员保持高昂的情绪和奋进精神，获得各种精神需求的满足；四是控制功能，即思想文化具有强大的心理制约力量，使校园人接受必要的约束，使个体行为符合共同的准则；五是辐射功能，即校园思想文化以其独特的方式，在教育、影响师生的同时，也对周边及社会产生影响。

学校文化与制度管理具体包括校长文化管理、教师文化管理、学生文化管理、物质文化管理和精神文化管理五个方面。此外，还有教室文化管理、教研组文化管理、宿舍文化管理、食堂文化管理等。

第二节 高校课程管理分析

近年来，国家狠抓教学内容、课程体系和教学方法的改革及教学管理，对高校课程建设提出更高、更新的要求，以提高高等学校的教学质量。

一、高校课程管理的意义

高等教育在各种力量的影响下，一直处在改革中，高等教育体制改革是其中的重要内容，我国高教体制几经改革，已初步确立社会主义市场经济体制下的高等教育体制基本框架。但高等教育体制改革对高校的课程、教学实践，尤其是课堂实践的触动甚微，因为高教体制改革的焦点是决策权和权力归属，对高校课程、教学不产生实质性的影响。要提高高校课程、教学的质量就需要课程管理来解决，而高等学校课程管理又是一个亟待开拓的领域。高等学校课程管理意识的淡薄与高校课程改革、人才培养模式的转变和教学体制改革的实际发生冲突，进行高校课程管理研究具有深远的理论和现实意义。

从理论上说，首先，课程管理不仅是一个研究领域的开拓，而且是课程理论研究的逻辑发展，是课程理论的自我完善。课程的研究以美国最为发达，影响也最广。它的研究重点集中于课程目标的确定、课程内容的组织、课程实施、课程评价等问题。他们认为课程管理是学校管理的一部分，不予重视，因而，对课程管理的研究就被忽略了。我国接受的是以美国为主的西方课程理论，课程管理研究被忽视亦是自然的。我国有学者较早就注意到了课程管理的问题，指出课程管理理论与课程设计理论、课程评价理论一样，是课程理论的一个重要组成部分。课程理论要走向成熟，首先要解决课程理论中的课程开发、设计、评价等基本理论问题。随着课程理论改革的深入，课程管理问题就必然要提到议事日程上来，课程管理与整个课程领域的问题及其他问题都相关，重视课程管理的作用和研究也是课程理论自身发展的要求。

其次，高校课程管理研究是高等教育管理研究的必要补充和突破。高等教育管理的研究与高校课程管理的研究在总的指向上是一致的，都是为了更好、更有效地培养所需的人才，更好地满足高校与社会的要求。高等教育管理学已成为一门独立的学科，其主要内容是高等教育体制、教育方针政策、高等教育领域、教育经费及高校内部管理中的学校组织、人事管理、教学管理、后勤管理等。而高校课程管理涉及的问题要具体得多，如课程标准的制定、课程实施过程的监控及管理机构的设立权限、职能的规定，它们都是具体的工作。高等教育管理学涉及的是整个高校管理领域的问题，它能提供的是解决各种问题的原理的内容，以及对高校管理的分析框架，它的一般理论特性使其不能对像课程这样的特定领域做出直接的运用，而且由于高等教育管理学的研究范围的限定，使其不能对课程管理的问题做出详细的讨论。所以，正像教育理论不能替代对高校课程管理的研究一样，开辟高校课程管理的研究领域就非常切合实际。

从实际层面看，首先，高校课程管理研究促进了高校管理观念的转变与确立。高校的管理运行机制长期习惯于自上而下的行政控制与管理，学校的设置与发展规模，学生的培养要求等都由国家计划限定，这种无竞争又无淘汰的运行状态极大地限制了高校自我发展的能力。如今，“对包括课程编制在内的人才培养的全过程进行管理，已经和正在成为一种新的大学管理理念”，高校课程管理领域的出现反映了我国高等教育管理领域在思想观念上的变化。高校课程管理理论的建立，要以课程评价、课程设计等理论为基础，以人员管理、机构调整等观念的转变为前提。高校课程管理领域的开拓，会推进高校管理观念的转变，从而促进新领域的确立。

其次，课程管理研究可以促进课程行政的顺利转轨。自 20 世纪 50 年代以来，我国高等学校课程的行政管理体系，一直由中央统一管理，形成了高度集中的“大一统”模式。此种情况在建国初期的特定情形下是适宜的，但是，经过长时间的课程变革和社会大环境的变迁，课程领域出现了许多新的情况：课程要求增加弹性和灵活性，并调整课程内容等。这些也是学校课程管理要研究的。课程管理研究内容的变化，会使课程管理体制做出相应的变革。课程行政转型之后，又可以使学校课程管理更加灵活有效，有利于调动中央、地方和高校三方面的积极性；有利于中央、地方、高校课程管理各司其职，明确权限，提高课程管理水平。

最后，课程管理可以使高校课程改革健康、顺利发展。课程改革是整个教育改革的突破口，课程改革是教育改革成败的关键。课程改革是一个系统的过程，其组织、实施、评价和推广等需要课程管理的介入。如果这些工作不能实现，那么课程改革就不能取得良好成效。我国的课程管理水平已经落后于课程改革的需要，课程改革的深化正期待着课程管理水平的提高。

二、高校课程管理研究的现状

（一）课程管理的研究历程

课程管理研究最早可追溯至 1925 年美国学者 J. K. Flanders 提出的课程控制（curriculum control），他结合学校情况做了一些实证研究，其后，实证与理论性的探讨便不断增加。20 世纪 80 年代初，P. Hallinger 和 J. Murphy 等人提出教学领导（instructionalleadership）问题，引起了教育界极大的重视，同期，课程管理（curriculum management）和课程领导（curriculum leadership）的研究成果也开始相对较多地出现。日本在二十世纪六七十年代也出现了以课程经营或运营为名的成果。80 年代后期，中国的廖哲勋等人的著作中也涉及了课程管理问题，但未见专门研究的论著。至于被普遍认可的课程管理（curriculum governance）一词，直到 1994 年在课程视导与开发学会（ASCD）的年鉴中才由 Alexandria 提出①。

（二）课程管理研究的内容

1. 课程管理的研究课题。课程管理研究处于起步阶段，明确课程管理领域要探讨的问题显得十分必要。钟启泉认为，课程管理的工作内容有：关于课程标准的工作；关于课程编制的工作；关于课程实施的工作；关于整顿课程实施条件的工作；关于课程评价的工作。郭晓明提出，当前课程管理中亟待探讨的若干问题是：课程管理基本体制研究；课程设计管理；课程实施管理和课程评价管理。李慧君则认为，课程管理应做好以下几点：建立健全课程管理体制；按可控系统建立课程管理模式；建立健全课程管理制度。日本课程管理的研究以课程的经营或运营来体现，如日本教师养成研究会编的《课程》（1949 年）中提出，课程运营要研究教师的

① 汪贤泽．高校课程管理体制研究［D］．金华：浙江师范大学，2002.

工作、教学大纲、课程实施上的问题和学习环境的问题。海后宗臣在《教学经营大系卷四》（1963 年）中列举课程经营要进行学科的经营——教学目标的确定、教学计划的制订、教学方式及其管理、测验管理；道德科的管理——设置道德科的基本观点、道德科的年度教学计划的原则、结构及编制、教案的编写与资料的活用；课外活动的管理——课外活动管理和学校例行活动的管理。《现代学校经营讲座卷三》（1976 年）确立课程管理的理论框架如下：课程的标准与编制；学校的教育计划与课程编制；教授、学习的系统化；设施、设备、教材、教具的管理；课外教育与课程；教育决策与评价。可见，课程管理研究主要集中于课程管理体制、过程和技术手段等领域。

2. 课程管理体制研究。关于课程管理体制的类型，国内研究较多的是课程管理体制方面。贾非、郭继东，郭晓明等对课程管理模式进行了讨论，认为可以分为统一计划型、分散管理型、板块型和蛋糕型四种，并做了比较分析，认为实行统一与分散结合的模式（体制）是我国课程管理体制改革的方向。郭继东认为，我国的课程管理体制改革不能采取激进方式。在改革过程中，首先，要将课程管理权做合理分解；其次，应采用并行和渐进策略，促使课程管理体制顺利过渡；再次，要吸取板块型和蛋糕型的各自优势，提高课程管理体制的科学化。郭晓明明确提及课程管理机构，他指出，基础教育中中央教育行政部门应设立三个相互联系的管理机构，并对其职责和相互关系做了简短的分析。李慧君则着重提出要建立健全课程管理制度，严格按规律、制度管理课程，但是对怎样制定制度只提出了两条原则，对具体制度内容涉及很少。

3. 课程管理过程研究。李慧君认为，课程运行的管理包括组织力量。他强调在对课程环境调查研究的基础上进行规划决策：确定课程目标，设计课程结构，选择教学内容等。在课程实施阶段，要通过组织、协调、控制等一系列手段，使课程资源得到充分有效的利用，以便取得最优的课程效果；通过对课程实施结果的评价，找出结果与目标之间的差距，对决策过程和实施过程进行修改、校正，使课程系统最大限度地接近课程目标。

4. 高校课程管理研究状态。我国《高等教育法》《中共中央关于教育体制改革的决定》等法规文件涉及了学校课程管理的内容，《大学教学论》《高校教学管理》之类的著作也涉及了这方面的内容，但浅尝辄止，主要是研究教学管理方面的内容。王良志讨论了我国大学课程管理的模式。深入到课程管理问题内部的仅见王伟廉《高校课程管理：中国高校教学改革亟待开发的研究领域》一文，他对高校课程管理做了初步的界定，主要目的还是呼吁大家关注高校课程管理研究。

高等学校课程管理是以高质量的人才产出为旨归的，然而高校课程的运行往往偏离这一目标。《本科教育设计》（Designing undergraduate education）一书提出，应以时间、空间、资源、组织、程序、成果这六个课程维度来设计、管理学校课程，开发出富有创造性和协调性的课程模式，更好地达到学校的教育目标。

Jean Bocock 和 David Wastson 于 1994 年主编了《管理大学课程：形成共同动因》（Managing the university curriculum：making common cause）一书，其中以英国高等教育 20 世纪 60 年代以来的变革（先是罗宾斯报告，十几年后开放大学出现，80 年代中期以来受玛格丽特·撒切尔政策影响，大学扩张但投资并未增长给大学带来的沉重影响）为背景，用政府的眼光，大学校长和大学中层管理者和授课者的观点，仔细看待大学、大学课程的管理，以图恢复整个学术领地（指大学）的活力和地位。

纵观整个研究状况，高校课程管理研究十分薄弱，现有的文献材料仅集中于中小学课程管理，但这方面的研究也存在着不少问题。整个研究领域的论文大都只限于作者的问题意识，按理论思维提出课程管理要解决的问题，不能形成较为完整的研究框架，讨论的问题也缺乏深度，表现在课程管理手段上，除单一的行政方式外，没有技术手段的研究。课程管理过程中目标的确定、内容的组织、课程的评价可依据一定的理论或规范进行管理还未被研究过。又如，课程管理体制的研究，虽然有些论述，但是对课程管理机构应设置哪些，机构之间的隶属关系怎样，以及与机构设置对应的权力归属问题，讨论笼统、模糊，未能形成指导意义。所见的材料大都局限在经验研究的层面，从静态的视角出发探讨具有动态过程特性的课程管理，就导致课程管理研究存在先天不足。

我们认为，课程管理体制研究是课程管理研究的关键所在。因为研究课程管理体制必然要研究课程管理机构设置、权力归属、人员配备；各机构如何对课程实施调控，使用何种手段，遵循什么样的规章制度去实现教育的目的，所以，课程管理体制的研究为我们研究课程管理提供了完整的实际框架。

高校课程管理体制是高校课程管理机构和课程管理规范的统一体，它是整个教育管理体制的一部分，包括课程的行政体制和高校内部管理体制。课程管理体制主要涉及的是课程行政和校内课程管理机构的设置、职责权限的划分及其制度。高校课程管理体制本身是静态的，它对具体课程管理活动的影响，通过课程管理机制来实现。课程管理机制指课程管理的各级机构、人员与课程的关系和运转方式。课程管理体制各部分的存在必然要求解决如何协调各个部分之间的关系和如何管理课程的问题，即机制问题。而协调各部分之间的关系是一种具体的运作方式，体现于课程管理活动之中。因此，为了更好地说明课程管理体制的运行，我们在课程管理体制的论述中，加入了课程管理活动的内容。

三、我国高校课程建设的改革与实践

为促进本科教学课程建设整体水平的提高，推动优秀教学资源的共享，有效推进教学信息化进程，教育部相继启动了网络课程和精品课程建设工程。在近十年的高校课程建设过程中，教育部根据课程建设的实际发展情况，适时出台指导性文件，从政策上保障各级教育管理部门及各高校顺利开展网络课程和精品课程建设，稳步提高教学质量。

（一）“九五”规划时期（1996—2000年）

国家出台相关政策文件指导高校课程建设的探索准备阶段。“全国教育事业九五计划”中指出，高等教育要拓宽专业服务范围，按照现代化建设的需要调整课程结构，更新教育内容，改革教学方法，提高学生分析问题和解决问题的能力。国家教委自1995年开始实施“高等教育面向21世纪教学内容和课程体系改革计划”，落实《中国教育改革和发展纲要》提出的“质量上一个台阶”的目标，更新教育观念，改革人才培养模式，实现教学内容、课程体系、教学方法和手段的现代化。教高〔1997〕2号文件《国家教委关于积极推进“高等教育面向21世纪教学内容和课程体系改革计划”实施工作的若干意见》对当前阶段的课程建设提出了具体的指导意见，指出教学内容和课程体系改革是教学改革的重点和难点；搞好课程建设是培养人才素质、提高学校教育质量的核心环节；转变教育思想，更新教育观念，研究和改革专业主干课程和基础课程的教学内容和课程体系；结合教学方法和手段的改革和创新，出版了一批高水平、高质量的“面向21世纪课程教材”。截至2000年，“面向21世纪课程教材”已正式出版近300种。各高校响应教育部全面进行教学内容和课程体系改革的要求，根据学校实际情况，结合文件要求，积极开展课程建设及教学改革工作。根据教育部文件中对课程建设的目标、原则、主要内容、实施步骤及评估指标的要求，各高校逐步在校级层面上开展“合格课程”“示范课程”“优秀课程”或“重点课程”的试点建设工作。确立一批覆盖面广的公共课、学科基础课作为重点课程，有计划地开展校级课程建设，从教学内容、教学手段、师资队伍、教学过程等方面开始了课程建设的初步探索。在“高等教育面向21世纪教学内容和课程体系改革计划”取得阶段性成果的基础上，教育部于2000年开始实施“新世纪高等教育教学改革工程”，进一步增强高等学校的质量意识，深化教学改革。该工程以培养适应新世纪我国现代化建设需要的具有创新精神、实践能力和创业精神的高素质人才为宗旨，对高等教育人才培养模式、教学内容、课程体系、教学方法等进行综合的改革研究与实践。

“面向21世纪教育振兴行动计划”第25条明确指出：“依托现代远程教育网络开设高质量的网络课程，组织全国一流水平的师资进行讲授，实现跨越时空的教育资源共享。”1998年9月，教育部批准清华大学、浙江大学、湖南大学和北京邮电大学试点现代远程教育。1999年11月，教育部高等教育司选择了20门网络课程在有关学校实施远程教学试点。为加快现代远程教育工程资源建设步伐，推动优秀教学资源的全国共享，促进我国高等教育整体质量和效益的提高，教高司〔2000〕29号文件《关于实施新世纪网络课程建设工程的通知》（以下简称《通知》）拉开了“新世纪网络课程建设工程”的序幕。《通知》中发布了公共课类、文科类、理工科类、农医类、财经、政法、管理类等7大类，34小类，288个项目。“新世纪网络课程建设工程”是“现代远程教育工程”的重要组成部分，通过两年的时间分期分批建设了200多项基础性、示范性的网络课程、教学案例库、教学素材库和试题库。《新世纪网络课程建设技术规范》《新世纪网络课程建设工程质量认证标准》等文件为“新世纪网络课程建设工程”提供了政策指导及建设标准。

（二）“十五”规划时期（2001—2005年）

在前期课程建设的基础上，确定以精品课程建设为重点的实施阶段。进入21世纪，国际竞争日趋激烈，人才则是竞争的焦点。随着社会主义市场经济体制的完善和经济结构的战略性调整，社会对高等教育人才培养的质量提出了新的要求。全国教育事业“十五”规划对课程建设提出了更高的目标。2001年，教育部印发了《关于加强高等学校本科教学工作提高教学质量的若干意见》①，就加强教学工作提出了12条针对性很强的要求。

---

① 中华人民共和国教育部．关于加强高等学校本科教学工作提高教学质量的若干意见［Z］．2001：4-5，36.

2003 年 4 月，教育部下发《教育部关于启动高等学校教学质量与教学改革工程精品课程建量工作的通知》，启动“精品课程建设计划”。教育部计划用 5 年时间（2003—2007 年）建设 1 500 门国家级精品课程，力图通过精品课程建设，大范围推进高校课程建设，推动高校教学水平的整体提高。同年 5 月，教育部办公厅印发《国家精品课程建设工作实施办法》，正式实施精品课程建设。精品课程建设从此在全国各高校全方位、宽领域、多层次地展开，并逐步形成了各门类、各专业的校、省、国家三级精品课程体系。结合教育部提出的高等学校教学质量工程的要求，高等教育出版社同时也正式启动了“高等教育百门精品课程建设计划”，斥资 1 000 万元支持和推动全国高校的精品课程建设工作，重点支持建设一批本科教育公共课、基础课和专业主干精品课程，评选出“高等教育百门精品课程教材建设计划”精品项目 170 项，立项研究项目 184 项，此项建设调动了高校教师在教学和科研工作基础上建设立体化精品课程的积极性和创造性。

随着国家政策的出台，各大高校踊跃建设并申报国家精品课程，多所高校按照《通知》要求，先后制定了本校的精品课程管理办法，分别从精品课程的“五个一流”的要求出发，从课程建设的指导思想、申报程序、管理机制、验收标准等方面明确了课程建设的框架。

1. 课程体系建设：结合课程性质和专业特点制定科学的建设规划，确定课程建设特色和定位，明确课程建设目标。

2. 优化整合教学内容，打造立体化精品课程建设：课程内容是精品课程建设的重要层面；教学内容的实用性、前沿性和创新性是衡量课程优劣的重要指标；在纸质书籍的基础上，通过电子教案、电子课件等多种方式完善现代化呈现方式，能更好地展现教学内容，使教学内容更容易被受教育者认知。

3. 注重教学方法和教学手段的改革：协调传统教学手段和现代教育技术的应用，形成多元化、立体化的教学方式。教学中灵活运用多种教学方法，积极开展启发式教学，引导学生独立思考，促进学生学习能力的发展。

4. 突出实践环节，在实践中培养学生的创新能力和思维：实践是应用理论知识，培养创新意识和能力的平台。在教学中，注重培养学生理论联系实际、提出问题、分析问题和解决实际问题的能力，特别是与科学技术的发展相适应的综合能力。

5. 切实加强教学队伍建设，建立新教师的培训和培养机制：师资队伍建设是实现课程良性发展的基础。实施教师培训和技能训练等举措，保证课程教学团队的可持续发展。

“新世纪网络课程建设工程”自2000年6月份启动以来，共收到120多所高等学校的2 000多项申请书。“新世纪网络课程建设工程”的公开申请，扩大了网络课程建设的影响，提高了高等学校网络课程建设的认识。经过两年多的建设，“新世纪网络课程建设工程”实际建设了319门网络课程。2003年，“新世纪网络课程建设工程”进行了验收，50多门课程在中国地质大学、北京理工大学、北京语言大学等高校的网络教育学院广泛使用，在资源建设、网络支撑平台、资源库管理系统、远程教育信息管理系统、网络课程测评、资源建设规范等方面均取得了一定的成果。清华大学的“新世纪机械原理网络课程建设”项目是教育部立项启动的“新世纪网络课程建设工程”首批项目之一。学校选用精品课程作为网络课程开发的蓝本，以知识的建构过程进行网络课程的教学设计，研制开发了高水平的机械原理新世纪网络课程。

（三）“十一五”规划时期（2006—2010年）

加强精品课程网站建设，推动精品课程建设进一步深化，实现精品课程的示范推广作用。《国民经济和社会发展第十一个五年规划纲要》中指出，“十一五”时期要着重提高高等教育质量，推进高水平大学和重点学科建设，增强高校学生的创新和实践能力。经国务院批准，教育部、财政部联合下发了2007年“1号文件”，实施“高等学校本科教学质量与教学改革工程”，也就是“质量工程”。为进一步推动本科教学工作，切实提高本科教育质量，教育部同时下发了《教育部关于进一步深化本科教学改革全面提高教学质量的若干意见》（下文简称《意见》）①。《意见》针对目前教学工作当中存在的主要问题，提出了6个方面、20条具体要求，再次强调、细化了质量工程。《意见》指出，“继续推进国家精品课程建设，遴选3 000门左右课程进行重点改革和建设，力争在教学内容、教学方法和手段、教学梯队、课程建设、教学效果等方面有较大改善，全面带动我国高等学校的课程建设水平和教学质量。”按照质量工程要求，全国2 000多所高校深入实施高等教育质量工程，进一步深化课程建设。

精品课程建设的目的是实现精品课程与现代信息技术的广泛结合，通过开发网络教学资源，构建网络教学体系，创建开放式、资源丰富的教学

---

① 中华人民共和国教育部．关于进一步深化本科教学改革全面提高教学质量的若干意见［Z］．2007：9-11.

网站等形式，实现学生的个性化学习和研究式学习，培养学生的自主学习能力和创新学习能力，构建一种以学生为主体、以教师为主导、以培养学生能力为目的的新型教学模式。要保证精品课程建设的可持续发展，发挥精品课程的示范、辐射作用，实现优质教学资源的共享利用、现代教育技术手段的合理运用也是精品课程建设的一项主要内容。“要使用网络进行教学与管理，相关的教学大纲、教案、习题、实验指导、参考文献目录等都要上网并免费开放，鼓励将网络课件、授课录像等上网开放，实现优质教学资源共享，带动其他课程的建设”。精品课程的申报评审也采取了网络方式进行，要求申报课程必须建立教学网站。为此，各个高校和广大教师都积极开展了精品课程平台建设及课程教学网站制作工作。已建成的精品课程网站包括两项功能：对外是向其他院校提供共享的一个课程资源网站；对内是日常教学工作的网络辅助教学或全程网络教学网站。目前，多数精品课程网站是依托学校的网络教学平台来搭建，主要包括精品课程申报网站建设和课程网站建设两个方面的内容，申报网站按照评审要求提供课程介绍、教学团队等相关信息；课程网站则通过多媒体课件、课程录像视频、在线测试和交流论坛等形式为学生提供了一个良好的学习平台。从教学内容、网页制作、网站导航等方面整合现代化资源和课程，充分利用多媒体技术，把文字、图像、声音、动画、影像等多种媒体综合起来，展示参考资料、授课录像、题库、习题等课程内容，构建多种媒体资源优势互补的、支撑网络教学的立体化资源，以便更好地辅助课堂教学，从而有效提高教学效率和质量。

为进一步推进高水平网络课程的建设，促进网络教育资源的整合与共享，推动网络教育的发展、改革和创新，提高网络教育教学质量和人才培养质量，教育部高等教育司于 2007 年开展了网络教育精品课程建设与申报工作。当年有 192 门网络教育课程参加了评审，经过网上初评和会议终审，产生了 49 门 2007 年度的网络教育精品课程。2008 年有 54 所现代远程教育试点高校的 158 门网络教育课程参加申报，产生网络教育精品课程 50 门。从 2010 至 2022 年，按照高等学校本科教学质量与教学改革工程项目申报工作要求，经过网络评审、专家会评以及上网公示，教育部高教司批准国家精品课程 763 门。其中，普通高等学校本科课程 438 门、高职高专课程 229 门、网络教育课程 60 门，军队院校（含武警）课程 36 门。由此可见，网络教育精品课程的评选推动了网络课程的快速发展。

近年来，以课程整合提高教学质量为目标的课程群建设日益得到高校的重视。多所应用型本科高校尤其是高职院校积极开展了课程群建设的实践与研究。通过加强课程的整合性、综合性建设的探索，从而推动专业课程的全面优化整合，深化高等院校课程体系建设和课程改革，实现教学资源的优化配置。

四、我国高校课程管理体制的改革与构建

中国高等教育正在从精英教育向大众教育转变，同时随着“入世”，国际化的影响更加强大。为了使高校课程更好地为培养人才服务，满足社会各方面的要求，对于高校课程管理，政府提出了政府的政策，各利益团体也提出了各自的要求，怎样构建一个良好的高校课程管理体制就成为迫切的问题。下面，从中央政府、省和高校三个层面，提出我们对改革的思考。

（一）中央政府对高校课程管理体制的改革

我国自大学形成以来，实行的就是中央统一的课程管理体制，由中央政府对高校课程做统一规定和管理，期间经历日本体制、美国体制和苏联体制的影响，虽然机构、制度有一定的调整，但是课程管理的国家控制没有发生根本性的变化。

而且，比较各国课程管理体制我们也认识到，一种课程管理体制经过改造建立后，会成为本国组织管理文化的一部分，按本国社会和体制的逻辑向前发展。我国地区差异极大，高校课程管理体制的改革需要强有力的政府做支撑，这些都要求我国继续实行中央统一的课程管理体制。

然而，高校课程与教学、科研是紧密联系的，过于严密划一的控制会使它们受到损害，妨碍课程的发展与功能的发挥。另一方面，中央政府尤其是教育部不能包揽所有高校事务的管理，这需要庞大的机构、人员和经费。同时过多的规章制度也会造成太多的照章办事，限制管理者的创新能力，使得庞大的组织难以对外界变化做出及时的反应，也难以防止错误的发生。这在企业管理中已有明证：二十世纪六七十年代，出现了庞大的企业集团，到八九十年代就纷纷解体，因为庞大的企业内部组织难以做到全面满足顾客需要。我们认为，我国课程管理体制在中央政府层面解决存在问题的原则、方法是清楚的，就是需要分散决策和政策执行的权力，裁减中央的控制机关。中央政府应该主要起决策作用，裁减直接管理、控制高校课程的机构，而增设课程评估机关，这在教育部《关于加强高等学校本科教学工作提高教学质量的若干意见》（2001 年 4 月）中已有体现。中央

政府部门主要应做好以下事项。

1. 国家立法。高等教育法律是国家控制学校课程的依据和必要手段，法律一经颁布就具有强制性和稳定性。强制性意味着法律由政府强制执行，使得法律意识得到被管理对象的服从；稳定性指法律一经颁布就具有持久性，法律的稳定性可以制约政府的高校课程管理行为，使高校课程较少受政府的行政干扰。国家不仅要制定出健全的法律，而且要针对高校课程管理的新问题不断制定相应的法律。

2. 高校课程管理制度的建立与变更。制度的建立指确定政府、高校及有关机构之间的权力、职责和隶属关系，形成有效运转的体制，更好地实现国家意图和高校的目标，从而更好地实现国家的整体利益。制度不能一成不变，高等教育的发展必然要求重新分配各部门、各单位、各职务之间的权责，甚至取消一些部门、单位而新建一些机构，通过制度的变更以提高政府、高校的课程效能。政府在高校课程管理制度的建立与变更过程中应发挥主导作用，即政府在将高校课程管理权重新分配，扩大高校自主权，增强政府的宏观调控功能，并形成相应的机构设置，确立相应的规范中承担起主要的调节任务。

3. 提供经费。提供经费是国家控制高校课程最常用的手段。高等教育事业日益扩大，高等教育经费也迅速膨胀，世界各国都出现不同程度的高等教育财政危机，给高校带来了比较大的冲击。为使高校功能正常发挥，政府应该继续承担起提供经费的主要责任，不断增加拨款，同时鼓励资金来源的多样化。政府除提供大量无条件的日常经费，还可以通过提供一些有特别规定的经费来影响高校课程，如为国家急需学科设立基金、提供特定科研经费、设立重点教学改革项目、重点课程建设项目等。

4. 信息、咨询、评估等服务。国家教育部门可以协助支持或从事研究和开发工作，搜集统计资料，将其发现或成果提供给社会大众、教育政策制定者、实际课程工作者和高校，使高校课程管理工作做得更好。政府有人员的优势，可以在具体领域做出引导，主要是办学方向的确定和办学水平的评估。由国家组织有关社会组织对高校课程进行评估，健全评估体系，或者对高校课程管理提出要求、建议和展望，发挥其支持、认同的作用。这些组织都可以逐步转化成民间性专业协调机构。

（二）省、自治区、直辖市对高校课程管理体制的改革

我国高等教育体制改革的明确趋势是实行中央与省两级管理，中央主要负责大政方针、宏观规划和监督检查；对地方所属高校的具体政策、制

度、计划的制定和实施以及对学校的领导和管理，责任和权力均交给地方，进一步加强省、自治区、直辖市对设在本区的国务院各部门所属高等学校的协调作用。然而，实际中，省级政府对高校课程等业务的管理处于尴尬境地，对高校课程几乎不产生影响，更谈不上发挥省级课程管理作用，也没有专门人员负责课程等业务管理。

省级高校课程管理是实现中央简政放权，院校地方化和大众化的重要力量。我们认为，要完善高校课程的省级管理体制应该做到以下几点：

1. 建立、健全省级课程管理法规。省级高校课程管理权限必须有法律依据才能得到保障，同时，通过法律规定也明确了省级课程管理的权限。

2. 省级政府要改变过去的以单一的行政手段干预高校课程的方式，综合运用统筹规划、政策引导、拨款控制、信息服务、执法监督、检查评估等多种手段，实现课程宏观管理的目标。

3. 完善省级课程管理决策系统。一是成立由政府人员、学校管理人员和有关专家组成的高校课程管理的协调机构，对省高校课程管理政策等问题进行审议。二是成立以专家为主的教学质量评估组织，对高校课程实施质量进行监督。三是省教育厅高教处应在处理高校课程、教学等业务方面安排人员，由他们接受前两个组织及省政府的领导，承担起课程管理的业务职责，结束有名无实的放任状态。当然，他们对课程的管理也应该以宏观为主。

（三）学校内部的课程管理体制改革

高校课程管理就内部机构设置而言，学校、教务处、院系三级机构比较合理。这三级机构主要是行政管理机构，作为完善的校内课程管理体制还应该设立负责审议、咨询或决策的专业性机构和团体，后者在我国高校内部的课程管理体制中是相对缺乏的，需要建设的是校内课程管理的监督、审议机构。目前的高校学术委员会对专业的设置具有审核的权力，但难以承担起对课程的监督职责，应该在校学术委员会之下设立各专业的教学委员会，结合院系的学术委员会和教研室，吸收更多的专业教师对课程的开发、实施等过程进行评议、调节和建议。

高校课程管理机构虽比较完善，但由于一直以服从中央的安排为主，对高校课程管理的主动性不大；高校内部长期按统一步调行事，教师的主动性也没有得到发挥。《高等教育法》已明确规定“高等学校依法自主设置和调整学科专业”“根据教学需要，自主制订教学计划，选编教材，组织实施教学活动”。因此，高校必须对课程实施主动的管理，否则失去国家依靠，自身又无力管理调节课程，高校课程将会陷入混乱，如此，高校办学水平必然降低，以致无法维持。作为领导层的校级和教务处主要的任务是做好课程的决策和对院系级课程方案实施的审批、监督、规划。应将具体的课程内容、专业课目设置、学时安排等课程事项交给院、系、教师处理，既然院系是校内专业思想和专业知识的汇集之处，那么就应该允许它们有更多的决策权。院系中的专业教师和专业管理人员由于具有专业知识并与周围环境和学生直接发生关系，因此，应该拥有对具体课程事项的更大影响力，即教师在决定教什么、怎样教和教什么人方面，应该拥有更大的自主权。

高校课程管理体制应该调整课程决定的权力结构。赋予高校教师更多的课程自主权力和责任。所有的课程计划或开发应给教师充分的参与机会，从课程的最初计划到最后课程产出的整个过程，教师都应该参与。教师的观点、建议应得到妥善采纳和处理，并在课程中体现出来。行政人员要改变控制一切的心态，鼓励教师控制教学过程，即在高校课程的编制、实施和评估反馈的循环中，扩大专业教师对课程的管理。

高校课程管理还有一个不可忽视的群体——学生。学生在课程等学术性事务中不占主导地位，但对课程的形式、时间安排和某些课目的设置有很大的影响，因此，学生也是课程评价反馈的重要力量。应给学生更大的专业和课程的选择权，实行比较完善的学分制，使课程形式更加灵活，以适应和满足不同学生的需求，另外，应通过教务处、院系积极吸取学生对课程的要求、评价等反馈意见，使课程得以更好地改进。

第三节　高校学生管理分析

21 世纪是知识和信息的时代，我们面临的经济和政治环境已经发生了深刻的变化。对于在校的大学生来说，他们是未来社会的知识精英和国家未来的栋梁，他们的素质如何，将直接关系到我国社会主义事业是否后继有人，关系到中华民族的伟大复兴。高等学校是培养和造就适应新世纪社会发展的合格人才的基地，其培养的目标是具有创新精神和实践能力的高级人才，科学、规范、创新的学生管理工作是实现这一目标的重要保证。学生管理工作是高校各项工作的主要组成部分，它体现着一个学校的校风、校貌，是一个学校管理水平高低的重要标志，而学校管理水平的高低已成为衡量学校综合水平和学生素质的一个标准。在当前全国范围内大规模扩大高校招生、高校后勤社会化改革、并轨后的“双选”就业政策等新形势下，高校学生管理工作出现了许多新情况、新问题。如何使学生管理工作科学化、制度化、法治化，培养出大批合格的人才，是当前学校管理研究的一个重要课题，也是公共管理学研究的重要内容。

学生管理工作是高校教育教学工作的重要组成部分。近年来，随着我国社会体制改革和高等教育改革的进一步深化，大学生的学习和生活环境发生了新的变化，高校学生管理工作也面临新的挑战。

当前，学生管理工作面临的问题有：管理体制改革相对滞后，管理方法陈旧，管理制度不健全。随着我国社会主义市场经济体制的逐步建立和完善，当代大学生成长的外部环境和内在因素发生了很大的变化：教学管理制度的改革、收费制度的改革、高校后勤社会化、就业形势严峻等，都给学生管理工作带来了许多思想认识和教育观念方面的新问题；互联网的负面效应也对高校学生管理工作提出了新的挑战。加强和改进高校学生管理工作的对策是：在明确管理目标的基础上，树立科学的管理理念。高校学生管理工作应变被动为主动，以人为本，强调学生的主体性，注重学生的主观特性，尊重学生的个性发展；坚持教育与管理相结合，强化学生自我管理。在此基础上，还应积极探索新的管理模式，完善学生管理体制，建立变分散为集中的管理，变多中心的“小而全”为集中的“精而专”，变间接管理为直接管理；健全学生管理制度，使高校管理科学化、法治化；积极运用管理进网络、管理进社团、管理进公寓等新手段，拓展学生管理工作空间，运用现代化的教育管理手段，使高校学生管理工作进一步科学化、制度化、规范化。

一、当代大学生的特点

学生管理工作是高校教育教学工作的重要组成部分。近年来，随着我国社会改革和高等教育改革的进一步深化，大学生的学习和生活环境发生了新的变化，高校学生管理工作也面临新的挑战。大学生这个特殊群体的特点决定了学生管理工作的特点。

（一）思想认识多元化

改革开放以来，特别是现阶段社会转型时期，大学生成为社会上一个引人注目而特殊的群体。作为学生管理工作的客体，大学生一般具有以下特征：一是思想具有社会性。大学生思想状态源于社会，紧跟时代步伐，社会上的一切重大情况、现象及其对青年的影响都会在大学生身上表现出来。二是认知具有能动性。大学生是最富有主观能动性和积极创造性的群体，他们在接受思想政治教育时往往从自己的主观出发，具有主动的选择意向，这也体现了他们独具个性的自我认知状态。三是身心的可变性。大学生是一群从生理到心理正在趋向成熟的群体，特别是在心理上、思想上，可塑性极大。在时代变迁、社会转型的宏观背景下，有理想、有追求是当代大学生的主体要求。通过大量的问卷调查和对座谈会记录的分析，可以肯定的是，当代大学生的主流是好的。他们中的绝大多数是热爱党、热爱社会主义的。他们有较高的思想素质和道德观念，有较强的责任感和使命感，其思想状况可以概括为以下几个方面：

1. 爱国热情高涨，理想信念坚定。调查结果表明，从总体上看，当前大学生的思想政治状况是积极、健康、向上的，主流是好的。令人欣喜的是，大学生保持了较高的爱国热情，能理性地看待国家改革发展面临的机遇和困难，对保持稳定的政治局势和经济的可持续发展有信心。

2. 健康积极看待人生，务实进取实现自我。调查结果表明，健康积极、务实进取是大学生人生观和价值观的主流。相比以往，当今的大学生更加注重自我价值的实现，并渴望能将对社会的贡献和个人价值的实现统一起来。

大学生健康积极的人生态度主要表现在绝大多数学生的基本价值判断上。比如，评价什么是“成功”，在学生的答案中排在前三位的分别是“对社会和集体贡献的大小”“取得社会声望的高低”和“拥有精神财富的多少”。其中近八成的学生把对社会和集体的贡献放在了第一位；在人与人之间关系的问题上，大多数学生反对“人与人之间只有永恒的利益，没有永恒的友谊”这一观点；针对“帮助别人往往会使自己吃亏”的观点，大多数学生明确表示反对。

大学生务实进取，有着强烈的社会责任感和历史责任感。他们渴望施展才华，为国家和社会做出自己的贡献。在处理个人、集体、国家三者利益关系的问题上，大多数学生认为“在关键时刻个人利益要服从国家和集体的利益”。这一点从大学生“最想说的一句话”中也可以看出，不少学生写道：“为中华民族的崛起而学习”“胸怀祖国，报效人民”“努力学习，报效祖国”。对于社会公益活动，如献血和志愿者服务等，绝大多数学生表示乐于参加。调查结果同时也表明，尽管大学生人生观、价值观的主流是健康向上，在价值判断上高度认同奉献精神、社会责任感、国家和集体的利益高于一切等。但在具体的价值选择上，部分大学生更加注重自我发展、自我实现，大学生的人生观、价值观呈现出多样化的特征。

3. 拥护高等教育改革，注重全面素质提高。随着我国高等教育改革的不断深入，改革的成果正在逐步显现出来。大学生作为这些改革措施最直接的受益者，自然成了高等教育改革的拥护者和促进者。与改革相伴而来的是竞争的加剧，就业的压力激发了学生成功、成才的愿望和自觉性，与此同时，大学生更加注重自身素质的提高。

调查表明，大学生十分关注学校的建设和发展，对高等教育改革，特别是其中有利于自身发展、提升自己社会竞争力的改革高度认同。绝大多数学生赞同全面推进素质教育、深化教学改革，对改革毕业生就业制度和鼓励大学生自主创业持肯定态度。大学生们普遍反映，高校后勤社会化改革转变了高校后勤的社会服务意识和服务观念，使学校的学习、生活条件有了一定的改善。调查还显示，身处校园的大学生已深知社会竞争的激烈，他们渴望通过大学的学习来丰富和完善自己，占领就业上的制高点，赢得发展上的主动性。相比以往，大学校园学习气氛更加浓厚，学风也有了明显好转。调查同时显示，虽然大学生对于高等教育改革的政策和措施总体上持拥护态度，但对涉及自身利益调整的有关改革举措则心态复杂。例如，对于“缴费上学”的看法，绝大多数学生赞同完善和健全资助困难学生的政策，原因是近年来高校学费的调整和学习、生活费用的上涨，使大学生面临越来越大的经济压力。在大学生“感到最苦恼的事项”中，“上学费用高，经济困难”排在了比较突出的第三位。

高等教育改革的中心目标是培养高质量的人才，满足社会需求，进而促进社会的发展，而社会的发展又给大学生带来了施展才华的舞台和成才的机遇。因此，教育改革的目标与学生的成才愿望根本上是一致的，这使大学生成了高等教育改革的积极拥护者。

对当代大学生静态观察比较乐观，动态分析则有一些问题值得重视。由于社会和家庭环境等多方面的影响，大学生在智能结构、性格特征、心理品质和社会使命感等方面存在个体差异。

(1) 自我意识突出，自主性较强。由于知识储备的增加，大学生不再满足于被动接纳和盲目遵从某种既定的社会价值范畴，也不会简单地依赖教师、家庭和社会的赏罚来强化自我意识。他们追求自我选择、自我内化，这是大学生与其他同龄人区别的最显著的标志。由于大学生自我意识突出、自主性较强，他们会千方百计地实现自我价值，使大学生群体呈现出勇于创新、勇于冒尖的勃勃生机。但是，如果有的学生自主选择不当，选择的方向和内容就会与社会要求不相适应。因此，加强大学生管理工作，帮助他们树立正确的人生观和价值观，引导他们把自我价值的实现与国家、社会的需要紧密地结合起来，是十分必要的。

（2）逆反心理突出。高校的大学生对社会热点问题较同龄人更为敏感，对现实的思考具有独到的见解。有些大学生喜好把对这些问题的分析和见解建立在反感现实的意念和偏激的论调上，以炫耀自己的标新立异。他们对于各种学术流派和思想乐于涉猎，特别是对与社会主流思想不一致的思潮容易产生浓厚的兴趣，有的甚至盲目追求，这往往是缺乏科学分析和理性思想的表现。高校学生管理工作既要保护大学生善于思考、关心时政的积极性，又要帮助大学生善辨良莠，理性地看待问题，提高他们科学分析问题的能力。

（3）社会责任感呈现情绪化色彩。大学生具有较强的社会责任感，但是，由于缺乏社会实践的锻炼，社会经验不足，大学生的社会责任感往往带有深厚的情绪色彩，或好大喜功，或悲观低调，或盲目冲动，在社会发生重大事件的关键时刻常常失之偏颇，导致事件的后果和初衷相悖。这更加说明要加强学生管理工作，时刻关注他们的思想动态，引导、帮助大学生健康成长。总之，当代大学生在实际操作层面趋于务实，强烈反对形式主义，但在思考的层面却常常陷入迷茫困惑。他们成才意识强、参与意识强、个体意识强，但服务意识弱、协调意识弱、集体意识弱。大学生在分析和处理问题时，更多地采用生产力标准，而较少采用生产关系和意识形态标准；更多地采用市场经济原则尤其是等价交换原则，而较少采用我国传统社会道德准则尤其是奉献精神；更多地采用个人实际利益第一标准，而较少采用“公众意识”标准。对待社会，批判意识较强，建设意识较强，但抱负和能力常常不对称。在大学生生活习惯方面，还必须注意社会上不良风气对大学生的侵蚀，如享乐主义、情感泛滥主义、庸俗实用主义等。它们败坏了最基本的道德底线，影响了学生的成长，增加了高校学生管理工作的难度。

（二）生活学习方式多样化

学生从高中升入大学后，就进入人生一个新的起点。不管是在学习上还是在生活上，都会与原来有很大的不同。

1. 生活方式多样化。生活方式是指人们在衣、食、住、行、爱好、嗜好、文化活动、民俗风气等方面的方式和行为习惯。据调查，在大学里，每一个学生的生活方式都不尽相同，有的学生把自己大量的时间都放在学习上；有的学生却经常旷课去上网；有的学生利用业余时间来打工挣钱；有的学生喜欢运动；有的学生喜欢和同学们结伴去旅游；有的学生生活起居很有规律；有的学生生活起居无规律。

2. 学习方式多样化。进入大学后，大学生普遍感到知识浩如烟海，各类活动繁多，这为每个人的发展提供了广阔的天地。以什么样的学习方式才可以处理好课本知识与课外知识、专业学习与能力培养等诸多方面的关系，是许多大学生深感矛盾、困惑的问题。大学生的学习除了听课这一主要途径外，还有自学途径、学术交流途径、多媒体学习途径、社会实践途径等。当然，这些学习途径中小学时期在一定程度上也存在，但在大学里，这些途径更易被大学生采用。有的同学能充分利用各种途径学习，而有的同学只会听教师讲课，大学生中有这样的极少数人，读了几年大学，却不知道如何从图书馆里查阅自己所需的资料。因此，以多样化的学习方式进行学习，是大学生必须掌握的一项基本功。

大学生学习和获得知识的方式和渠道多种多样，随着学分制的推行和素质教育要求的提出，大学生自选专业、自修课程、自定目标、自我发展的意识相对增强；随着高校大学生居住公寓化和后勤服务社会化的不断完善，大学生以班集体为主体的学生基本组织形式将逐渐弱化，因住宿、生活、学习而结识在一起的大学生群体逐步在增强和扩大，这些都是大学生学习方式和组织形式多元化的具体表现。

大学生在通过网络获取知识和信息的同时，也在一定程度上受到了网络的负面影响，其负面作用是不可忽视的。一部分学生上网是为了获取学习所需的资料，但也有一部分学生却利用网络进行一些与学习无关的活动。现在网络管理还不完善，网络内容形形色色、五花八门，甚至一些外国不健康的信息进入网站，这些都严重影响着大学生的学习和生活。

（三）性格特征复杂化

大学生性格特征的复杂化主要表现在以下几个方面：

1. 务实与实惠的调和。大学生能较冷静理智地看待社会实际，但更多地关注与他们自身生存发展相关的社会实际。个人发展机会、职位的高低和工资收入成为大学生择业的重要评价指标或选择条件。

2. 渴望与满足的不协调性。大学生迫切希望了解新知识、吸收新观念，自主选择知识学习的愿望较为强烈，选择知识的目的性逐步增强。但只满足于热门、自己的喜好和眼前的需要，对自己的业务知识、能力水平、综合素质等方面缺乏正确的判断，并缺少更高、更全面、更长远的目标与要求。

3. 心理及个性化发展的不协调性。现在的大学生中，独生子女的比例较高，他们具有较强的自我意识、竞争意识和自强精神，追求个性化发展。但是他们的集体主义观念、团队协作精神较弱，自控能力较差，心理素质不强。一些大学生因学习和就业的压力、恋爱受挫、环境不适、人际关系不协调等原因，容易产生心理障碍，出现厌学厌世的现象。一些大学生对学校、社会的期望值较高，但对社会竞争激烈的复杂性认识不够；自我意识较强，重视自我价值，但对实现自我价值的困难认识不足。

二、高校学生管理面临的问题

高校作为培养人才的重要阵地，其培养的目标是具有创新精神和实践能力的高级人才。科学、规范的学生管理工作是实现这一目标的重要保证。学生管理工作是高校教育教学工作的重要组成部分，它对于全面贯彻党的教育方针，培养国家经济建设所需的“四有”大学生具有重要意义。当今，世界多极化、经济全球化、文化多元化的趋势日益增强。全球经济的竞争与合作、政治的分化与重组、文明的冲突与融合都不断发生变化，正确的与错误的、进步的与落后的思想、文化、观念、信息相互交织、相互影响、相互激荡。在这样复杂多变的世界大环境中，我国的改革开放也在不断深入，市场经济迅猛发展，促使全社会范围的经济成分、利益主体、社会组织、生活方式和就业形势等方面日趋多样化。这些新形势、新情况、新问题从不同的层面、不同的角度，并以不同的形式渗透到高等学校。随着我国高等教育事业的不断发展，高等教育体制改革日益推进，高校学生管理工作者要以邓小平理论和“三个代表”重要思想、科学发展观、习近平新时代中国特色社会主义思想为指导，教育、引导大学生适应市场对人才的需要，培养政治上坚定、有开拓创新精神、具有良好内在品质的合格人才。

（一）管理体制相对滞后

在不同的历史阶段，高校学生管理工作有着不同的外部环境和影响因素，学生管理工作因而呈现出不同的组织结构和体制特征。新中国成立后的 17 年，全国范围内基本通行的是“分散管理”的管理体制，在 20 世纪 80 年代初，部分高校开始出现“专兼管理”的管理体制。

“专兼管理”是指学校设立了学生工作处和学生工作部。学生工作处（部）作为高校学生工作的最主要和最重要的管理部门，承担着接近全部的学生事务及管理工作。团委作为另一个重要部门，主要承担学生课外活动和校园文化活动的组织和管理，其他部门履行部分学生工作管理的职能。各高校出于加强学生思想政治工作和纪律管理的需要，同时因为学生事务的增加、学校管理部门的职能进一步分化等原因，都普遍设立了学生工作处。为了协调行政管理和思想教育两方面的工作，一些高校又在学生工作处的基础上设立了学生工作部。在此基础上，许多高校还成立了校党委和校行政领导下的学生工作委员会，学生工作处（部）作为其办事机构，承担高校学生管理工作的主要任务。

整个学校的学生管理工作要形成专兼结合、齐抓共管的局面。在校一级，党总支副书记对学生管理工作负领导责任，吸纳党总支办公室主任和团总支书记，成立学生工作领导小组，以指导和协调全校的学生工作。各班（年级）配备班（年级）主任或辅导员，加强日常的思想教育和管理工作。高校内部基本形成了分工明确、专兼结合、齐抓共管，校、院系两级职责分明、条块结合的学生工作网络和运行机制。立体的机构及实施系统也就是我们前面所说的“分散管理”的管理体制。这一时期，学生管理工作的职责分散在学校许多部门，学生管理工作的职能由这些部门分别实施。在系一级，学生工作主要由系总支负责，年级和班级设立辅导员。辅导员承担所有学生事务，他们“融党政于一体，集教育管理于一身”，充当起学校最为基层的学生工作者。这一时期，系一级组织具有较大的管理权限，学生工作的运行机制在较大程度上表现为“以块为主”。

20 世纪 80 年代以来，随着市场经济的发展和完善，学生管理的内容与日俱增，市场经济的发展对高校学生管理产生了深刻的影响。譬如，学生工作的部分管理职能正在向服务职能转化；大学生就业正在由计划分配向双向选择、自主择业转化；固定学制正在向弹性学制转化；经济困难学生的资助由原来的发放助学金、困难补助向助学贷款和勤工助学转化等。这一系列变化都需要有新的、完整的学生管理系统来保证实施，而这个系统的建立尚未完全形成。

（二）管理方法陈旧

高校学生管理仍然是依赖于正规的金字塔管理系统的行政命令式管理，管理具体工作基本上是向下传达精神、向上汇报工作。

现有的管理模式忽视了大学生的自我教育和自我管理能力的培养。除了少数学生干部有机会锻炼组织管理能力外，绝大多数学生都没有培养和锻炼组织管理能力的机会。即使是这少数的学生干部，也只是学会了一些组织实施中的监督控制能力。同时，现在的高校学生工作没有紧紧围绕培养人这个中心，只是为管理而活动。仅有的大学生自我管理往往是自发的，水平不高，效果也不是很好。没有充分发掘学生的潜能来实现自我管理，以达到既培养学生的综合创新素质，又减轻工作人员负担的效果。

（三）管理制度不健全

我国教育改革与发展已进入前所未有的攻坚阶段，而高校作为最基本的教育主体则承担着教育发展和不断创新的重任。实现高校学生工作管理模式的科学化、规范化、法制化，已成为亟待解决的问题。当前我国高校管理制度仍不健全、不完善，各高校有关学生管理方面的规定林林总总、各具特色，但总的特征是抽象、笼统、粗糙。有的高校的一些处罚性条款，尤其是对学生处以勒令退学或开除处分的规定，往往本身就不合法。随着依法治国步伐的加快，在校学生权利意识、法律意识增强，这些都对原有的学生管理理念、制度和方法产生了冲击，对高校原有的管理体制提出了挑战。要改变这种被动的局面，赢得主动，必须依法治校，学生管理必须实现民主法制化。

三、加强和改进高校学生管理工作的对策

（一）树立科学的管理理念

1. 明确管理目标

在教育界，当前最时髦的话语就是“素质教育”。笔者认为，所谓的“素质教育”和“应试教育”其实质不是过程而是结果。我们到底要培养什么样的学生？从理论上说是要培养社会主义现代化建设的优秀人才，至少也得是合格人才。笔者认为从三个方面去考核管理目标是比较合理的。

（1）心态方面。心态其实是决定一切的。良好的心态应该是科学的、贴近实际的、符合社会发展方向的且将中西方先进理念相结合的健康心理状态。

（2）对中西方文化要有兼容性。应该说，中西方文化并不是对立的，它们都是现代文明的一笔丰厚的遗产。独生子女一代被多位老人宠爱，表现出来的往往是过于自私的一面。要培养他们有付出的精神，要特别注意培养他们的团队合作能力，要组织他们共同做事情，让他们潜移默化地了解合作的重要性。市场经济是法制经济，这对我国传统的人治经济是一个挑战。要告诉他们我们的国家正在朝着这个方向走，同时也不能操

之过急，要有过程，但法制经济肯定是大势所趋。这一代大学生要走在前面，要用正确的理念引导他们。

（3）知识和科技创造性的模仿。先把西方的先进技术和理念拿来，然后消化、提高。如今，我们与发达国家还有一些差距，如果我们一切从零开始搞研发，则永远不可能赶超世界强国。因此，要培养大学生的模仿性创新意识，锻炼他们的创新能力。

2. 树立科学的管理理念

新世纪高素质、高质量的人才是具有高度责任感、熟悉中国国情、致力于解决中国及世界经济建设和社会发展中的实际问题的人才；是具有创新精神、创业精神、创新能力、实践能力，有能力解决中国及世界经济建设和社会发展实际问题的人才；是能活跃于国际舞台、活跃于信息化时代、活跃于市场经济条件下的竞争环境、活跃于终身学习社会的人才。而高校的任务正是要为社会培养出这样的人才，因此，就需要高校树立科学的管理理念。

（二）完善学生管理体制

学生管理是对在校大学生的全方位管理，内容比较广泛。涉及学校的多个部门，需要各部门协调一致，理顺各部门关系形成合力，以应对学生管理面临的新问题。在高校学生管理工作中，一是要加强学生工作机构的建设，强化其组织协调功能，理顺学生管理系统各部门、各层次、各岗位的职责、权限关系，建立健全责任制，做到责任到岗，责任到人，责、权、利相统一。二是要适当放权，发挥基层作用。现行的高校管理体制是以校、院系两级职责分明、条块结合的学生工作网络和运行机制为显著特征的，校、院系应担负起对学生进行思想教育和行政管理的双重任务。因此，既要赋予院系开展学生管理工作的职责，又要让其拥有开展学生管理工作所需要的权力，做到责权统一。适当下放管理权限给院系，便于其发现问题及时教育处理，提高管理工作的实效性。三是进一步推行校系一级学生工作体制的党政融洽、协调统一。四是实行年级辅导员制，与学分制相适应。强化以院系为单位的年级管理，进一步增强班级管理、专业教学之间的融合力度。但并不否定班级管理，因为在学分制条件下，学生班级仍然是一个重要的学生单元组合，应纳入学生管理体制。

鉴于过去的传统和现在高校学生管理体制的基础，笔者对完善学生管理体制的设想是成立“精而专”的学生教育管理部。作为社会主义的中国，高校理所当然地要承担起我国社会主义建设继往开来的历史重任，使新一代不仅掌握现代科学技术，更重要的是接好社会主义的班。这是我国高等教育坚持社会主义政治方向的最大特色和根本保证。当前，我国高校学生管理实行的是党政合一、条块结合、纵横联合、两级运行的管理体制。这种管理体制存在管理观念陈旧、管理幅度大、效率低、效果差、管理模式单一等缺点。只有变分散管理为集中管理，变多中心“小而全”为集中的“精而专”，变间接管理为直接管理，才能更好地为贯彻实施思想教育计划，提供可靠的组织保证。

当前，我国高校学生管理工作体制的模式是“专兼管理”，即以学生工作处（部）为专门机构，协调校内的团委、宣传部、德育教研室、保卫处、教务处、后勤处等部门开展工作。笔者认为，学生工作要实现“精而专”，就是要将当前兼职部门分管的所有学生事务都划归学生工作管理系统——学生教育管理部。它主要包括日常管理办公室、学生资助管理中心、招生就业办公室、团委办公室、思想政治管理办公室、心理咨询中心等。其中，由日常管理中心负责对全校学生进行学籍、档案、日常、处分等管理；由学生资助管理中心负责勤工助学、困难学生资助、助学贷款、学生评优等管理；由招生就业中心负责招收学生、学生毕业就业联系等管理；由团委负责学生课外活动、校园文化活动、第二课堂等的组织和管理；由思想政治管理中心负责学生思想政治、德育、形势政策等教育的管理；由心理咨询中心负责学生心理方面的咨询与研究。每个管理部门直接面对辅导员，由辅导员再做下一级管理。

这种管理体制结构就是对现有的学生管理机构进行分化和整合，将学生工作从各基层单位中分离出来，形成功能专一的新机构，建立直属学生工作党委副书记或副校长领导的多个中心和办公室。学生教育管理部受学校党委及校长直接领导，实行管理上的直线职能制。这样便可以形成分工明确、职责范围清楚、管理专业化程度高的学生管理队伍，便于学生管理上水平、上台阶。比如，变间接管理为直接管理有利于学校直接深入学生工作，建立专业队伍，改变以往由各学院负责，学校间接领导的状况，取消学院一级对学生管理的中间环节，克服多头领导的弊端，提高工作效率，形成畅通的信息渠道，使学生管理工作实现高效率。再如，变“小而全”为集中的“精而专”。由于现行的学生管理体制实行各学院负责制，在全校范围内形成了学生管理工作的多中心，而对各学院来讲，“小而全”的学生管理工作与教学、科研等相并列，很难将学生管理工作摆在突出的位置，各学院领导也没有太多的精力。

集中管理就是要破除现有体制，将学生管理工作从各基层单位分离出来，形成专一的学生工作体系。首先，它有利于学生教育管理工作向科学化、专业化发展。由于成立了学生教育管理部，摆脱了政出多门、各行其是的复杂局面，使政出一门、一竿到底、步调一致、整齐划一，减少了中间环节，避免了推诿扯皮，使工作更加迅捷有效；由于工作目标的一致性、工作性质的稳定性与专一性，为学生管理的专业化奠定了基础；又由于在这种体制下，各学院不再管理学生，学院领导可以集中力量抓教学改革，有利于提高教学质量和科研水平。其次，它完善了学生服务体系。21世纪，学生教育管理工作发生了重大变化，其所包含的内容复杂，而学生教育管理部实现了招生、勤工助学、国家助学贷款、奖惩、心理咨询、就业一条龙服务，为学生健康成长、顺利完成学业提供了可靠的服务。再次，它有利于提高工作效率。由于成立了学生教育管理部，在对学生进行统一管理的同时，全体学生管理干部也统一归口，集中管理。由于人员归属性质的一致性，为有计划、有目的地培养、提高学生管理干部的素质提供了条件。集中管理，统一使用，也便于工作的合理安排，在工作中便于形成“拳头”，提高工作效率。

（三）健全学生管理制度

学生是学校最大的群体，学生管理工作的成效直接关系到整个高校的稳定与发展。高教改革迅猛发展，使大学越来越成为没有“围墙”的校园。大学生智商高、知识面广、观念更新周期短、法律意识不断增强，大学生个体之间、个体与学校之间的权利关系也变得更加复杂。这迫切要求学生管理工作运用法律和规章制度，调节规范各主体之间的关系。依法治校、依法对大学生进行教育和管理是高等教育的任务，也是高校学生管理工作的指导思想。因此，建立科学、规范、完整的学生工作规章制度是学生管理工作的需要。高校应按照国家的有关法律规定，依据本校实际情况，制定完整的、可操作性强的程序、步骤和规章制度，并以此规范学生的行为，实施有效的管理。

首先，高校在对学生的管理中，必须依法制定全方位的规章制度，并对现有的规章和条例进行清理和修订。过去行之有效的方法和改革成果应予以继承，同时要充分考虑整个社会法制的进步和依法治校原则对学生管理的要求。无论是修订原有的规章制度，还是重新制定规章制度，都要注意与国家的法律法规、方针政策相一致。在规范管理的同时，要注意保护学生享有的合法权益，真正体现法律的价值。

其次，要纠正一种错误观念，即仅把法律作为一种工具和手段来治理学校和办理一切事情，把法制化管理理解为“以罚治校，以罚代管”。“管理”并非管制，“管理”是管理和服务的统一，要把法律作为管理学校的依据和最高权威。因为法律除具有惩罚、警戒、预防违法行为的功能外，更重要的是还有评价、指引、预测人们的行为，保护、奖励合法行为以及思想教育等基础功能。

最后，建立学生救济机制，保护学生的合法权益。要严格按照法律的规定进行管理，禁止侵犯学生权利行为的发生。可以建立学生申诉制度，使学生权利得到保障。

（四）改进学生管理方式

高校学生管理工作应以改革创新精神为指导，积极探索新途径、新方法、新手段，大力推进学生管理工作进网络、进社团、进公寓，形成学生管理的新格局。

1. 学生管理工作进网络

网络技术使教育发生了根本变革，它日益成为高校大学生获取知识和各种信息的重要手段。网络文化具有内容丰富、传播快捷、环境开放、覆盖面广、难以监控等特点。它是一把“双刃剑”，既给高校学生管理工作创造了良好的机遇，又使高校学生管理工作面临严峻挑战。高校应充分利用网络这一现代化手段，搭建起有效的信息网络，积极拓展高校学生管理工作的新领域。计算机技术是信息时代的高科技技术，是大学生必须掌握的一门应用技术。因此，要正确引导和教育学生健康地使用计算机及网络，真正提高大学生的网络知识层次和上网水平。一是要加强网络道德和心理素质教育，增强大学生的自控能力。应定期举办网络知识和网络心理讲座，对上网学生从思想上进行正反两个方面的教育，树立学生的责任意识。要让他们知道在上网的过程中，什么内容是不健康的、什么行为是不道德的和违法的，以增强他们的辨别是非能力。二是要加强网络管理，严格入网要求，以防止有害信息的侵蚀。一方面，要提高校园网主页质量，另一方面，要加强与校外网吧的联系，帮助学生健康上网。三是要引导大学生开展一些丰富多彩、健康向上的活动，多举办一些与学生相关的计算机知识竞赛和问答活动。四是要培养团队精神，增进人际交往，实现师生之间、学生之间、学生与学校之间的网上交流，拓宽学生思想教育工作的渠道。五是要培养、建立一支精干、高效的学生管理工作队伍。学生管理工作者应掌握网络信息技术，学习网上教育方法，及时收集、分析、监控网络信息，发现学生关注的热点、难点问题，尤其是带倾向性、群体性的问题，应及时采取有效措施，有针对性地做好工作。

2. 学生管理工作进社团

校园文化是以学生为主体，以课外活动为主要手段，以校园精神为主要特征的群体文化。生机蓬勃、稳定和谐、健康向上的校园文化氛围，可以使大学生在参与中陶冶情操、规范行为、开启智慧，产生归属感和安全感，有利于增强大学生客观认识自我、完善自我以及自我判断、自我发展的能力。在素质教育大旗的引领下，高校社团如雨后春笋般兴起，形成了一股“创立社团热”，社团文化建设已成为校园文化建设的一个核心内容。应该说，无论是早期的文学社、艺术团、学术沙龙，还是近期的公关协会、科技开发中心等，都是青年学生在不同层次需求的驱动下展示才华、锻炼能力、加强联系、获得沟通的好场所。其中不少社团也是教育者理解学生，调适教育行为，提高教育效果的好渠道。高校学生管理工作者应该充分利用社团，积极开展思想指导和管理工作。

首先，要提高校园社团文化的活动层次。目前，校园社团文化建设中存在“三多三少”现象，即娱乐型的内容多，启迪型、思考型的内容少；各种社团名目多，而真正有吸引力的社团少；校内活动多，校外活动少。究其原因，主要是社团文化活动的层次较低造成的。因此，加强校园社团文化建设就要努力提高社团文化建设的层次，使它接近或略微超过大学生的理解能力和欣赏水平，从而更适合大学生的口味。

其次，要加强学生社团的规范与管理。学生社团是学生自我管理、自我教育的重要形式。学校要加强对社团组织的管理，社团在开展活动时注意遵循以下原则：一是学生社团必须服从学校的领导和管理，学生社团应在宪法、法律和校纪校规范围内活动，不得从事与社团宗旨相违背的活动；二是学生社团邀请校外人员到学校进行社会政治和学术活动，须经学校同意；三是学生社团面向校内的刊物，须经学校批准，并接受学校管理。

最后，要注意坚持开展校园社团文化活动的长期性与实效性。有些学校开展校园文化活动存在着节日时活动一哄而上，平时则活动寥寥的现象。或者活动只注重表面，仅追求轰动效应，摆花架子做表面文章，不注重学生从活动中获益。这样的活动与教育目标是背道而驰的，与我们校园文化建设的要求也是格格不入的，应该力戒在工作中出现。

3. 学生管理工作进公寓

随着高校后勤服务社会化步伐的加快，学生公寓的环境氛围、文化设施、管理服务的质量，以及公寓的管理模式都对传统的高校学生管理工作提出了新的挑战，也给高校的稳定发展带来了新的问题。因此，学生管理工作进公寓是高等教育改革与发展的时代要求，是高校学生管理工作者的战略抉择。学生管理工作进公寓是一项全新的工作，也是一项艰巨的工作。我们要根据当前学生公寓管理特点，建立学生管理工作新的组织形式、工作机制。比如，辅导员进驻学生公寓，与学生同吃、同住、同生活；把学生党团组织建到公寓，充分发挥党团组织引导人、团结人、凝聚人的作用；建立学生公寓的自我管理组织，努力把学生公寓建成学生自我教育、自我管理、自我服务的场所；积极组织开展公寓文化建设活动，为学生管理工作创造良好的环境条件和氛围等。学生管理工作进公寓，要特别重视加强对大学生集群行为的控制与引导。客观上，高校学生住宿的公寓化，容易引发学生的集群行为。而大学生的集群行为具有行为过程的失控性、行为后果的破坏性等特点，一旦对学生的集群行为失去控制，极易扰乱校园秩序。因此，一方面，要教育引导大学生全面、客观、辩证地思考问题；另一方面，要建立正常的信息反馈和对话机制，针对问题，因势利导，及时进行情绪疏导，从而加强对大学生集群行为的控制与引导。

21 世纪需要的是综合素质高且具有创新精神和实践能力的高级人才。要实现这一目标，新形势下高校学生管理工作必须变被动为主动，确立以人为中心的管理思想。把学生看成既是管理对象，又是管理的主体，在管理中充分发扬民主，调动大学生的积极性，加强自我管理。同时，我们还需要不断加强学生管理工作队伍建设，探索新的管理模式，运用现代化的教育管理手段，使高校学生管理工作进一步科学化、制度化、规范化。我们相信，只要不断学习和积极探索，高校学生管理工作一定能适应新形势的要求，为人才的培养做出更大的贡献。

第四节 高校行政管理分析

高等院校行政管理体制改革是当前我国高等教育体制改革的核心，也是改革的难点。高等院校行政管理体制改革既包括教育行政管理体制改革，也包括高校内部的行政管理体制改革。虽然我国在高校行政管理体制改革中进行了不断的探索和实践，但由于我国的具体国情和一些体制性原因，使得改革多处于系统性改革不够、局部推进的阶段，产生了不少问题。同时也影响了高等教育改革的整体效果，并在一定程度上阻碍了改革的进程，增大了改革的成本。

历史赋予高等教育的重要使命，社会大环境对高等院校的影响以及客观存在的问题，都对高等院校行政管理体制改革提出了迫切的要求。政府和高等院校必须深入分析高校现存问题，找准原因，积极探寻解决办法，要在转变政府管理职能、扩大高校办学自主权、加强宏观调控、改革管理手段和方式等方面下功夫。高校自身也要积极转变观念，破除“官本位”，改革官僚化，倡导学术，还权学术，及时调整转换管理职能，加快人事分配制度改革、社会保障制度改革，积极引入市场管理理念和机制，提高办学效率和效益，从而促进高等院校整体改革的深入开展。

一、高等院校行政管理体制改革的研究

当前，国际竞争主要体现为综合国力的竞争，特别表现为人才的竞争。高等教育作为培养和造就高素质人才的核心阵地，受到世界各国的普遍重视和大力扶持。不论是发达国家还是发展中国家都把高等教育作为本国发展战略的重要内容，这已经成为一条普遍的经验。目前，我国正致力于建设惠及数以亿计人口的全面小康社会。纵观外部环境和内在条件，对于我国这样一个人口大国，如何把我国众多人口的压力变成建设社会主义现代化强国的人力资源优势，并实现人力资源向人才资本的转变，为国家培养千百万人才，并全面提高国民素质，作为中国高等教育重要承载的高等院校，在新世纪被时代寄予了更高的期望，同时也面临着更为严峻的挑战和更为难得的发展机遇。

为迎接这一挑战，近十年，我国高校在教育体制上进行了不断地探索和实践。先后在教学体制、招生就业体制、办学体制、行政管理体制等方面进行了大刀阔斧的改革和调整，基本理顺了体制关系，调动和发展了高校的办学积极性，办学效益初步得到实现，高等院校在社会经济发展中占据了越来越重要的地位。高等院校行政管理体制作为高等教育体制的核心和关键，在高等教育体制改革中具有特殊的、不可替代的重要作用，在新世纪高等教育的历史使命中扮演着极为重要的角色。高等院校要完成时代赋予的历史任务，就必须在大力加强教学科研工作的同时，努力建设一套科学、有效的管理制度和一支高素质的管理队伍，为教学科研和社会服务工作铺路搭桥，保驾护航。这些年，虽然在高校行政管理体制方面先后出台并实施了落实办学自主权、高校合并、后勤社会化改革、高校人事制度改革、“211 工程”“985 工程”和“双一流”建设等举措，促进了高等学校的发展和进步。但由于以前较为僵化的管理模式依旧存在，改革多为局部改革，缺乏整体推进，有些改革不够深入，使得改革的整体效益得不到

较好的体现，严重束缚了高等院校的发展。

目前，对高等院校行政管理体制改革的研究比较多，如对办学自主权的研究，对高校合并的研究，对领导体制的研究，对办学体制的研究，对人事改革的研究等。但是，这些研究大多是对高等院校行政管理的某个方面或局部的研究，对行政管理体制的系统性研究不够。已有的研究也多以对策研究为主，缺乏对一些较深层次原因的深入研究。笔者认为，高等院校行政管理体制改革是一项系统工程，需要进行全面、深入的分析，并进行系统的、科学的改革，才能产生改革的整体效益。对此问题的深入探讨和不断完善，有助于我国高校的发展和完善，有助于我国高等教育水平的整体提高，有助于我国新世纪宏伟目标的实现。它需要众多专家学者进行及时的理论分析、总结和理论构建，需要政府和学校管理层对此问题高度重视，转变观念和思路，积极实践。但同时，在我国特殊的国情面前，其历史积淀的“人治”传统、“官本位”观念，对于我国高校管理体制的改革具有不可忽视的影响。要实现我国已经明确的21世纪高校的改革发展目标，将是一个长期的、艰巨的历史过程。进行我国高等院校的管理体制改革，必须把问题放到既定的客观环境中，即抓住事物的主要矛盾和矛盾的主要方面。它需要更多的人对此进行更为自觉、更加深入的理论研究和实践探索，深入探寻现代高等教育发展的普遍规律，进一步为高等学校的管理体制改革提供科学有效的理论指导。

二、我国高校行政管理体制改革的依据

以发展为主题，以结构调整为主线，以政府部门放权和管理体制创新为动力，以提高办学质量为出发点，是这一时期高等教育改革的主要特征。高等教育体制和运行机制正从适应计划经济转变为适应市场经济；资源配置正从政府主导型的计划配置转变为政府宏观指导下的发挥市场调节作用，教育政策越来越体现公平与效率的统一；人才培养规格和模式日益多样化；教育在促进思想道德观念的更新，促进社会进步方面作用越来越大。建立现代大学制度是当前高等教育深化改革的必然要求，也是内部改革的外在动因。

随着高教改革重心的逐步下移，高等学校本身在改革中的地位和意义已经越来越重要。发达国家的历史经验也表明，教育的改革必定经历一个从系统的、宏观的层面转向学校层面的过程。这种转向是高等教育本身的使命和功能决定的，因为人的培养毕竟是由学校承担的。随着高校办学自

主权的落实，高校的办学规模和办学内容普遍在扩大，内部管理活动的独立性和重要性也日益显现。比如，学校的发展计划和目标的制定与落实；学校财政和资源的自主筹措、运作与分配；办学质量的控制；体制的创新与发展；公共关系的开拓与发展；教职员工与学生的沟通；在围绕办学工作的管理与服务等重大问题上，高校的权力越来越大。革除高校内部的种种不适应症，建立起具有自我发展、自我约束、精简高效的内部运行机制是建立现代大学制度的微观基础，也是内部管理体制改革的目标。这是来自高校内部的直接动因。

大学作为学术性的文化机构，具有组织的一般特点，又在管理制度和管理模式上有其鲜明而复杂的特征。由于学术活动的“自然模糊性”特点，使得大学的组织目标很难规定得具体明确，大学也很难像一般社会组织一样严格按照理性管理原则，如利用科层化和科学管理来设置机构、划分权限和进行明确清晰的职责分工，去实现效率的最大化。这种模糊特征决定了大学的管理是追求建立有效率的、灵活的、创新型的管理制度和运行机制。这种模糊特征也表明，做好大学的管理工作是有相当难度的。作为规模庞大、职能众多的知识型组织，大学的事务正变得越来越复杂。现代信息技术的发展又极大地改变了学校管理的职能和模式，大学的管理职能已经由“传统性学术田园的守望者”转变为“创新性企业型大学的开拓者”，管理在大学的生存与发展中显得越来越重要。加强管理，向管理要效率、要质量、要效益是高校生存发展的根本大计。

（一）教育行政管理体制改革的因素分析

一定的高等教育总是与一定的社会历史条件相联系，分析社会的宏观背景可以为我们认识、分析高等教育提供更广阔的视野，帮助我们揭示高等教育改革发展的深刻社会动因。研究中国当代高等教育的宏观背景，就应该认真分析我国社会主义初级阶段的基本国情，分析当前国内外社会政治、经济、科学技术和文化教育等的发展变化及其对中国当代高等教育所产生的深远影响。

(1) 国家政治体制和行政体制改革的深入推进和发展，对高等学校行政管理体制改革提出了客观要求。我国政治体制改革本质上是我国社会主义政治制度的自我完善和发展。我国政治体制和行政体制改革的内容主要表现为：完善党的领导机制，实行党政分开，促进党的领导与行政管理的协调统一；强调行政管理权力要进一步下放到地方政府，加强地方政府在区域社会发展与经济建设过程中的主体作用和决策权限，加强宏观指导和监督；解决行政效率低下的问题，消除臃肿的机构设置，精简各级行政机构，增强行政效率。这些方面的改革促进了社会主义物质文明和精神文明建设，扩大了社会主义民主，巩固了人民民主专政，维护了安定团结的政治局面。社会主义政治体制和行政体制的发展变化，是我国高等教育管理体制和运行机制发展最为深刻的社会动因，为我国高等教育的体制改革和高等教育行政的职能转换创造了有利的条件。

（2）市场经济体制的深入发展和不断完善要求高等教育管理体制进行相应的改革和调整。在社会主义市场经济体制下，多种经济成分的并存和发展冲击着学校办学主体的单一化格局及相应的管理模式。经济主体的多元化排斥着高度集中的教育决策行为，要求决策主体在决策权上明确划分。随着包括劳动力市场、资金市场、信息市场等在内的市场体系的健全，市场的多变性、竞争性、开放性及信息网络性的特点，日益要求学校面向社会需求独立自主办学，要求教育行政部门的宏观调控要有合理的依据。

（3）加入 WTO 和高等教育国际化的要求。加入 WTO 标志着我国改革开放进入了一个新的历史阶段。中国在教育服务方面的承诺对高等教育管理体制改革的影响极为深刻。高等教育国际化将成为高等教育改革的一个主要趋势。世界各国的高等教育管理体制和管理模式，势必对我国高等教育管理体制和管理模式产生冲击。据此，学校办学自主权、高等教育理念、人才培养模式、学科专业设置、教学内容和课程体系、学生构成成分、教育经费筹措方式等将在不断的对外开放中发生重大变革，不断完善我们自身的管理体制和管理模式。同时，政府的教育管理行为要符合 WTO 有关条款的要求；教育政策法规的制定和执行将会更加公开、透明；要改变教育行政部门对学校的管理方式，清理并减少政府行政性审批，使教育活动运行向着更为有利的管理体制转变，向深化教育行政管理职能的方向转变，由直接管理向宏观管理和间接管理转变，进一步扩大学校的办学自主权。

（4）高校通过近些年的调整、合并，学校规模不断扩大，对管理提出了更高的要求。众所周知，管理不是无限的管理，它的作用对象总是有限的，总有一定的范围。管理对象超出这个范围，对管理的效益和效率就会产生影响，造成管理的低效益、低效率，甚至造成管理混乱、无序、无效，以致适得其反。目前，高校的数量、规模庞大。且由于老体制的遗留问题，使得高校管理事务庞杂，同时市场经济对高校的影响也越来越大，高校的招生、就业、后勤社会化、人事制度改革、融资渠道变化等，越来越受到市场、社会的影响，政府对此管理起来越来越力不从心，不能灵敏地把握市场对高等学校的新需求，也不能完全满足高校的发展要求。因此，必须及时地对传统的管理体制进行改革和创新。

（5）办大教育的要求。人口众多、自然资源相对不足、生产力水平不高和区域发展不平衡是我国基本国情的集中概括。这一基本国情对我国高等教育事业的发展具有根本的制约作用，是我们思考有关发展战略与制定宏观规划的基本出发点。为充分发挥现有高校的有限资源，为社会培养更多的建设人才，产生更多更好的科研成果，更好地服务社会，我国需要大力加强高校管理体制改革，充分挖掘管理潜能，发挥管理效益，消除各种体制的束缚性因素，从而让一切创造科研成果、培养人才、服务社会的源泉充分涌流。

（二）高校内部行政管理体制改革的因素分析

（1）教育大众化和教育收费制度的需要。近几年，我国高等学校的招生人数每年都在以两位数的速度递增，学生人数在不断地增加，学校的规模在不断地扩大。20 世纪 90 年代中期以前，学生人数超万人的大学在中国是非常了不起的学校。而现在，如此规模的大学比比皆是，动辄三四万、五六万人的大学也不少见，达到一个小城镇的规模。随着并轨招生制度的实行，学生开始缴费上学并开始承担教育成本。由于招生规模扩大，高等教育开始向大众化方向发展，学生缴费上学使高等教育市场化的性质得到一定程度的体现。为此，高等教育成为百姓日常关注的焦点，人们开始关注教育的效益、效率和公正性，这也对新形势下高校管理提出了更高的要求。要求加强管理问题研究，提高管理水平和效益，充分释放管理能量，提高办学效益、效率，不断满足日益社会化的高等教育的发展要求。

（2）提高高校管理效率和效益的需要。目前，在我国高校的管理体制中，管理的科学性、民主性不够，对办学效率和效益缺乏一套科学的评价、激励、监督和约束机制。仍然习惯于计划经济条件下的思维模式，泛政治化思想比较突出，习惯于以社会效益为借口掩盖投入与产出之间的矛盾和弊端，忽视资金的使用效率。在项目建设投入上，过于重视项目的审批，缺乏相应的科学、民主的决策体制，轻视项目建设的过程管理和结果管理，许多项目建设低效益，浪费了资源，加大了成本。这些都要求我国要理顺管理体制，改革与现实状况不相适应的管理制度和办法，从而提高办学效益，更好地为社会发展提供更多的人力资源和知识支撑。

（3）高校发展的内在需要。中国高等教育正处在重要的转型期，这种转型既是适应国内国际经济、社会发展的需要，也是中国高等教育本身的一种创新；既是高等教育外部关系的一次调整，也是高等教育内部的一个改革。在新形势下，一些传统的体制性因素束缚了高校的深入发展，如办学体制、投融资、人事管理、分配制度、保障制度等问题。如何面对新的机遇与挑战，在管理上有所创新和突破，是所有高校都在深思和必须回答的重大问题。高校要发展，要壮大，就必须要大胆突破传统的管理理念和制度，积极学习借鉴和创新性地吸收发达国家高校管理的经验和做法，要对不合时宜的管理制度进行大胆的改革和创新，积极探索一些适合自身发展的新机制、新措施，不断推进学校的建设发展。

（4）国家事业单位改革的需要。改革开放以来，特别是近几年来，国家积极推进事业单位改革，转变事业单位职能，实行事业单位机构和人事制度改革，在选人用人机制、职称评价、分配制度、保障制度等多方面进行了积极的探索和实践，积累了有益的经验。在高校中也积极推行了相关的改革和试点，形成了较好的改革氛围和条件。高校在新的形势下，必须面对改革的大趋势，深入分析社会的新变化，明确高等教育职能的新内容、新任务、新要求，及时调整自己的管理制度、机制和办法，主动迎接国家事业单位大改革的挑战，共同推进社会的全面发展。

（5）落实办学自主权和实现高校内部管理科学化的客观需要。实现大学内部管理的科学化，必须以扩大高校的办学自主权为根本前提。高校办学自主权的最终落实有赖于大学内部管理科学化的实现，高校办学自主权是实现大学内部管理科学化的根本前提。高校办学自主权是指，高校独立行使的自主改革和自主发展学校的权力。具体地说，就是高校可以自主地进行教育、科研、后勤服务的权力。本质上，高校办学自主权问题主要是关于大学与政府部门之间权限的张弛与分配问题。扩大高校的办学自主权就是政府对高校的放权，高校从政府的附属地位变为具有独立法人地位的办学实体，对外拥有发挥与拓展教学、科研、成果转化与产业化等社会功用与效能的自主权力，对内拥有人、财、物等教育资源配置的自主权力。

管理科学化的本质是对组织所拥有的资源进行理性的配置、组织和利用，使之产生最佳效果；而一个组织所拥有资源的数量和质量，决定其生产和提供产品的规模、质量，直接影响一个组织的整体实力和竞争力。高校任何一项工作的开展都离不开管理，而且在某种程度上，管理的科学化与否直接关系到工作的最终成败。在新的发展形势下，各高校要在新一轮的发展竞争中脱颖而出，占据发展的制高点或有利地势，就必须向管理要效益，实现大学内部管理的科学化，以管理促发展。这就决定了新的历史时期，高校办学必须要主动适应新的环境，大力加强管理制度的改革和创新。当然，权力与责任是一对伴生物，权责相应原则告诉我们，当高校拥有办学自主权的同时，也就规定了其应担当的责任。换言之，若政府已经做到放权，接下来的工作就要看高校如何用好这个权。落实办学自主权不是国家单方面的要求，不是说国家给了自主权，自主权就落实好了。它还需要高校科学、合理地使用，这也是高校必须面对并创新的问题。

如何改变过去完全依靠国家，完全按照国家指令完成任务的被动管理模式，使之向拥有较大自主权的主动管理模式转变，是高校必须解决的重大课题。如何用好自主权，关键就是要理顺管理体制和机制，解放体制、机制的束缚性因素，建立一支高素质的管理队伍，发挥管理效益，从而真正落实好办学自主权，用好办学自主权，以促进高等教育的发展。

（6）稳定教师队伍，提高教师素质，为高校培养、储备高素质教育人才的需要。要建设一流的大学，不仅要有一流的师资队伍，更要有一流的管理。如果仅有一流的师资，而管理落后，必然导致管理的低效能，直接影响并限制教师才能发挥，最终也难以建设一流的师资队伍。当前，一些高校的教训就深刻说明了这一点。这也是一些人在一个单位体现不出人才的价值而到了另一单位却成为座上宾，一些人才在国内显现不出才能，一旦到了国外才能得到充分发挥的原因之所在。因此，从某种意义上讲，管理的重要性更显得突出。基于此，要建设一流的大学、一流的师资，必须建设一流的管理，使管理真正为教学科研服务，为教学和科研保驾护航，使教学科研人员真正对学校产生归属感，安心教学、科研，从而为学校的发展奠定最基本也是最重要的基础。

（7）遵循教育规律，还权学术的需要。高校是一种社会机构，任何机构的运行都需要一定的权力资源作为支撑，并要按照一定的规则来加强管理和运用。高校与一般社会机构的不同之处在于，它是学术性的组织，教学、科研工作是其中心工作，其管理也必须按照学术性组织的特点与规律来运作。具体来说，高校必须按照教育规律来培养人才，按照科研规律来开展科研工作，在社会服务方面也必须遵循教育和知识的价值规律。这就要求从事学术的人必须具有相应的学术权力，在相应的决策活动中具有相应的决策权，管理是为教学和科研服务的，而不应该反过来处处是管理部门颐指气使、行政当道。改革开放以来，学术权力开始受到关注，一些学校先后组建了学术委员会等机构，但是学术权力仍然非常有限，是在行政权力之下执行有限的学术权力。比如，大学教师的职称评审工作，评审条例和评审权力都是由行政部门确定，评审委员会也是由行政管理部门决定组成，评审委员会上面还有由学校党委书记、校长、人事处长等组成的评审领导小组。学术委员会通过的事情，行政部门不一定批准，而学术委员会通不过的，却可以通过行政审批。评审机构通过向各评审单位下指标、定标准，严格控制评审活动的开展，评审工作就是不断地填表和发表论文。更可怕的是，由于这样的制度安排直接决定一个人的命运，使得我国许多高校的学术评价机制严重扭曲，导致学术行政化。一些教师为了评职称花费大量的精力，进行毫无意义的垃圾论文的发表和人际关系的建立，直接影响了许多有水平的教师的工作积极性和有价值的学术成果的产生。因此，在当前形势下，必须改革以前不合理的行政权力和学术权力配置模式，还权于学术，给予学术相对独立的发展空间，发挥教师教学、科研的积极性和创造性，使他们将自己的主要精力和黄金时间用在教学科研上，产生更多的教学科研成果，从而服务于社会。

第四章　大数据背景下的高校教育管理思维创新

知识经济时代高等教育对国家竞争优势的正向溢出效应更加显著，高质量高等教育越发成为现代国家争夺国际社会话语权的战略筹码。而对于在民族复兴战略全局与世界百年未有之大变局之间谋求跨越式发展的新时代中国而言，高等教育的质量命题更是意义非常。诚如习近平总书记所言："我们对高等教育的需要比以往任何时候都更加迫切，对科学知识和卓越人才的渴求比以往任何时候都更加强烈。"这一点，从近年来我国密集发布的高等教育质量相关政策中可见一斑。在新时代，结合大数据思维创新高校教育管理思路，提升高等教育的质量显得尤为重要。

第一节　基于教学大数据的教学管理系统研究

一、大数据时代对学校教学管理系统的影响

当下及未来高校的教学管理系统，肯定是离不开大数据的支持的，也必定会以大数据作为依靠。大数据技术的不断发展，也影响着学校教学管理系统的各个方面。

（一）大数据时代对教学管理系统决策的影响

现阶段，大部分高校还是采用传统的教学模式，教师在课堂上占据主导地位，教师和学生的角色内涵都很单一。教师要做的就是站在讲台上不停地讲授知识，学生则是坐在座位上单一地听。在这种教学环境中，学生学习到的知识完全取决于教师，这对教师的综合素质要求较高，教师扮演的是一个领导者角色，学生则是依附教师的存在，基本上没有自主思考和学习的机会。这种教学方式比较封闭，容易引起教师和学生之间的摩擦和矛盾，也不能做到因材施教，不利于学生的综合发展。

将大数据引入学校教学管理系统，具体可以体现在对教学的支持上。

教师利用大数据对每个学生的个性状况和学习进度进行数据收集和分析，根据学生的差异性为他们做出合理正确的学习方案，从而促进学生的全面发展，真正做到因材施教。大数据的优势还在于，收集的数据不同于教师以往凭借自己的感觉对学生的情况进行的主观评价，而是有着客观科学的数据，从这些数据出发做出的决策更有利于教学管理的发展，能够提高教学管理系统决策的科学性和有效性，从而实现对学生的个性化管理。

（二）大数据时代对教学管理系统业务的影响

一般来说，各个高校的教学管理业务包括人才培养方案、教学执行计划、质量监察、学生的学籍学位管理、教学过程资料管理、教师的课程安排、学生的课表、学生的学业信息等，这些业务中都蕴含大量信息，繁多且复杂。如果对这些信息没有进行科学有效的管理，就会导致教学管理业务不到位，甚至出现无法预估的严重后果。因此，现阶段各大高校应该考虑的是如何正确利用大数据，提高教学管理系统业务的科学性和有效性。

高校在新时代看到了新技术给学校教育教学带来的新形式，比如：移动学习、在线学习、虚拟学校、云课堂、VR/AR 教育等。这些变化带来了数据的积累，利用数据可以提升教育质量。学习者利用数据进行深层次学习，学习提供者利用数据对学习内容和学生的学习情况进行分析，进而更好地改善教学方式，教学管理者则是关注教育教学整体的数据价值。举例来说，利用指纹、移动 App 记录考勤，这样可以更直观地看到学生的考勤情况。还可以利用大数据对课堂进行实时监控，教师可以课后对课堂视频进行观看，对自己的教学状况能够有一个更直观的了解，并且了解学生的课堂情况，以便在下次课堂做出适当的调整。教学管理系统业务通过大数据对行政流程进行优化，从而能够提高教学效率，节约成本，最终促进教学管理系统业务水平的提高。

（三）大数据对教学管理系统的可预测性增强

利用大数据可以对教学过程的各个数据进行分析，比如，教室和实验室使用率、培养方案执行情况、专业之间的关联分析、教学质量分析（优良率、升学率等）、课程考核成绩分析等。通过大数据对教学全过程的信息进行收集，利用收集的信息促进学校教学管理系统的优化，还可以对学校发展的各环节进行评估，对优点进行发扬，对缺点进行改善，进一步改进学校的教学工作。除此之外，收集的信息还能为学校管理层的决策提供理论依据，促使决策更加科学化，从而增强教学管理的可预测性，提高学校的教学水平。

二、综合教学管理系统建设与发展的价值

（一）系统建设与发展使教学管理更加系统

没有根据实际数据做出的教学管理决策，往往会出现不能进行实际操作、确定目标太高或太低的情况。其原因在于，决策者在做决策时并没有对实际情况有一个全面的认知，只是根据有限的信息量凭借空想、经验等个体感觉来制定政策。为了防止这种“拍脑袋”决策的出现，管理者可以借助大数据。大数据在决策中发挥的作用是，对实际情况有一个数据记录，并且可以对这些数据进行分析和预测，促使管理决策科学化，具有可行性。除此之外，大数据还能对教育教学中隐藏的信息进行深度挖掘，让教师能够根据学生的实际情况对教学方法和教学策略进行调整，对自己的不足进行改善，让教育管理者发现管理过程中的问题和不足，提高决策水平来优化教育管理。

（二）融合大数据技术的教学管理模式的转变

传统的教育模式，形式是非常单一的，融合大数据技术后有利于促进教学管理模式的转变。大数据技术促使教学管理模式由单一转为多元。

在传统的教学模式中，大部分学生学习知识依赖于课堂，但在融合大数据技术后，学生学习的渠道更加多样。比如，有很多开放的精品课程可以通过线上学习平台进行学习，这些平台的课程涉及各个领域，能够满足不同群体的需求。除了学生学习渠道的拓展，大数据还能帮助教师课堂教学进行改善。教师在教学过程中可以利用数据进行数字化教学，促使课堂更加高效、开放和多元。解决问题不再是只依靠经验，而是以教育数据为支撑。

（三）大数据技术使得教务管理科学更合理实现

高校的教务管理工作内容多样，包括学校、教师、学生的各项事务，处理起来相对复杂，有时可能会遗漏重要信息。如果遗漏信息，需要大量的人力和时间对信息重新检查和管理，这就会造成资源的浪费。利用

大数据后，可以促使教务管理向智能化和科学化转变，让个性化教育成为可能，教育的评价方法也更加公平。例如，近年来，一直倡导要推进素质教育，改变“唯成绩论”的评价学生方法，但是用传统手段对学生进行多方面评价比较烦琐，利用大数据则会更高效、更简洁，主客观结合，过程和结果评价结合，既重结果也重过程。①

三、综合教学管理系统建设的主要任务

（一）重塑规则、标准化建设与顶层设计

万事万物的发展都有一个规则和标准，大数据也不例外。目前在高校的教育数据信息中，还存在未与大数据进行融合和同步发展的部分，其中涉及的不是技术问题，而是受到学校的相关规则和标准的限制。对于数据的分类，学校方面要制定相应的标准，从而避免数据分类过杂过乱，另外，还需要制定大数据共享的规则，促进高校数据的系统化发展。

（二）优化重组布局，对现有业务系统的调整

随着学校教学管理中各类应用的不断深入发展，教学管理工作的业务要求也越来越多。目前很多业务系统存在开发框架、技术线路老旧的问题，没有扩展业务功能的设备支撑，更加满足不了高校特色化、多样化、个性化的教学管理需要。通过建立流程化管理机制，基于具有自定义流程，能够对流程进行跟踪和监控的工作流引擎，实现业务的流程化控制、简化操作透明化过程管理，达到对现有业务系统进行调整。达到条理化、层次化、智能化的目的。

（三）建立可靠的数据管理和保护机制

在学校引入大数据技术的同时，还要注意大数据能够共享这一特点。学校的大数据涉及师生、学校的各类信息，一旦被非法分子盗用，将会产生无法估量的后果。因此，要对学校的综合管理系统建立可靠的数据管理和保护机制，从而保护学校和师生的数据安全。

---

① 夏丹，霍淑芬．大数据时代传媒教育研究［M］．北京：中国传媒大学出版社，2016：114-117.

第二节　大数据背景下高校学生综合测评系统的设计与实现

一、高校学生综合测评系统设计

（一）系统设计原则

在建设系统与设计技术方案时，项目组成员遵循如下设计原则，确保系统建设的可行性与未来的可更新性。

1. 统一设计原则

对系统结构统筹规划和统一设计，从全局和长远的角度来考虑应用系统建设的方法、数据模型、数据存储体系以及系统功能扩充等内容。

2. 先进性原则

采用当前已经大规模使用且在国内处于领先地位，并在国际上符合未来发展方向的技术、软件和硬件设备来构建系统。不同于采用三层体系结构的软件系统设计方法，本系统采用当前流行的 Hadoop 和 Spark 开源系统处理数据，上述开源软件性能稳定，拥有成熟的社区和文档资料。

3. 高可靠和高安全性原则

在系统和数据架构设计过程中，应全面考虑系统的可靠性和安全性。在设计安全性时，应提供各种检查和隐患处理手段，确保数据的准确性与安全性一致，保证系统正常运行与安全可靠。系统为保护和隔离信息，充分共享信息资源，需控制各个层次的访问，对操作权限严格设置。

4. 可扩展性原则

设计信息系统时，要使各功能模块耦合度不太高，确保设计得简明，这样便于系统的扩展，满足业务未来发展的需要。同时，兼容原有的数据库系统，整个系统应该可以根据实际需要，随时、任意升级到新系统，实现系统之间的平滑过渡。

5. 用户操作方便的原则

系统界面的风格应统一、美观和易于用户操作，同时针对各个用户群，提供个性化定制的操作界面。

（二）系统总体架构设计

新信息技术时代高校学生测评系统的构建，需要以云计算作为平台支撑，以大数据为核心，以物联网为主干网络，以智能感知作为主要信息来源，实现对学生信息的智能处理。

1. 物理感知层

学生在校期间，通过校园网和无线网络登录慕课与各种在线学习系统进行日常学习，弥补传统课堂教学的不足，学生在线学习点击的过程中，留下了大量的行为操作日志。通过校园一卡通刷卡，学生留下消费记录和行为习惯，同时学生使用微博、QQ 空间等发布图片、文字和位置等信息。通过采用物联网技术实现的校园一卡通和各种感应技术，全面感知学生在校的行为信息，实现数据的实时采集，为大数据分析提供数据源保证。这些海量的学生信息为通过数据挖掘手段，获得学生在校的生活规律提供可能，感知层建立了现实世界与物理世界连接的桥梁。

2. 网络通信层

智慧校园建设过程中，信息传输必不可少，其决定信息的流动，保证系统之间的信息交换。近年来，有线网络不断发展的同时，移动通信技术快速发展，并逐渐起主导作用，人们进入 4G、5G 时代，当前的网络具有传输速度高、安全性能高、运行稳定性强、覆盖面广等特点，为实现设备之间的彻底互联互通提供保证。学生通过有线网络和无线网络，随时随地的实现高速互联，保证数据及时传输，当前建立学生测评系统的网络方面的基础条件已经具备。

3. 云计算与大数据层

在学生测评系统建设中，云计算与大数据层是核心，利用云存储保存采集的学生相关海量数据信息，采用大数据技术合理分析学生数据，构建数据挖掘模型，利用已有模型评测和预测学生的行为。同时，学生测评过程中应强调个性化的服务理念，对每个学生提取已有的过去学习数据和行为数据，采用协同过滤、关联规则、基于内容的推荐算法等机器学习方法，分析学生的习惯和爱好，提供便捷化、个性化的服务，使分析结果能千人千面，满足每个学生的特有自我测评分析。

4. 可视化层

将学生数据分析处理的结果通过网页设计技术可视化显示，用户通过各种智能终端查看结果，与系统进行交互。学生测评的结果进行可视化展示时，应简洁美观，多采用图表等形式，直观地显示学生测评的情况，同时应考虑移动端的显示，使用户无论所处何种环境，都可以查看，以贴心的服务提升使用体验。

（三）系统功能模块设计

1. 系统基础平台模块设计

高校教育信息化程度在不断加深，业务繁多，各种系统被大量部署，产生与学生相关的海量数据，类型多样化。过去以单机服务器处理数据，采用关系数据库保存数据的方式，已不能满足当前学生数据处理的需求。新的学生综合测评系统基础平台模块设计时，要考虑采用云计算技术。

海量学生数据在存储时，在传统的磁盘冗余阵列基础上，引入分布式网络存储技术，在云计算平台上部署 Hadoop 系统，打造大数据处理生态圈，利用 Hadoop 系统中的 HDFS 分布式文件系统存储学生日积月累产生的大量数据。同时，为进一步提升数据分析的能力，应该用当前流行的 Spark 平台分析处理数据，相对于 Hadoop 的 MapReduce 平行计算处理框架，Spark 在内存中运行，速度更快，Spark SQL 允许开发人员采用类似 SQL 语句的方式分析数据，Spark Streaming 保证系统可以实时处理学生数据，MLib 保证系统可以采用调用库的形式利用机器学习算法处理数据。

2. 数据中心管理库设计

信息化时代，本科生从被录取到毕业，四年的大学生活产生了很多的数据信息，高校在学生被录取后，添加学生信息进入迎新系统，学生处建立学生档案，教务处录入学生人才培养方案中需学习的课程信息，后勤处办理学生的一卡通，网络中心提供学生上网账号，宿管中心安排学生的床位，图书馆办理学生的借阅证，这些工作需学校各部门的系统来完成，学生入校后的整个信息被记录在这些系统中。过去学生在校期间产生的大多为数字信息，数据量较少，现在学生人数增多且上网过程中在网络中心留下大量上网行为日志信息，校园内的各种监控设备记录视频信息等，学生数据的形式多样化，从数字为主发展到未来的文字、图像和视频等形式并存的情况，大量的半结构化和非结构化数据的出现，使数据的存储量大幅度增加，高校学生数据进入大数据时代，针对海量学生数据的存储与处理是未来的新挑战。

为了将分散在各部门系统中的学生数据整合到一个中心数据库中，在数据中心管理库的设计模块，要采用当前流行的 ETL 数据预处理工具，将项目中需要的数据从各部门系统抽取出来，建立数据仓库，保存抽取和清洗过的数据；需采用 Java 语言编写代码设计针对 Hadoop 系统的 HDFS 模块操作的数据，实现数据到 HDFS 模块的管理；为提高数据中心库建立的速度，增强操作的方便性，可以采用开源的 Sqoop 子项目，辅助中心管理库的建立。

3. 数据分析模块设计

针对学生在校产生数据进行分析的模块，设计过程分两部分实现：一部分针对学生总体信息统计、一卡通消费、进出宿舍和图书馆等方面的分析，采用 java 语言编写程序调用 Mysql 数据库接口，利用 SQL 语言中的命令和函数实现数据的统计与计算，该部分属于系统功能性的实现，因学生数据量庞大，故采用 Hadoop 中的 Hive 与 Spark 平台中的 Spark SQL 结合实现，计算结果可以利用相关工具画出图形进行可视化展示；另一部分针对学生在校情况综合测评模块，采用数据挖掘和机器学习的方法，从学生的个人信息、一卡通消费、课程成绩、进出宿舍和图书馆等方面提取影响测评结果的特征，采用 Apriori 关联规则算法、逻辑回归、聚类等多种模型分析学生行为的相关性，在校情况的好与坏判断。下面内容将详细论述上述各个模块的设计如何实现。

（1）学生信息统计展示模块设计。

高校学生信息统计展示需采用 SQL 语言中常用函数来完成针对学生每一个属性信息的计算，如采用 sum 求和函数完成学生人数、不同民族学生人数等信息的计算；采用查询的方法统计每一个年龄段学生的人数。同时，须将上述统计结果利用饼图、柱状图等图形化的方法展示出来。

（2）学生图书馆活动分析模块设计。

学生进出图书馆情况的分析，包含两部分，一部分是高校学生一天从早上七点到晚上九点的总体趋势分析，将分析结果以曲线图的形式显示出来，另一部分是针对每个学生一段时间内进出图书馆、借阅书籍的记录分析。

（3）一卡通消费分析模块设计。

学生一卡通消费情况分析，须统计学生不同性别、籍贯的人数，计算不同情况的比例，采用柱形图和曲线图显示消费的人数与金额，同时需将每个学生的消费信息统计，为判断其经济状况提供依据。

（4）学生住宿情况分析模块设计。

学生进出宿舍情况分析，以一天为单位统计学生的进出次数，标记其进出时间，同时以晚上十一点为起点，统计十一点以后进出学生的名单，编写邮件发送模块，将疑似未住宿名单发送给管理人员。

（5）学生在校情况综合测评分析模块设计。

针对学生数据进行大数据分析，不仅体现速度快，处理能力强，而且可以利用大数据思维对学生数据进行未知的价值分析，为了分析学生在校情况的个人信息和各种相关性，系统采用Spark平台中的Spark SQL语句和MIlib机器学习模块进行数据分析，比如分析学生成绩与出入图书馆次数的相关性时，可以采用Mllib库中的Apriori算法、关联规则等算法。Spark作为大数据处理平台的显著优点是将机器学习算法并行化，充分利用内存计算的高性能，快速运行得出结果。

在对学生进出图书馆与学生成绩的相关性，吃早餐与学生成绩相关性，一卡通消费与学生经济状况等分析的基础上，针对学生在校情况进行综合测评。首先，从学生个人信息、一卡通消费、课程成绩、进出宿舍和图书馆等表格中，提取特征，进行特征相关性分析，数据的标准化和归一化；然后，对数据进行训练集与测试集的划分，确定评价的性能指标，如准确率、查全率等指标；接着采用Spark平台中MIlib机器学习库中的算法针对预测问题进行建模，如可以利用K-means聚类算法针对学生进行社区分析，判断学生的朋友范围，学生主要与哪些学生聚类在一起；利用逻辑回归对学生进行分类分析，判断学生在校综合情况，给出测评的状况，如优或劣。

在上述学生信息分析的过程中，必须考虑数据海量的问题，大数据时代的数据分析，不同于传统的关系数据库分析，关系数据库主要进行数据的增加、删除、修改和查询，其中查询大多通过SQL查询语言中的Select语句完成，根据需要设置where条件和进行count统计，这种方式处理速度慢，功能简单，无法满足大数据时代的数据处理需求。为了处理海量学生数据，项目采用Hadoop生态圈中的Hive子项目或Spark平台中的Spark SQL进行数据的查询与统计分析，相对于关系数据库中的SQL语句，该方法将SQL语句转换为能在分布式平台上并行处理的方式进行多机同时执行，极大地提高了数据处理的速度。利用上面方法，系统可以轻松完成学生一卡通消费、进出宿舍和图书馆、在校学生情况测评等统计与分析运算。

4. 可视化分析结果模块设计

学生综合测评系统在前面搭建的基础软件平台、数据整理进中心库、数据分析挖掘的基础上，须将分析结果进行可视化展示。系统还要进行管理模块设计，如建立用户的登录模块，对各种用户设置权限，方便各种用户在线查看分析的结果，因此，系统需设计数据、访问层、业务逻辑层、表示层等常用网站设计方法。项目在实现过程中，页面设计采用JSP完成，JSP中提供了完整的数据驱动程序、页面显示程序，可以满足常用信息管理系统的设计。

（四）系统非功能性设计

1. 系统级安全设计

系统级安全设计是应用系统的第一道防护大门，在系统运行过程中，要做如下安全设计，如为防止校外人员访问系统，增加系统的压力，限制访问的 IP 段为校内网段；为防止大量用户在某个时间段一起访问系统，对同时在线连接人数进行限制；对用户登录进行限制，限制用户在特定时间段内多次重复登录或设定登录次数等。

2. 程序资源访问控制

访问控制是在身份认证的基础上，鉴别用户的合法身份后，依据授权对提出请求的资源访问请求加以控制。访问控制是一种安全手段，既能够控制用户同其他系统和资源进行通信与交互，也能保护系统和资源未经授权的访问，并为成功认证的用户授权不同的访问等级。学生测评系统在设计过程中，超级管理员、教师、管理人员和学生具有不同的系统使用权限，操作界面各不相同，需要设置程序资源访问权限控制。

3. 数据安全设计

学生数据中涉及学生的隐私信息，数据使用过程中，应保证数据不被泄漏，将数据存放在固定的磁盘，限制外人拷贝和查看；数据分析的结果在显示时，应加以选择，保证不展示学生的敏感信息。①

二、高校学生综合测评系统实现

（一）系统功能实现

1. 云计算与大数据平台搭建

（1）Hadoop 基础环境搭建。

jk 安装：以自定义的 hadoop 用户登录，首先关闭各个测试服务器的防火墙。在 Ubuntu 中使用命令 sudo ufw disable 关闭防火墙。配置/etc/hosts 文件，实现四台主机之间通过 hostname 进行访问。利用 vi 编辑器编辑 hosts 文件，添加“ip hostname”格式的列表。

然后下载相关软件安装包，解压 jdk-8u91-linux-x64. gz 到/usr/java 目

① 王磊．高校大学生综合素质测评系统设计［D］．成都：电子科技大学，2011.

录下，配置环境变量。最后，执行 java-version 命令，验证 jdk 环境的安装效果。

SSH 免密码登录：接下来实现 4 台 Linux 测试服务器之间的 ssh 免密码登录。首先，运行命令 ssh-keygen-trsa，需要在每台机器进行 ssh 公钥（id_ sa. pub）和 ssh 私钥（id_ rsa）的生成。在 4 台测试服务器上执行同样操作，实现 4 台服务器之间的免密码登录。

（2）Hadoop 启动及运行效果展示。

格式化 HDFS：首先需要格式化 Hadoop 分布式文件系统（HDFS）。启动 Hadoop：分别利用 start-ds. sh 命令 start-yarm. sh 启动 HDFS 和 yar。启动完成之后，利用 jps 命令查看所有进程是否启动成功。

（3）Spark 安装与配置。

Spark 是由美国 Berkeley 大学开发的类似 Hadoop MapReduce 的通用并行框架，具有 Hadoop 的优点，但将 Job 中间输出结果保存在内存中，不需要读写 HDFS，速度更快。

Spark 的安装需要在 Hadoop 已经成功安装的基础上，并且要求 Hadoop 已经正常启动。在名称节点上，安装 Spark，执行步骤如下：①解压并安装 Spark；②配置 Hadoop 环境变量；③安装部署 Spark；④验证 Spark 安装。

2. 高校学生数据的整合实现

学生的个人信息数据和日常行为数据，原先存储在传统关系型数据库中，为了利用大数据环境下的 Hadoop 和 Spark 工具软件进行处理，需将关系数据库中的数据通过 Sqoop 子项目转换到 HDFS 分布式文件系统中；或将监控视频文件、上网日志等构成的文本文件通过 HDFS 的 API 接口编写程序，直接上传到 HDFS 中；利用 ETL 工具进行数据处理。下面详细介绍其在上述三个方面的实现方法。

（1）关系数据库中数据到 HDFS 的转换。

学生信息数据原来存在关系数据库中，为了利用大数据平台处理数据，需将数据从关系数据库转换到 HDFS 中，因此需采用 Hadoop 生态圈中的 Sqoop 子项目。Apache Sqoop 是用来在结构化（关系型数据库）、半结构化和非结构化的数据源之间进行数据传输的一个工具。它充分利用了 MapReduce 分布式并行的特点，可以从 Hadoop 导入数据到关系型数据库，也可以从关系型数据库导入 Hadoop 中。

（2）数据处理流程。

学生在校期间，产生了大量结构化数据存储在关系型数据库中，半结构和非结构化的文本文件与视频数据，主要包括学生学习动态数据和生活动态数据，学生平常生活产生的动态数据包含日常消费数据、日常生活数据、课外活动数据，学习动态数据包含学生个人信息和学习结果数据。其中，结构化的学生信息存储在学工系统、教务系统、后勤系统和图书管理系统中，经过整合后加入学校学生信息共享数据库，经过 Sqoop 子项目转换后数据从关系型数据库转入 Hadoop 的 HDFS 分布式文件系统中；半结构化和非结构化的微博文本、上网日志和监控视频等数据，通过 HDFS 的 API 接口编写程序上传或下载到 HDPS 中。将 HDFS 文件系统中的数据，通过 ETL 过程完成数据的预处理、抽取和加载，经过 Hive 或 Spark 等数据挖掘工具分析后，采用网页设计技术进行可视化实现。

（二）系统非功能实现

1. 并发用户限制实现

在线并发用户人数可以称为并发连接数。用户浏览一个网页时，在浏览者和服务器之间建立一个链接，该链接也称为并发。一个系统在运行过程中，能容纳的在线人数是固定的，因此系统开发过程中需设计在线人数统计功能，限制在线并发操作用户的数量，当达到一定数量时，不让登录。

2. 安全性实现

一个系统如果要部署到 Internet 上运行，安全性是必须的，它需要抵御各种攻击和入侵，采用各种策略保证用户数据不被丢失，系统能安全运行。本项目开发时，JSP 页面的设计是在 J2EE 框架中进行的，J2EE 提供了各种安全性策略，可供用户使用，具体表现如下：

第一，针对系统中的不同用户，如系统管理员、教师、学生等，设置不同用户对 Web 资源的访问权限，定义安全域、安全角色和用户。

第二，系统对外发布时，需采用 Tomcat 开源软件，Tomcat 中的安全域是服务器存储安全配置的地方，可以设置安全验证信息，如用户信息或用户和角色的映射关系等。

第三，用户通过 JSP 应用提交请求时，可能受到恶意用户的攻击，黑客主要采用跨站脚本、HTML 注射、SQL 注射等方式进行攻击，为应对上述问题，可以采用过滤数据，强化编码人员安全性等方式解决。

第三节　数据挖掘技术在高校教师科研管理中的思维创新

近年来，在国家大力推进科技思维创新、不断加大对高校科研投入和高校自身对科研工作高度重视的社会大背景下，对于高校教师的科研管理评价问题引起了高校和教师的广泛关注。科研评价已经成为衡量高校教师科研能力、职称评审、岗位评聘、津贴福利发放的主要依据和学校科研管理以及调控科研活动的重要手段。但至今为止，如何构建公正合理、具有激励作用的教师科研管理绩效评价体系仍然是饱受各方争议最多的问题之一。

伴随着数据挖掘技术在教育领域应用的日益广泛，利用数据挖掘技术实现知识发现，通过知识发现建立以多元目标为导向的评价体系方法，为科研评价问题提供了一种新的研究思路。这里围绕聚类算法在教师整体科研管理能力思维创新评价中的应用问题进行了相关研究，目的在于利用数据挖掘中的聚类算法，提出在高校整体层面确定不同群体教师科研水平划分标准的相关方法，为寻找教师科研业绩与个人素质之间的关联规则提供数据支撑，为高校制定人才培养和人才引进政策提供决策支持。

一、问题的提出

教师是高校科研的主体和关键，教师的科研思维创新能力和科研水平直接决定了学校的整体科研水平。对于教师科研思维创新能力和科研水平进行科学、合理的评价，是学校教师评价过程中的一项重要基础性工作和重要内容。

目前，国内高校普遍采用基于综合指数（指标）评价法对教师科研业绩进行评价，即将科研项目和不同类别的科研成果作为主要评价指标，根据各个评价指标的不同权重，将其折算成统一的、可比较的科研当量进行比较，研究的重点主要集中于教师个体的科研量化方面。然而，对于学校而言，由于教师学科属性和所从事科研活动性质的不同，其科研成果通常具有较大的差异性和不可比性。因此，科学确定不同学科、不同教师群体科研水平的划分标准，对于客观评价教师科研水平，有针对性地制定教师培养和人才引进政策具有更重要的意义。

技术路线如图 4-1 所示。

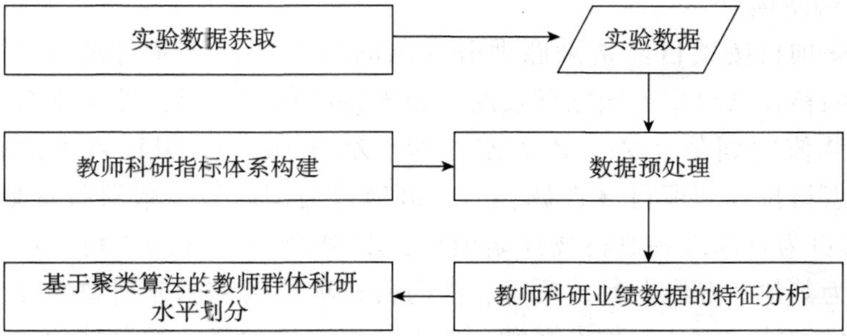

图 4-1　技术路线图

二、教师科研业绩评价指标体系思维创新式的构建

（一）科研评价指标的选取

由于此处重点研究不同学科教师群体科研水平的划分标准，因此，依据教育部学位与研究生教育发展中心“学科估计”标准并结合目前高校的一般性做法建立本研究的科研业绩评价指标体系，如图 4-2 所示。

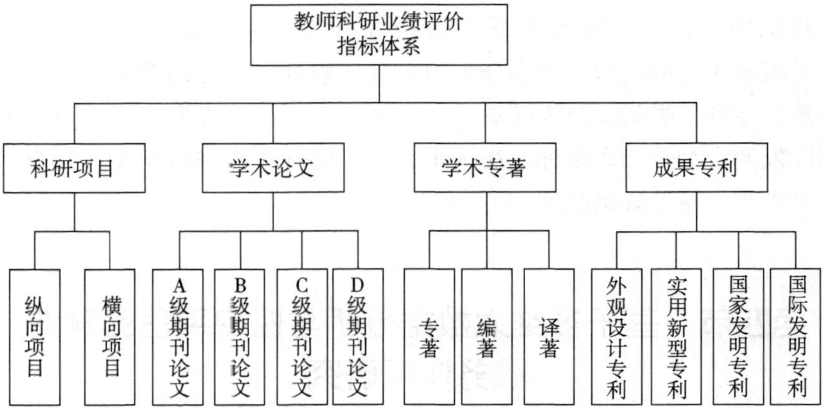

图 4-2　教师科研业绩评价指标体系

（二）科研业绩评价指标的当量积分计算规则

图 4-2 中，在教师科研业绩评价指标体系中，共设置四个一级评价指标，分别为科研项目、学术论文、学术专著和成果专利，一级指标下共设置 13 个二级指标，各项指标的当量计算规则设置如下：

1. 科研项目

科研项目按项目经费来源划分为纵向科技项目和横向科技项目。其中，纵向科技项目指由国家财政性经费支持的科研项目，按学术影响程度从高至低依次划分为 Z1、Z2、Z3、Z4、Z5 五级。Z1 级项目为国家级重大、重点科技计划项目（课题）；Z2 级项目为国家级一般科技计划项目；Z3 级项目为省部级一般科技计划项目；Z4 级项目为厅局级科技项目；Z5 级项目为其他一般纵向科技项目。横向科技项目指利用非财政性经费委托开展的各类技术转让、技术开发、技术咨询、技术服务类科技项目。横向科技项目按项目经费额度从高至低依次划分为 H1、H2、H3、H4 四级。

2. 学术论文

学术论文是科研成果的常见形式之一。学术期刊论文按其发表期刊的学术影响从高至低依次划分为 A、B、C、D 四个等级。其中，A 类为 SCI 刊源文章，又可按分区细分为 A1、A2、A3 和 A4。B 类为 EI 刊源文章。C 类为国内核心期刊文章。D 类为其他一般期刊文章。

3. 学术专著或成果专利情况

由于学术专著和成果专利涉及人数较少，且部分学科考察出版学术专著情况，部分学科考察成果专利转化情况，因此为简化处理将二者合并为一个指标项。其中，学术专著一级指标分为专著、编著、译著和科普著，并根据著作的出版社级别分为国家级出版社和其他出版社进行当量积分计算。专利依据类型分为外观设计专利、实用新型专利、国家发明专利和国际发明专利等二级指标。在这里，理工类许可考察成果专利情况，人文、管理类学科考察出版学术专著情况。①

第四节　基于多维大数据分析与监控平台的就业服务体系研究

从 2010 年开始应届毕业生的人数每年都屡创新高，可是，就业率从 2015 年开始持续下降。应届毕业生的就业压力越来越大的同时，企业却时常抱怨招不到合适的人才。这中间存在的巨大的信息差异，我们可以利用大数据技术对学生关键信息进行采集和整合，并引进企业进驻发布招聘信

---

① 胡水星．教师大数据应用学习［M］．杭州：浙江教育出版社，2016：147-151.

息，利用人工智能技术对学生信息加以分析，为其匹配可靠的就业推荐，提高毕业生就业率。

在传统的招聘中，由于缺少学生个体的大数据信息采集，只能以学生所在学校的办学实力、办学声誉为主要识别信号。随着神经网络技术的飞速发展，大数据和云计算的价值和作用开始体现出来。全方位的采集学生在校信息，以用户画像的方式向企业展示学生风采，可以有效打破学生和用人单位信息不对称的壁垒，让学生找到满意的工作，让企业找到心仪的员工，可以有效缓解当前用工就业紧张局势，提升毕业生就业率和人岗匹配度。

基于分布式架构，利用 Java 微服务技术，用主流关系型数据库集群存储和管理数据，打造一套高效、可靠、稳定和实用的数据平台。学校管理人员可以通过 web 实时查看学生数据；通过数据监控大屏，学校领导决策层可以掌握并统筹学生管理；通过手机客户端，学生可以进行各项评测，如心理健康评测，个人性格评测，职业评测等，并且可以上传个人信息、在校期间的经历与所获奖项等个人资料。

一、基于大数据就业服务系统的意义

学生多维大数据分析与监控平台作为高校不可缺少的工具之一，提供了科学、安全、高效的信息管理功能。我们正处于一个信息过载的时代，每时每刻都有海量的数据产生。企业希望获得性价比高，优质的人才储备；学校希望能高效的管理学生；学生希望找到自己心仪的岗位；教育部希望获取学生真实的学生就业数据。基于以上需求，对企业而言，将不需要等到毕业季，通过粗略而又简单的人才筛选手段招聘自己需要的人才，企业可以从学生入学开始挑选自己想要的学生，并建议学生针对性的学习，真正让学生能做到学以致用，让学生所学知识符合企业需求，让知识在企业当中有用武之地；对于高校而言，学生信息的管理尤为重要，它可以帮助高校统一、集中、高效地管理学生数据，并能快速地从数据中整合提取出有用的信息；对于学生而言，正确认识自我，高效管理自我，科学规划自我，方可使学生在残酷的社会竞争当中立于不败之地；对于教育部而言，了解学生真实的学习情况和就业数据，将有利于教学教育朝着正确的方向推进改革，有利于健全教育体制，有利于完善教学管理制度，学生就业是社会稳定的关键，是社会创造财富的基本，是检验教育成果的标准。

通过这个系统的开发和应用，可以为毕业生和企业提供更方便高效的服务；能够帮助毕业生打破社会经验缺乏导致的壁垒，更容易找到适合自己的工作，实现人生的价值和职业抱负；帮助在校生更好的认识社会现状和就业环境，引导学生努力提高自身的就业竞争力；同时也能帮助企业找到更多契合需求的工作者，发展壮大自身，提供更多的就业岗位；提高求职人员和用人单位需求的匹配度，提高人力资源工作的有效性，并在一定程度上解决就业问题。

二、基于大数据就业服务系统实现的关键点

（一）信息采集的自主录取

自媒体时代，学生人手一部移动终端，可随时随地利用互联网点对点采集个人事项。学生自主参与信息采集，替代常规的官方录入学生信息的方式，使得信息的采集更为迅速、丰富、去中心化，满足了学生全程参与的热情，也大大提高信息录取的效率。学校需分配对应的责任教师，对学生录取的信息进行审核，确保信息录取的真实性，也提高了学生管理人员对学生的关注度和熟悉度，这对进一步加强教师对学生的学业指导也带来了新的挑战。

（二）利用大数据技术对学生群体进行用户画像

对现实学生用户做的一个数学模型，在整个数学模型中，核心是确定用户标签。标签是某一种用户特征的符号表示，是一种内容组织方式，是一种关联性很强的关键字，能方便地帮助我们找到合适的内容及内容分类。学生标签解决的是描述（或命名）问题，但在实际应用中，还需要解决数据之间的关联，建立标签体系解决数据之间的关联问题，有效挖掘学生兴趣、偏好、所学专业、个人素质特征，主要目的是提升就业推荐匹配度。

（三）职业导入，就业驱动

邀请优质企业进驻平台，聘请部分优秀企业人力资源专员通过平台参与学生职业生涯引导。让学生在自我认知的基础上，根据自己的专业特长与知识结构，结合社会环境与市场环境，尽早确定自己的职业目标，选择自己职业发展的地域范围，把握自己的职业定位，保持平稳和正常的心

态，按照自己的目标和理想努力。

“职业导入，就业驱动”有助于全面提高大学生的综合素质，避免学习的盲目性和被动性，使学生产生学习、实践的动力，激发自己不断为实现各阶段目标和终极目标而进取。这种方式，也可让企业从学生进校开始，就全程关注学生的成长经历，尽早锁定优秀实习生和毕业生，实现“未毕业，已就业”，提高就业岗位的匹配度，也让学生提前熟悉职场的工作流程，缩短就业的适应过程，加快与企业的融合。

三、基于大数据就业服务系统实现的技术路线

（一）用户多维数据采集

用户多维数据是指从用户的不同层面、不同角度等来采集用户的数据。通常来说，对于学生数据，可以采集其学习成绩、社会实践经历、所获奖项、心理评测、性格评测、职业规划、职业类型评测等。

（二）用户画像的建模

用户画像是指根据用户的属性、用户偏好、用户特征、用户行为等信息而抽象出来的标签化用户模型。通俗说就是给用户打标签，而标签是通过对用户信息分析而来的高度精练的特征标识。通过打标签可以利用一些高度概括、容易理解的特征来描述用户，可以让人更容易理解用户，并且可以方便计算机处理。

用户画像是对现实世界中学生用户的建模，包含目标、方式、组织、标准、验证这 5 个方面。

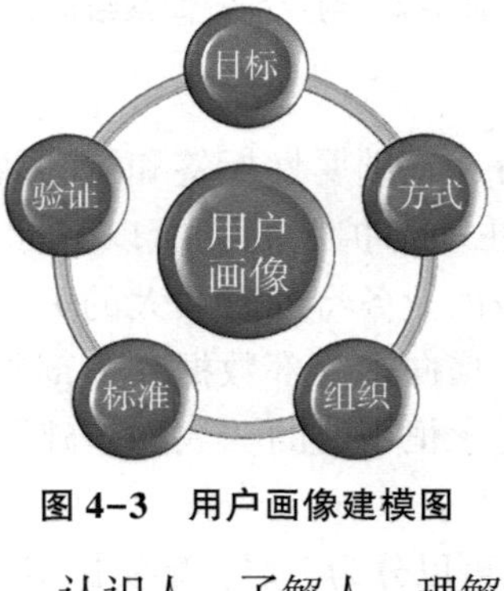

图 4-3 用户画像建模图

目标：指的是描述人，认识人，了解人，理解人。

方式：又分为非形式化手段，如使用文字、语言、图像、视频等方式描述人；形式化手段，即使用数据的方式来刻画人物的画像。

组织：指的是结构化、非结构化的组织形式。

标准：指的是使用常识、共识、知识体系的渐进过程来刻画人物，认识了解用户。

验证：依据侧重说明了用户画像应该来源事实、经得起推理和检验。

（三）用户画像数据的内容

学生用户画像数据可以包括以下内容：

人口属性：包括学生性别、年龄等人的基本信息。

专业属性：学生所学专业领域。

兴趣特征：学生的兴趣爱好等。

行为数据：学生在校期间的行为日志数据，包含学习、生活、课外活动、社团活动、参赛获奖等。

位置特征：学生家庭所处城市、主要社会关系等。

（四）用户标签体系结构搭建

图 4-4　用户标签体系结构图

1. 标签分类

用户画像标签可以分为基础属性标签和行为属性标签。由于基于一个目标的画像，其标签是在动态扩展的，所以其标签体系也没有统一的模板。在大分类上，与自身的业务特征有很大的关联，在整体思路上可以从横纵两个维度展开思考，横向是内部数据和外部数据，纵向是线上数据和线下数据；而正中间则是永恒不变的“人物基础属性”。

2. 标签级别

标签从运算层级角度可以分为三层：事实标签、模型标签、预测标签。

事实标签：通过对于原始数据库的数据进行统计分析而来的。

模型标签：模型标签是以事实标签为基础，通过构建事实标签与业务问题之间的模型，进行模型分析得到。

预测标签：在模型的基础上做预测。

3. 标签命名和赋值

在构建用户标签的过程中，需进行标签命名和赋值。

4. 标签属性

标签属性可以理解为针对标签进行的再标注，这一环节的工作主要目的是帮助内部理解标签赋值的来源，可以总结为 5 种来源：

固有属性：是指这些指标的赋值体现的是用户生而有之或者事实存在的，不以外界条件或者自身认知的改变而改变的属性。比如：性别、年龄、籍贯等。

推导属性：由其他属性推导而来的属性，比如性格，我们可以通过性格特征推导，比如用户的开朗、健谈，则可以匹配适合的工作岗位。

行为属性：产品内外实际发生的行为被记录后形成的赋值，比如学生在校期间的学习、生活等信息。

态度属性：用户自我表达的态度和意愿。比如说我们通过一份问卷向用户询问一些问题，并形成标签，如询问用户：愿意在哪个行业就职等。当然在大数据的需求背景下，利用问卷收集用户标签的方法效率显得过低，更多的是利用相关的模块做了用户态度信息收集。

测试属性：测试属性是指来自用户的态度表达，但并不是用户直接表达的内容，而是通过分析用户的表达，结构化处理后，得出的测试结论。比如，用户填答了一系列的测试问卷，推导出用户的求职意向等。

5. 体系层级结构划分

原始数据层：对原始数据，我们主要使用文本挖掘的算法进行分析，如常见的 TF-IDF、Topic Model 主题模型、LDA 等算法，主要是对原始数据的预处理和清洗，对用户数据的匹配和标识。

事实标签层：通过文本挖掘的方法，我们从数据中尽可能多的提取事实数据信息，如人口属性信息、用户行为信息等。其主要使用的算法是分类和聚类。分类主要用于预测新用户、信息不全的用户的信息，对用户进行预测分类。聚类主要用于分析挖掘出具有相同特征的群体信息，进行受众细分、岗位细分。对于文本的特征数据，其主要使用相似度计算，如余弦夹角、欧式距离等。

模型标签层：使用机器学习的方法，结合推荐算法。模型标签层完成对用户的标签建模与用户标识。其主要可以采用的算法有回归、决策树、支持向量机等。通过建模分析，我们可以进一步挖掘出用户的群体特征和个性权重特征。

预测层：这一层级利用预测算法，如机器学习中的监督学习，计量经济学中的回归预测，数学中的线性规划等方法。实现对用户的求职意向、求职成功率等进行预测，从而实现精准推送最佳职位匹配信息。

四、基于大数据就业服务系统实现的需求分析

（一）用户分类

基于多维大数据分析与监控平台的就业服务体系需求分析过程，需要根据系统用户情况，对于每一类用户都开展有针对性的需求调研与分析。运用 UML 用例分析图对用户功能需求进行建模分析，需要首先将使用者划分成为不同类型的用户。每一个用户是对于某一类系统使用者的抽象。为了进行参与者划分，需要首先分析基于多维大数据分析与监控平台的就业服务体系使用者情况。

（1）系统管理员。

将负责管理整个信息管理系统的工作人员抽象为管理员，负责管理和维护信息系统的日常运作。

（2）学生。

即在校进行过注册的学生，主要对信息系统进行采集和访问，通常会进行添加、删除、上传文件等操作。

（3）学生信息审核教师。

学校相关部门的负责教师，主要对学生进行访问、编辑、审核。

（4）企业代表。

招聘企业的人事专员，主要对信息系统进行招聘信息发布和访问。

（5）招聘信息审核专员。

学校就业中心的负责教师，主要对企业招聘信息进行访问、审核。

（二）用户用例分析

根据用户分类，我们可以创建以下用例需求分析模型。

系统管理员需求建模：负责对系统进行全面管理，功能用例需求有管理系统中的学生信息、审核教师信息、企业代表信息、招聘信息审核专员信息。

学生管理：管理学生的个人信息、学院和专业信息、个人画像信息。提供学生信息的添加、编辑、删除功能。还要加入是否为毕业生的属性，为后面的就业推荐提供便利。

学生信息审核教师管理：系统需要管理学校相关部门的教师信息，包括个人信息和岗位信息。还要为教师提供学生信息查询、编辑和审核的功能。

企业代表管理：指的是第三方企业人力资源专员，在本系统需要支持第三方上传招聘信息、编辑招聘数据。

招聘信息审核专员：指的是学校就业中心的负责教师，系统需要管理招聘信息审核专员的信息，包括个人信息和岗位信息。还要提供对企业代表上传的招聘信息查询、编辑和审核的功能。

系统管理：对于不同用户进行权限管理，保证不同类型用户的权限符合这类用户的岗位职责。

账号管理：管理不同类型用户的账号、密码，还要为用户提供注册、修改密码的功能。

操作日志管理：系统日志是监控和处理异常的必要工具，因此要妥善保存系统的日志，以便分析异常和制定策略。

（三）业务流程分析

学生通过手机终端将个人画像信息输入管理系统中。审核教师负责核对学生录取信息的真实性，并判定是否将学生信息添加到管理系统中。企业代表上传招聘信息、编辑招聘数据。招聘信息审核专员对企业代表上传的招聘信息查询、编辑和审核。系统自动根据数据库中学生信息进行立体画像，为其匹配最有可能录用的行业、最恰当的公司以及最合适的薪资水平。以此引导应届生更好地找到适合自己的行业和属于自己的事业，同时也可以为公司找到最适合的人才，缓解用工紧张的形势，提高企业效益以及发展水平。

（四）功能需求

基于多维大数据分析与监控平台的就业服务体系从功能上可划分为信息管理模块和推荐引擎模块。我们首先将用户的相关信息录入到信息管理模块中，而后经由一系列数据清洗，将清洗后的数据作为推荐模块的输入，对用户进行个性化就业推荐。接下来，我们对这两大模块进行功能需求的分析。

(1) 信息管理模块。

用户登录：输入用户名和密码，验证后登录系统。

用户注册：用户输入新的用户名和密码注册并登录到系统中编辑个人信息。用户可以添加自己的照片、QQ 号、手机号码等信息，并且显示在用户的个人主页。

更改密码：用户可以方便地修改密码。

信息管理：根据用户的权限，为用户提供相应的可管理选项。

(2) 个性化推荐模块。

数据清洗及特征工程：周期性地对所需信息系统中的数据进行数据清洗和特征工程，为个性化推荐模块提供所需的数据源。

个性化推荐：周期性地对系统内的目标用户进行职位推荐。推荐模块默认为所有用户进行个性化职位推荐，但是也可以根据需求对用户进行过滤。例如仅对即将毕业的学生展示个性化职业推荐。

任务调度：定时执行推荐模块的运算模块，同时前端部分定时查询最新推荐模块的输出数据。如果推荐模块任务调度失败，前端将展示一个预设的推荐结果作为兜底数据。

五、基于大数据就业服务系统实现的设计框架

基于多维大数据分析与监控平台的就业服务体系架构如图所示，本架构由数据层、基础层、决策层以及前端网页组成。其中，数据层用于收集学生数据（包括个人信息、画像信息、求职简历等）、岗位数据（包括招聘公司信息、招聘岗位信息、招聘要求等），这几类数据将作为后面应用的重要的数据源。

经过基础层的数据建模，决策层利用多种模型对数据进行清洗、特征提取、模型计算以及评估，最终输出的数据将直接读取和展示在前端的网页。设计框架如表 4-1 所示：

表 4-1　前端网页框架

<table>
<tr><td colspan="4">前端网页</td></tr>
<tr><td colspan="2">学生信息页</td><td colspan="2">就业推荐页</td></tr>
<tr><td>决策层</td><td>推荐模块</td><td>ML 模块</td><td>评估模块</td></tr>
<tr><td>基础层</td><td colspan="3">信息管理数据库</td></tr>
<tr><td>数据层</td><td>学生数据源</td><td>就业岗位数据源</td><td>……</td></tr>
</table>

1. 数据库架构

数据库担负起了系统的信息存储和信息收集功能，需要保证异常的时候不要丢失所有数据即可（丢失几个或几十个学生的信息属于可接受范围，可以后期人工恢复）。我们需要搭建一个数据库的主从备份，也就是保持多个数据库的状态同步，对于某一个数据库的操作都应该自动备份到其他的数据库。这样做的原因一是为了在主数据库遭到破坏时能有备份数据库，二是在数据请求太多的时候，可以将请求分摊到其他备用数据库上面，提高效率。主从备份的实现思路是，主服务器每次都将进行的操作写入一个日志中（通常是二进制），从服务器读取这个日志，并将日志中的操作执行一遍，这样就实现了主从备份的操作。

2. 数据流程图

本系统采用自顶而下数据流设计，如图 4–5 所示：

图 4–5　数据流程图

这里的前端指的是网页端，我们的整个系统是以网页的方式展示给用户的。数据库存储了所有的学生采集数据信息和就业推荐信息，它可以直接与前端进行交互。最右边的推荐系统是一个后端计算模块，主要是从数据库提取数据然后进行相应的计算，最终将计算后的结果存入数据库中，同时返回给前端。

3. 学生画像信息采集点举例

表 4–2　学生画像信息采集

思想政治素养	思想成长	党校培训、入党宣誓、党员活动等
	志愿公益	参加校内外社会公益活动等
	好人好事	见义勇为、帮助他人等
专业素养	学习日常	教室、实验室、图书馆、寝室等全方位影像素材
	学习成绩	对接教务系统数据
	见习单位	实习岗位＼实习期＼实习概述
	实习单位	实习岗位＼实习期＼实习概述

续表

实践创新素养	考级考证	四\六级、普通话、教师资格证、软件工程师等资格认证
	科技应用	论文发表、专利申报、软件著作权等
	专业竞赛	全国大学生互联网+创新创业比赛、ACM 国际大学生程序设计竞赛等专业竞赛等
	创新创业	创新创业项目申报及开展情况等
	特长竞技	各级特长竞赛活动获奖情况等
文化素养	我的军训	采集军训期间影像素材、相关获奖情况等。
	班级活动	班级活动如主题班会、团建活动、校内联谊、班级比赛等
	文体活动	学校运动会、科技文化节等
	社会实践	野外生存、暑期社会实践活动等
社会素养	学生会工作	职务\任期\亮点
	团委工作	职务\任期\亮点
	班级工作	职务\任期\亮点
	社团工作	职务\任期\亮点

第五章　大数据背景下高校教育管理创新策略

随着科技的进步和高校教育的发展，教学管理的手段在教务网络管理系统上也由单一向综合过渡，这一发展不仅有利于综合教学管理水平的提高，而且能够促进教学管理效率的创新提升。本章主要根据大数据背景下对高校教育管理的创新及改革进行了详细的描述。

第一节　高校教育管理体制的创新

一、高校教育管理体制的改革

管理系统包括三个方面的内容：隶属关系的确立、组织结构的建立和管理权限的划分。高校教育管理系统是指对高校教育管理的组织结构和权力归属进行划分，划分的时候既要注重培养目标的特殊性，又要体现教学水平，更要能遵循教育教学规律，这隶属于大学的管理体制。传统的大学教育管理结构是金字塔型结构，是由官僚式组织结构形成的垂直自上而下模式，强调管理结构位于上层组织结构上的责任和权威。教育机构是这个方面的代表。教育家罗泰（Lortie，1969）就曾经表示，学校里面，管理权集中在最顶端，权力集中分配，按等级分配。

新的形势要求改变传统的教育管理体制，加大体制创新力度。在当今信息时代，学校的环境变得更复杂，更多样，这要求学校的管理方式既要多样化，也要兼顾个性化。传统的教育管理体制不灵活，无法有效适应内外部环境的多元化变化，过于僵化。新技术环境冲破了原有教育结构的刚性布局，僵化的条理信息传达形成了灵活多变的结构和扁平化的信息传递渠道。因此，对传统校园教育管理体制进行改革是有必要的。在改革过程中，信息技术提供了强有力的支持，为教育管理体制改革注入了新的活力，在学校管理组织体系中应用广泛。广大师生都是网络信息技术的拥有者，他们具备参与改革的知识和能力，是教育管理体制改革的参与者。同时，信息社会的到来，让教育管理者开始面临极大的挑战，也提高了对他们综合素养水平的要求，需要他们与时俱进，不断适应新时代，抓住机遇迎接挑战。

二、高校教育管理组织机构的变化

我们可以从以下几项对组织的结构进行评价：(1) 责任性，组织的每个成员都应该对组织负责；(2) 适应性，组织要经常随时间不断变化并进行革新；(3) 及时性，要及时完成工作，速度要快；(4) 响应性，对组织外部环境需求，要及时响应；(5) 效率，组织成员要可靠地完成任务，还要有最小的出错率，并且要考虑到资源的经济性，简单说就是又快又好。根据以上几项的要求，需要一种扁平化的教育管理组织结构，对以前的组织结构进行改革。高校教育管理是指要取消教学机构管理组织中的大部分中间管理层，加大管理组织的扁平化，以达到减少中层管理团队的目的。在大数据环境下，教育管理组织的扁平化是有可能的，这也是必要的。有以下几点原因：(1) 对组织结构进行扁平化处理，有助于充分发挥基层管理人员的能动性，给他们以更广阔的发展空间；(2) 大量烦琐的、需要人来完成的工作，可以由计算机或者自动化设备完成；(3) 由于网络交互的特性，决策层和执行层的信息传递更加方便快捷，一些中间层管理机构可以取消，使得加强管理幅度成为可能。

三、高校教育管理权限的重新划分

在高校教育管理组织环境下大数据趋于简化，但组织关系更为复杂，这是因为缩简机构，降低管理人员的数量，导致机构之间、管理人员之间以及机构和管理人员之间的关系更为复杂。这时，日常管理权如果继续收归中央机构，它就变得难以维系，所以，中央机构就必须把部分管理权下放到基层。

就高校而言，高校层面的管理是宏观层面的管理，教学质量和高校协调控制是否有效有着非常紧密的关联。所以，高校应对整个学校的所有专业进行强化管理，并施行对应方针政策，这样才能成为整个教学过程的有力保障者和支持者。管理的具体内容涵盖领导学校招生和分配工作，决策全校教育管理重大事项，建设教育管理制度规章，完善教学质量评价系统，设计科学化教育培训规划。提出或者修正教育计划要求，对实习、公共选修课和文化素质课进行安排，对学生进行管理，加强教学科研信息系统及教学基础设施的建立。当然，在这些管理活动中，老师和学生的意见不容忽视。学校管理系统的职能首先是宏观管理，其次是为教学工作提供方便，最后是决策。我们应该注意到，这些管理活动在不同部门的分工不同，赋予各部门的权限也不同，怎么分工，如何赋权，值得探讨。学校（系）级各部门层面有自己比较完整的教学管理组织结构，如有多个部门和相应的教学秘书，有教务处，对学生的工作负有特殊的责任，还有分配学校教育经费的权力，制定各学科的教学计划，负责部门课程安排、教师安排的权力；制定更加详细的专业教学，如组织的教学研究活动、教学质量评价、各种考试的组织、实验设计和实践安排；负责学院和学校的学生奖惩等处理以及院（系）、学校教学之间的协调问题等。在这一系列活动中，师生参与决策。

如何将教育管理权分配给这些人才能达到最优？考虑到管理者可以在其所在权力范围内行使权力，而教师实施教学、学生进行学习，他们的权利得不到保障，所以这里着重介绍老师和学生的权力。传统的教育管理权主要归校长和负责教学工作的副校长所有，教学活动在教学部门的领导下开展，老师听从院长的安排，按照同一教学纲领对学生进行知识的传授。然后教师布置要学习的各种知识，学生学会如何学习，至于要学什么，在教育管理中，谁也没有发言权。为了能够让教学活动变得既有效又有趣，应该将更多的权力和更多的自由给予教师和学生。首先，教师和学生在涉及教学层面的重大决策和决议，都有评价权、提案权甚至决策权，而且这些权力应该设立具体的规章制度，进行保障。其次，对于教师，他们可以选择教学对象，研究项目，并得出自己的结论；对于学生，在正确方法指导的前提下，具有选择选修课程的自由、选择相关专业的自由、选择教师的自由和选择学习内容的自由，并能参与教育管理评价。

第二节　高校教育管理的改革与完善

一、引入先进的管理思想

只有在先进管理理念的指导下，教育管理才能发展起来。在信息化时代，高校教育管理者除了要具备教育管理能力外，还应具备先进的管理思想：

第一，主动适应的思想。主动适应思想是指教育管理工作应主动适应社会发展需要的人才培养，随时随地捕捉信息社会对人才的需求，及时调整教育管理思路，顺应时代的潮流。主动适应性思维将成为高校教育管理的指导思想，教育管理的主动适应性思维是强调适度分权。针对内部要素和外部环境的变化采用灵活的态度来应对。

第二，人本观念。学校管理的核心在于教学管理。人本观念首先体现在管理过程中法人主体地位放在首要位置，促使教师和学生在工作和学习的过程中，充分参与到管理实践中来，让他们在参与的同时，获得身心综合发展的能力、知识等。教师和学生的创新充分挖掘了潜能。因为学生是学习的主体，教师是教学的主体，他们拥有积极创造的内在潜能，对于提高教育管理质量来说，意义重大。所以，在具体的管理环节一定要注意激发师生创造力，充分调动他们的主观能动性，在所有的管理活动当中要实现全方位的注意和把控，以便有效提升教育质量。

第三，全面质量管理理念。究其根源，全面质量管理理念可追溯到美国公司管理思想。全面质量管理是一个组织，把质量当作核心，将全员共同参与作为根基，目的在于让顾客满意而获得持续成功的路径。高校教育管理实践当中的全面质量管理包括：（1）全过程质量管理。想要把教育目标放在核心，科学有序地实施教育教学活动，就要加强对教育教学环节质量的全方位把控，尤其是要管理好接口，保证不同环节的有效衔接，有效确定不同环节要达到的质量标准。（2）全方位质量管理。进行综合性的管理，只要是影响或涉及教学质量的环节和因素，就要考虑。比如说对后勤服务部门、管理部门自身等部门的工作质量进行管理，它们的工作都会影响到教学质量和教学工作，这是我国高校的实际情况。（3）全员质量管理。学校的各个部门、每一位成员（包括全体教师和学生）都应该主动积极地参与质量管理，努力提高自己的工作质量，才能培养出高素质的专门人才。

二、信息化手段改革的管理方式

要深化教学改革，第一步要做的是改革教学计划。只有好的教学计划才能保证好的教学质量。制定好教学计划，是建立教学体系、安排教学任务、组织教学过程的基础。教学计划一般是在国家相应教育部门的指导下，考虑全局效益，由教育学家或相关人员独立制定的。教学计划需符合教学规律，一段时间内稳定不变，但长远来看，也需不断及时调整和修正，才能适应社会的新发展、经济和科学技术的进步。

教育管理者还要改变传统的教学观念，及时修改和调整教学计划。原因有以下几点：一是从社会对人才的要求来看，是因为当今科学技术和社会经济人才发展的要求越来越接近，要综合社会对人才的要求来制定教学规划；二是就人才的成长而言，大学也只是学习的一个阶段，并不是学习的终点所在。因此在大学时期，不单单要注意加强专业知识学习与积累，更主要的是要掌握学习方法，还要学会生存，学会生活，学会做事，也要注意提升创新能力与创造力；三是从整个世界来看，中国已经加入 WTO，经济全球化的趋势发展迅猛，中国的人才要走向世界，在整个世界上进行竞争，中国教育也要注意国际化人才的培养。

信息化时代要求我们紧跟时代潮流，准确预测社会对人才要求的改变，培养符合国家需要的人才。要达到这一目标，我们应该加强对信息技术手段的合理化应用，科学设计教育规划，并对其实时监控和及时反馈，制定对教学方案的评价标准，使高校毕业生尽量满足社会的要求。

三、大数据环境下高校教学计划的制定

第一，高校教学计划应该满足以下几点要求：（1）客观性。要尽量按社会主义市场经济的要求，设计多种人才培养模式，也要尽可能多地考虑到未来环境的变化，设计多种智能结构。（2）灵活性。学生要找到适合自己发展潜力的模式，学校要尽可能提供不同种类的多种模式。具体方法可以参考以下建议：学分制方面，可以采用完全学分制，在信息技术大范围推广应用的进程中，远程高等教育得到了长足发展，任何科目、任何内容，学生都可以借助网络进行学习，不限于时间和空间；安排教学时，需要充分合理地应用好信息技术，让学生拥有一个充分选择的空间，也要针对不同的学生的不同特点设计符合其个性的教学过程。应该将学生培养成这样的人才：整体素质高，基础扎实，专业能力强，注重知识的全面发展，能借助网络拓宽眼界丰富知识面，拥有终身学习的能力。但必须承认大学生的各种类型的要求不可能有一个统一的标准，我们要鼓励其自由发展。

第二，制定教学计划的一般程序。该程序包括社会更广泛的调查，经济和信息技术应用的人才技术发展的需求，对培养目标和业务类示范专业分析；了解有关文件精神和规定的注册研究；提出的意见和部门的学校教学计划的要求；（所）主持制定教学纲领，系（院）教学委员会进行审

议，由学校教学工作委员会复审核查，核查签字后由执行校长签字确认。

第三，大学教学计划的内容，主要包括以下两个方面：确立合理的专业培养目标，设置合适的课程。因为专业培养目标的质量标准、课程的设置与人才的发展息息相关。本书主要研究专业培养目标的确立与课程的设置。在专业设置和专业培养目标的确立上，主要应用了调查的方法。调查的基本步骤包括：（1）凭借教学经验分析提出若干备用的选项；（2）发放调查问卷，让被调查者在备用的选项中选择自己的意见或建议；（3）对调查结果进行统计分析，按照被选择次数的多少对各个选项进行由多到少排队；（4）制定一定的规则，看看哪个选项应该占的比重较大。在整个过程中，要充分利用信息技术，借助网络收集信息，收集完后可以借助计算机对调查信息进行统计分析，得出结果。同时，还应注意以下几个方面：一是要进行可靠的预测，对毕业生的就业情况有一定把握，毕业生只有满足社会的要求，高校才能有较高的就业率；二是引入更多的优秀教师，完备实验仪器和必要的书籍，生活设施也应该尽量完善；三是要有尽可能宽的口径，形成宽口径专业教育模式。目前的情况是教学信息越来越不难获取，学习知识也变得更加容易，但是要进行知识的重组和创新变得比较困难，所以我们要重点训练学生的综合素质；四是要有学校自身的特点，学科建设要结合学校的地域优势和传统优势学科；五是考虑到专业的冷热门问题，并及时调整，满足需求。

信息时代下，高校要实施教育教学管理按照以下几点来做。在这之前首先要肯定的是，应保持相对稳定和严格地执行教学计划。为此，可以制定以下两条准则：

一是通过注册表或系统执行制备的一年，将其分为学期教学计划和年度教学计划，制定工作表，安排好每个学期的教学任务、上课教室等；二是由相关部门制订教学组织计划，如社会实践计划、实习计划、实验教学计划、培训计划等。要制定适当的政策和环境以及保证教学基础设施，还有教育管理和教师、学生相配合，这分别是教学计划顺利实施的内外部条件。在这个过程中要把握五个方面：一是要切实维护教学计划的严肃性和权威性，严格遵守教学计划，可以适当调整；二是在具体的实施过程中，严格选择计划材料，遵照教学大纲的要求；三是加强教师群体的力量，确保教学第一线与教学计划一致；四是制定教学质量评价方案并严格监测执行，可以借助信息技术建立自动的监测和反馈系统；五是教学组织与管理要严格按照教学计划进行。

四、改革学生的培养方式与管理模式

信息时代要求人才具有更高的素质，改革人才的教育方式和管理模式是必要的。信息技术为这项改革提供了条件，萨摩尔·帕波特说："我认为数字媒体教育的真正贡献，使每一个人都能找到适合自己的学习方法，它也使每一个有抱负的教育家梦想成真，在未来的学习环境中，每个学习者是特殊的。"

大数据环境下改革学生的培养方式主要体现在以下三个方面：

一是在教学中促进"参与式"教学法。该教学法主要以提问式教学活动、开放性内容为特征，问题无标准答案，作业、论文也很少甚至没有，能带给学生自由思考的充足时间和空间。利用网络技术和计算机技术收集相关信息来解答问题，通过对问题的解答完成知识学习与内化。在这样一个学习实践活动当中，学生不单单掌握了借助网络解答各种问题的能力，而且也学会了与"问题"有关的知识。同时，针对不同的学生，基础和综合研究推广，三层次的学习和培训，因材施教，针对学生自身的特点确立恰当培育目标，设置严谨学习规划，尽可能让每一个人都能得到很好的发展。

二是努力培养学生的社会实践能力，加强实践教学。很多情况下实践和实验资源的不足会影响实践教学的水平。那么在资源不足的情况下，我们应该怎么做？我们可以利用计算机和网络编制软件，这个软件具有虚拟实验室的功能，学生可以模拟操作。如利用计算机软件在虚拟实验室中解剖青蛙（数码青蛙）等。虚拟实验室的优点是成本低，而且实验失败时方便重来，学生可以反复练习，直到熟练掌握；也可以模拟实验现场肉眼不可见或实验过程非常危险或实验环境确实难以建立的情况，来尽量满足实验的要求。

三是鼓励学生跨学科学习，培养全面型人才。当今社会，随着信息技术的发展，新的学科不断涌现，这些学科大部分是由学科交叉形成的。建立交叉学科培养机制，培养学生跨学科背景。在基础学科和谐的高校中，打破不同专业教育壁垒，创建跨学科教学的培养机制，可以借鉴国外成功的跨学科教学的经验。具体实现过程如下：以培养计划为基础，为学生选定必修课程，这些课程是跨学科的，包括文学、理学、工学等多个领域，以便对学生的综合分析力进行有效锻炼，培育学生创新思维与创造力。要提供多种专业、多类课程、多个教师供学生选择，这样学生就能根据个人兴趣制定自己的学习目标，进行自主学习。让学生跨部门、跨专业、跨班学习。高校应完善相关课程，抓住交叉的学科的新增长点，组织多学科的力量开展教学，配备必要的教师，形成跨学科的教学模式，激发创新意识，促使学生应用到探究新领域中，全面发展自己。

在本科生培养模式改革的基础上，对学生的管理方式也发生了很大变化。目前，大多数高校实行学分制，这是在计划经济时代就形成的管理模式，灵活性不够，刚性太强，约束也太多。在当今大数据环境下，对学生的管理，我们提倡更加注重学生个性化的模式。教师管理系统以学生为中心，学生为主导，教师为辅助，建立学生服务中心。具体操作有：一是建立心理咨询、急救救援、工作研究、学习指导机制，建立相应的社区管理部门；二是以学生宿舍为基础，取消班级，由 8 ~ 15 名学生与教师形成一个整体；三是由研究生或高年级优秀学生协助管理。为学生提供指导。这种管理模式可以实现学生的自我教育、管理、服务，能够让学生的综合素质得到有效发展和锻炼。

五、加强课程教学管理改革

再怎么强调课程建设也不过分。课程的重要远远高于专业，之所以这样说是由于课程体现了专业。我们要给学生制作一桌丰盛的“宴席”，不能只开出好菜单，还需确保每样菜品都爽口。

在信息时代，知识变得越来越重要。高校课程体系优劣评估要特别注意：一是课程体系的整合，对不同学科之间的课程研究越深入，整合程度越高；二是课程体系的完整性，课程越多，内容越丰富，体系越完整；三是课程体系的可持续发展，是指科学技术的变化和发展，遵循社会课程体系，及时自我调整和自我更新；四是课程体系的平衡结构，课程是指原发性和继发性，层次结构和内部关系和相互之间的配合度。根据这些指标，在优化课程体系时，我们应该注意以下几点：

首先，注重更新教学内容，教学内容要具有思想性、科学性、前沿性和创新性，课程内容要及时更新，可以将最新的科学研究成果引入课程，激发学生的学习兴趣，进行课堂教学和网络教学相结合的方式，积极开展网上教学。

其次，要重视跨学科课程建设，重视理工科类和文学类学科的相互渗透，密切关注综合学科和交叉学科的创建。还应该注意到课程方面存在许多问题。目前的课程都是使用很久之前的老教材，教材的利用率不高，而且新教材很少。经过对教材展开调查，我们发现 5 年前编写的教材在本科教育教学的比例占到 50%，3 年前编写的教材占 30%，新教材比例太小。为解决这一问题，高校教育管理者应制定相关政策，指导和支持新教材的建设和使用。在师资培训方面，应加强师资队伍建设。前哈佛大学校长科南特曾说："大学的荣誉不在于学校建筑的数量，但在其一代一代教师的质量。"

再次，要重视总结近年来课程体系改革和教学内容的成果和经验，并从中吸收有用的成分，积极扩展教学内容，进行教学改革。我们还应该增加课程的种类和数量。

最后，注重课程比例的合理设置。现今高校基本都实行学分制管理，学生的课程分为必修课和选修课，必修课和选修课之间必须有合理的比例。目前选修课的占比比较低，有待提高。同时也可以在必修课程加入选课系统，将选课机制引入课堂，使选课范围扩大，如数学、物理、计算机应用、英语课程有不同的等级，针对在理论分析或在实际应用中的一些重点课程，学生可以根据专业方向和自己的兴趣选择相应的课程。

六、教学评价体系的科学化和规范化的建立

教育评价中教学评价是至关重要的，教学评价就是依据特定的教学目标于一定的教学系统里搜集信息，精确理解，科学而全面地分析，从而让评价更客观，并使教学质量的提升有一个依托，也为改革提供一些依据。教学评价的教学意义十分重要，它可以用来指导，也可以帮助决策，还能进行适当的反馈。在 20 世纪 90 年代，我国高校开展的教学评价工作得到了极快发展：1990 年 10 月，国家教委发布了《普通高等学校教育评估暂行规定》；1994 年 6 月，国家教委又发布了《关于加强普通高等学校教学工作的意见》。由此，高校中教学质量的评价可以反过来影响教学质量，有一定的指导作用。

我国高校教学评估由教育部主导，遵循先试点后全面推广的发展历程。试点评估始于 1990 年发布的《普通高等学校教育评估暂行规定》，曾在 1994 年开启针对 1976 年以来新建本科院校的合格评估，1996 年开启针对百所重点大学的优秀评估，1999 年开启介于二者之间院校的随机性水平评估，共有 254 所高校参与早期高教质量保障活动。伴随《2003—2007 年教育振兴行动计划》和《普通高等学校本科教学工作水平评估方案》的出台，教育部于 2002 年将合格评估、优秀评估和随机性水平评估合并，高校

教学评估制度开始规范化和常态化，从试点评估过渡到全面评估。全面评估先后经历水平评估和院校评估两个阶段。水平评估在 2003 年全面启动，旨在检验高校基本办学条件，以提高教学质量为核心，并以学生受益为出发点，到 2008 年结束时共有 589 所高校接受评估。客观地讲，教育部教学水平评估能够推进高校确立本科教学基础地位、改善教学基础设施、加强师资队伍建设、规范教学管理，但存在使用同一个评估标准、整改环节薄弱、优秀率过高等问题。

2010 年，新的教学评估制度开始运行，标志点包括《国家中长期教育改革和发展规划纲要（2010—2020 年）》的颁布和《关于普通高等学校本科教学评估工作的意见》的下发。以往的水平评估演变为现在的院校评估，院校评估又包括合格评估和审核评估，均利用“教学基本状态数据库”对高校进行常态监测。新一轮的合格评估开始于 2010 年，仅针对尚未参加过教学工作评估的各类新建普通本科学校，重在加强教学基本条件建设、加强教学管理、建立并完善校内教学质量保障制度，旨在促进教学质量的稳步提高，通过者可参加审核评估，到 2013 年已评估 80 所高校。2013 年开始的审核评估则针对曾参加水平评估并获得“合格”及以上结论的高校，以及参加合格评估并“通过”5 年的新建本科院校，截至 2022 年，全国已经有 847 所高校接受评估，覆盖面甚广。相对于水平评估和合格评估，教育部本科教学审核评估倡导“用自己的尺子量自己”，更加注重自身教师队伍建设、人才培养过程与学生发展，强调评估与整改相结合，确保高校既不失特色，又有长远规划与成效，体现出以学习者为中心的范式转变。

为贯彻落实《深化新时代教育评价改革总体方案》和《关于深化新时代教育督导体制机制改革的意见》，推进高校分类评价，改进本科教育教学评估，推动提高本科人才培养质量，教育部制定了《普通高等学校本科教育教学审核评估实施方案（2021—2025 年）》。本轮审核评估时间为 2021—2025 年，主要包括评估申请、学校自评、专家评审、反馈结论、限期整改、督导复查等评估程序。经国家正式批准独立设置的普通本科高校均应参加审核评估，其中新建普通本科高校应先参加普通高等学校本科教学工作合格评估，原则上获得“通过”结论，5 年后方可参加本轮审核评估。

依据高校教学的特点，教学评价的体系应当全面且多元化。教学评价的对象和主体是最先要清楚并确定的。一是教学评价的对象。教学评价按对象可分为整体教学评价、专业教学评价和单项教学评价。对一个学校进行教学评价要有宏观的观点，对环境质量、办学水平以及专业人才进行全面的评价；对专业的学校和教学水平去深入而全面的评价就是教学评价，主要应注意教学质量和办学特色；对综合素质进行一个微观状态下的过程的评价也是教学评价，而较为基础和重要的是高校教学的评估。这里说的是有关于课堂的教学评价。二是教学评价主体。主体多样才能更全面而深入，有自评和他评，去评价自己和教育对象，还有学科专家、管理干部、领导和社会来进行评价。依托现在的网络和计算机技术，使用软件对信息进行分析处理是现今通用的。

还应施行多元的评价标准。像就学生而言，不同情况标准应不同，如学校专业和年龄等。为此以下几个方面决定：

第一，学生的多样性。不同学生差别甚大，不仅和遗传有着非常密切的关联，环境因素以及后天接受教育水平也扮演着重要角色，每个学生自己的意识和付出的努力不同，形成了独特个体。

第二，学生来源的差异性。我国的高校教育正朝着大众化的方向发展，很多社会上的人进入学校，素质各异的学子的要求也是不同的。

第三，信息化水平的提升，促使信息获取路径呈多元化的发展态势。现如今教育教学信息的收集和沟通已经从传统时代过渡到数字信息化时代，在这样的背景下，人们能够自由自主地完成信息互动沟通。

以上这些使得教师在评价时不能用一样的标准，应当有多种标准。就考试制度改革现阶段的具体要求来说，考试是一个用来说明教学质量，同样是考核教学效果的重要方法。在考试中，临时抱佛脚去死记硬背是可能取得好成绩的，但平时底子好的同学也许就不能筛选出来，这样教学质量的审查就有些偏颇了，不能很好地检测学生的学习水平和能力。就教和学进行评价来说，在过去重视老师教授及学生获取，理应让学生学会创新并有实践的成果。考试制度在大数据条件下的革新应表现在：于考试内容，要侧重让学生运用知识的能力可以展现，尤其关于问题进行全面解决的方案；在考试记录方面，把握素质教育方向，不要使框架固定不变，一定情况下不用百分制进行评分；处理考试时注意比例的等级；对教学和考试系统的改革分离的实施，建立专门的检测中心，对于基础课考核的各个过程都要把握好，不管是命题还是检阅试卷都要搞好质量的查验；检查考核的方式也应有创新，可采取写作、撰写研究报告、研究文献综述、产品设计等，这样利于学生创造能力的提高，基本的像是关于增加测试计算机课程实验教学内容设置综合性和设计性实验中，实验教学的考核侧重于基本操作测试。

第四，教学评价方法呈现多样性。例如，定性与定量评价、综合与专项评价、诊断性和总结性评价。不管哪种评价方式，都该特别关注：一是定性评价和固定时期的评价综合考虑；二是综合评价、专项评价及诊断性评价这三者的融合不同一般；三是定性定量评价相结合的评价；四是客观评价和自我组合评价；五是回顾和评价相结合的评价；六是评价与毕业考核联系起来；七是评价与评估的全面考虑；八是评价成果要与教学结果挂钩。

第三节　高校教育管理队伍的建设

有不同的原因影响教育管理的质量，包括人力、财力、物力、信息等。具体有教师、学生、教学人员、教育管理者、图书馆的工作者之类。教育管理者是上述人中首要的，因为人是主体更是管理的第一位的因素，全部都要人来组织和实行。写出教学有关规划和纲要以及安排学习内容、课程安排、教材预订到分发，包括学生的考试到毕业设计、实践等，各个阶段都不能没有教育管理者的加入。基于大数据时代的情况，教育管理质量日益受到多方面因素影响，其中信息更是关键要素，且各种原因渐渐复杂。想实现教育管理的效能，高素质的教育管理队伍是至关重要的。那么，怎样建立一支高素质的教育管理队伍？

一、高校教育管理队伍素质状况分析

从教育管理人员素质现状和教育管理队伍素质现状两方面来分析教育管理团队的素质。

首先，教育管理人员现状。目前，教育管理人员的素质方面有如下缺失：

第一，知识结构不完善。很多教育管理人员没有系统学习关于教育、管理及心理学的学科知识，甚至没有相关岗位的工作经验，还极少有继续深造的条件。在实际工作中，单单经过指导和实践的一些经验，管理者自身深入了解及回顾概括的太少，同时没有学习关于管理的知识，因而知识的结构不完善。

第二，知识更新速度加快。旧的知识逐渐不适用，人们必须了解新的知识。社会发展进步的速度越快，新旧知识之间的更迭速度越快。传统的教育管理理念认为，教育管理人员只管工作的事务，不必具备过多专业化

的知识技能。在这种思想的影响下，绝大多数的教育管理人员都不学习和改进个人工作。还有很多人因拒绝接受新知识理论的学习以及实践，无法追赶上时代和教育管理改革步伐。

第三，教育管理者通常缺乏创新意识与创造力。高校管理者较于老师，工作时间、薪酬、职称各不一样，很多管理者出现心理问题，情绪不好，幸福感缺失。

第四，信息管理意识淡薄，管理效率低下。人们不懂也不愿去提高现代信息技术的使用效率有一些原因：一是教学人员对信息技术知道的很少，关于怎么使用现在的信息技术无从下手，更谈不上去利用信息技术；二是现在中层管理干部因为时代的局限，很少懂得电脑技术，对管理信息不太关注甚至不喜欢，同时害怕自身权威下降；三是管理人员习惯了一直以来使用纸张记载，在原先比较全面的信息管理系统下的信息发生变化，或者改变生活习惯，没有修改的内容感知的数据库信息系统，所以数据不准确；四是高校行政管理仍有“大锅饭”的表现，新技术的运用与管理人员自身权益没有大的关系，就没有压力；五是就算信息管理系统相当完备，然而因为各高校软件应用不同，无法共享和交流，使得管理者的积极性降低。

再有，教育管理队伍现状。一是高校教育管理队伍整体素质低，流动性强。原因是高校管理者不了解教育管理的重要性，以往的教育管理高校领导干部基本上是从教学或研究前沿阵地转移，一些领导干部做行政工作同时还有教学任务，他们不重视教育管理，对管理业务更新的机会不大，对教育职称评定和科学教育管理有太多影响。而且管理人员教育没有好的待遇，流动过于频繁。二是高校教育管理队伍结构不合理。目前，教育管理团队满足不了时代要求，教育结构不合理，知识结构和能力结构欠缺。

二、大数据对管理人员的素质要求

知识密集、高新技术、人才聚集、思维活跃、信息渠道十分畅通，这些都是高校的特点。随着信息技术的快速发展，所有的教育管理人员的素养也有待提高。教育管理人员应该做到以下几点：

第一、树立强烈的服务意识。管理的本质就是服务。教育管理人员应该作为一个服务者，服务学生，服务教师，服务教学，进而服务于崇高的教育事业。

第二，掌握教育理论和专业知识。身为做教育工作的人，教育的科学及其规律是基础，一些专业的知识必须掌握，如教育学、教育心理学、管理学和大学教育学等，如此才能让科学教育和教育管理得以实现。高校的管理人员要具备充足的理论知识，同时对高等教育的改革理论适时掌握。再者，必须具备相关专业知识。进行教育管理工作，是对学校实现有效而科学的管理，所以历史的和地理的知识要深入把握了解，同时也要把握现代的计算机方面有关管理的方法和档案的知识，知识结构复杂，教育管理工作面临复杂性。

第三，掌握现代信息技术，具有良好的信息素养。随着现代信息技术的飞快发展，必须随之掌握不断更新的技术，这样才能使得管理效率不断提高，教育管理人员不仅得拥有极好的信息素养，还要会顺利使用现代的信息技术。信息素养是由信息知识、信息意识和信息伦理组成的。对高校教育管理的具体表现为：教育管理人员在教育管理中的知识掌握不同的信息源中的应用，如网络、计算机等；对教育管理知识、现代信息技术的有效利用；会用信息检索知识并从网络获得需要的信息，这就要求掌握信息检索知识，会从网络获得信息，所以要学习一些教育管理软件；应时代要求，英语是必备知识，这样才能顺应网络技术与教育国际化的发展，才可以很好地应用信息检索；要提高教学信息化管理的敏感性，特别是对信息教育和教育管理的敏感度，这样才能体现信息处于信息社会的价值，了解人们具备的信息并清楚其需要的信息，如此才能使教学的质量提升，从而提升管理的效率，教育管理决策需要精确和完备的信息，其中反馈的信息较有价值。迅速准确对自身信息管理意识的价值有所认识，信息教育管理人员得在守法前提下，不对他人和社会造成危害，对教育管理信息进行处理，使自己的管理能力得以提高。

第四，管理能力强。首先，组织决策能力强。当今社会，教育体制改革在不断加强，只有教育管理者具有较强的组织决策能力，才能制定教学计划，制定切实可行的政策措施，对整个教学过程进行加工，并结合学校自身的优势做出科学合理的决策。其次，教育科研能力要强。查找资料，深入研究，准确把握国内外各大高校特别是精英院校的教学情况。世界教育改革的趋势；教育管理、教学第一线，或参与课堂教学，经常了解教学情况，对高校教学的调查和研究，掌握整个学校的发展趋势，做好教育管理。同时，“教育管理是一门科学”，实施教育管理和教学研究，是教育管理的共同任务。为了正确的管理，提高教育管理的质量和效率，研究者和教师有必要研究教育管理的特点和规律。最后，要勇于创新，敢于开放，培养良好的集体合作能力。教育管理应该与时俱进，而不是一成不变的。对当前高校的教育管理者来说，创新创造能力是他们最缺乏的。

三、教育管理团队素质的提高

周远清在《第一次全国普通高等学校教学工作会议上的讲话》（1998年3月24日）中说："加强教育管理队伍。教育管理不仅是一般的行政管理，而且具有学术管理和行政管理的双重功能。没有一个强有力的教育管理队伍，就不可能有一流的教学水平和教学质量。"在信息时代，只有提高教育管理队伍的素质，才能顺应高校的进步，那么怎么拥有高素质的团队呢？我认为我们要做好以下几方面工作：

首先，教育管理质量的提升。由于教育管理团队是由个人组成的，所以建立一支高素质的管理团队，全面提升教育管理者综合素质是重中之重。培训教学质量管理人员要做好以下几项工作：一是岗前培训。美国根据实际需要，开发了中层管理者的职业，这些新的管理者需要接受岗前培训，之后还应当深化知识的掌握，如心理学及管理科学教育等，还可以提高信息素质，特别是计算机和网络技术，才能有效使用校园网与互联网办公和学习。二是面向在职人员，坚持在职学习的原则。需要对员工的培训和学习进行组织与管理，提高教育管理水平的理论研究。采取灵活的培训模式，加强兄弟学校的联系和沟通等。三是要有意识地提高学习的意识和能力，教育管理工作者要能掌握一线教学的情况，促进教师教学实际情形的发展。

再者，必须提升高校教育管理团队的素质，让整体进一步发展，这关系到教育管理人员的个人素质，而且关系到教育管理队伍的整体状况。如果结构合理，人们可以互帮，彼此促进会让人们有更多的集体感，同时利于凝聚力与向心力的加强。可见，教育管理团队的结构与组合是提高教育管理团队素质和整体效果的关键。优化教育管理团队结构必须做到：一是优化教育管理队伍的年龄结构。让不同年龄的人发挥各自优势，经验互补，形成良好的整体效果。二是优化体系中教育、学科和职称的结构。就教育管理而言，各学科是相辅相成的，管理团队拥有一台计算机，他们将用计算机进行沟通，团队的合作使得计算机水平得以提升。对于相应的职称和学历方面，要求是不同的，他们的职称和学历要满足梯次结构的要求，决策、管理和具体的事务性工作分工不同，这样各司其职，进而互补。另一个重要的问题是教育管理团队的性格互补，恰当组合不同个性特点的人利于好的合作形成。

最后，积极性很关键，因此要建立竞争和激励的制度来引导管理干部，从而提高积极性。责任、制度和奖惩是岗位责任制的三个主要环节。在管理中，责任制是管理制度的核心，工作职位不同相应要承担的责任也不同，因此，对不同员工有不同要求，要组成一个合适的团体就要对不同的人进行不同岗位和要求的选择。另外，要严格地对员工岗位责任制进行考核，从而对员工的技能和态度有所把握和了解。定期考核，及时鼓励，奖励合理，全面推广。至于工作态度，对于特别差劲的，可以终止聘用。如此，方能利于竞争并得到进步。通过考核，也能找到每一位员工独特的个性和特长，便于大家把自己的特长得以较好的展现。标准化是奖惩必须具备的特点，只有有所标准才能体现责任制。要做到合理的薪酬制度，只要适当的报酬，绩效评分制度的工作责任就可以胜出。以上制度要落实到各个员工，使员工在一定压力下力求竞争。同时，在奖惩时，也要特别注重几点：一是物质和精神两方面的奖励都不能忽视。二是奖励要区分不同的级别，然后分别进行奖励。不同的管理层次激励是根据能力各异的层级区分的，通常而言，不同位置对应不同的管理能力以及不同的奖励标准。三是应用多元化与动态的奖惩。每个人的需求不同，而且在不同时期的同一个人需求也在改变，目的是为了满足更大价值的人的需求。为了使奖励制度具有激励相关人员的力量，在教师的各个成长阶段都要用不同的手段给以激励。

实行相应的政策将对教育管理积极性的提升起很大作用，例如评定职称、管理教学人员等问题。优惠政策的倾斜必然会提高人们的积极性。

第四节　高校教育管理与大数据结合分析

一、完善教育管理制度

教育管理制度是根据国家教育法律、法规等，由上级领导部门决策并指示给以的条例与规则。它作为教育的一个重要手段，对于维护正常的教学秩序至关重要。

高校的教育管理制度包括：关于教育材料的管理，例如教学的计划、课程安排和总结等；关于学校学业进程的，例如考试、教课进度、资料档案管理和课程的调换等；教师和教育管理人员的责任和奖惩制度；还有就是学生管理系统，如学生的代码、测试代码、实习等。

为了提高教学质量，不仅要有教育管理制度，立足于各校实际，还应设立新的制度；第一，应对教学工作多开会讨论，会议制度要详细确立，按期让教学校长办公室研讨会设立并进行会议的指导，使教学制度化；第二，要对领导加以制度化和规范化；第三，应合理安排考试，重视管理考试程序并制度化；第四，建立和完善毕业生就业质量评价体系，不仅要分析评价结业论文，还要有后续的了解，对毕业生多加关注；第五，应找专门人员进行合理监督；第六，研究革新教学工程体系；第七，职业教育的评价也要标准起来；第八，教学成果情况的结果传送，如四六级和全国计算机考试的合格情况、职称结构和教师资格等。

依托于大数据对高校教育管理制度还要添加辅助的条例；从信息标准问题的角度出发，教育部在 2002 年和 2003 年都出台了关于信息化标准的条例，并且高校教育管理信息化应建立在国内外的交流中。再从高校信息化相应体系出发，校园网络还有图书馆是两个校园信息传播的重点，因此，要加强它们的建设，尤其要有配套的管理方法。对教师和教育管理人员信息技能培训的过程中要意识到教师和教育管理人员的重要性，让教师和计算机技术人员共同构成的培训工作人员，为教师和教育管理人员的操作技能进行培训。教师和教育管理的人员对信息化的发展有极大的作用，这两者的能力可以用来评价信息化水平的提高水平。

二、校园网推动的作用发挥

环境是基础，教育管理的基础就是校园网络平台的建设，如今的教学离不开这个信息平台。所以，一是要特别注重校园里网络的作用，尤其多考虑整体的发展，合理进行计划，要弄清楚它的深层意义和扩展应用，思考网络建设的标准化等。二是统筹设计。充分考虑并实行网络的开拓，软件开发和校园网建设的应用，在施工中必须非常理性，做好网络接口，分阶段使用有限的资金，使效益最大化。三是软硬件要结合起来共同建设。由于设计软件耗时长，在进行网络改造时耗费时间会更多。教育管理的信息系统是由多方面组成的，但系统可以独自设计，也能买到现有的加以使用，要尤为关注的是软件的适用性。四是专门应用，三分技术，七分管理，如此才能达到最好效果。现今网络由于缺乏管理，使得网络的应用经常出现问题，甚至难以使用。学校方面，应该安排认真负责、技术过硬的老师担当校园网管的重任，有效助推网络的多方面应用。五为加强深造培训。校园网影响全部师生和教育管理人员，学校应重视对教师实施优化管理以及专业化的教育培训，合理制定有效规划，使师生和管理人员能够充分应用校园网满足各自差异化的需求，产生对校园网的认同感，而不是对其出现抵触心理。六是加强使用。最终的目的是创造效益，只有加强对校园网的应用程度，加强对校园网的完善力度，才能够真正发挥和增强其价值。

三、教学要有足够的投入

若没有丰富的基础资源作为支撑，就无法保证价值的发挥。正所谓“巧妇难为无米之炊”，投资不充足是万万不行。学校经费是教学运行的基础，好的高校一定要有充足资源。当前，我国高校教育管理存在严重问题：首先，教学资源不足。我国高校经费一般由政府投入。然而，由于投资有限，高校资金很稀缺。相较于国外的世界一流大学，它们的经费投入比中国多很多。其次，缺乏领导力。由于种种原因，学校领导对于教学前沿、教学条件和教师不够深入了解，造成了教学品质降低。教师与教育管理人才投入不足。最后，一些学生不够勤奋。事实上，高校对人才的培养，不仅要求硬件资源还要求软实力的投入，只有两方面兼具，才能实现高效率的管理。现今，有一些途径可以用来改进教学：第一，不单单依靠政府投入，可建立各种投资系统，从不同主体入手，寻找不同方法；第二，合理划分经费投入，以教学为重点，避免费用的不合理分配；第三，教师待遇从优，他们没有后顾之忧，专心致力于教学，也才能改变教师短缺的局面；第四，加强学生管理，增强学生学习的压力和动力。

第六章　大数据背景下高校教育管理工作的机遇与挑战

不可否认，大数据互联网已渗透到社会生活的各个角落，它对人们传统的生产和生活方式产生了巨大冲击。它正以席卷之势扫荡着我们这个古老的星球，人类的生活方式正在经历着脱胎换骨式的伟大变革，人们的情感理念、价值取向、道德标准、思维方式、行为习惯等，都随之发生了巨大而深刻的变化。

第一节　大数据背景下高校教育管理工作的指导思想与基本准则

一、坚持以学生为本的工作理念

坚持以学生为本应做到以下两点：第一，开展学生管理工作时，在深入调研了解学生的基础上，一切从学生的实际出发，从学生的需求和愿望出发，想学生之所想，急学生之所急，帮助学生解决成长中遇到的各种问题。第二，充分相信学生、尊重学生的主体性，重视发挥学生的自我教育、自我管理能力，在教育过程中突出教师的主导地位、学生的主体地位。

现在的大学教育似乎是同向化教育，在此基础上，教师的引导起到了至关重要的作用。大学教育不像小学、初中、高中教育，是灵活多变的教育，有些选修课可以根据自己的兴趣来学习。在兴趣学习期间，教师的管理成了一项艰难的工作，在管理中，怎样坚持以学生为本应成为教师在以后教学与管理中的一个中心问题。所谓的以学生为本就是从学生的实际情况出发，以学生成才为出发点。作为教师应该想学生所想，做学生所做。班级作为学校重要的组织机构，其建设的好坏直接关系到学校管理的成败，影响着学校的教育质量。以学生为本成为教学的重中之重，成为走进学生内心世界的一个重要因素。学生的逆反、逃课等一些不良的习惯不是因为他们淘气，而是对应试教育的一种抵抗。教师是学校与学生沟通的桥梁，是一根牵引的绳子。这就给教师提出了这样的问题：怎样坚持以学生为本。

1. 理解管理实现教师与学生的互通

现在的学校，教师与学生不再是朋友，有些甚至产生对立情绪，这是因为教师与学生的距离越来越远，沟通也越来越少，教师不能真正理解学生的实际意图，而学生更不能理解教师的良苦用心。在大学，教师相当于初中、高中时期的班主任，而真正实现以学生为本的教学，就是从学生实际出发。真正的互通则是心与心之间的交流，而管理则是变相的服务。影响教师管理的因素有很多，其中有内因和外因之分。内因是教师需要赢得学生的认可，如用博学的知识来赢得学生的钦佩，有一种不服输的劲头，让学生和你一起奋斗一起学习，可以和学生打成一片，可以和学生心与心地交流，可以成为知己，成为朋友，成为一个倾听者。这些内因都可以实现教师与学生之间互通。而外因也有很多，如校园环境、管理结构等因素。在种种因素下教师的管理或许会有一定的困难，但只要实现了沟通，实现了理解，那么管理就是一件轻而易举的事了。教师的管理就是预测学生可能出现的问题而去提前预防，组织学生参加各种活动，增进学生之间的关系等。沟通成就未来，让沟通促进发展。

2. 注重对学生素质方面的培养

以学生为本就是从学生的实际出发，在大学期间不仅要教导学生学习知识，更应该全面培养学生的良好素质，教师在这方面可以多加引导、指引。现在有些大学生注重学习，却忽视了道德理念，教师就应该起到引导的作用，加强学生的思想道德观念，把大学生培养成为全面人才。从现在的大学生自身发展状况来看，当代大学生正处在世界观、人生观、价值观形成与发展的重要时期，这个时期大学生的思想、道德、心理等方面都有一定的发展。在此期间，就应有教师的引导与教育来培养大学生正确的世界观、人生观、价值观。思想道德是一个社会的准则，所以，学生在大学期间更应注重它的培养。

3. 在教学中要以学生为本

所谓以学生为本就是把学生作为学校教育和管理的根本，就是时时处处把学生的利益放在首位，就是从学生的立场和想法出发来开展工作。但是，以学生为本绝不是对学生的一味纵容和对所有想法的大力支持，也不是抛弃师生关系最基本最底线的道德要求和行为规范，以学生为本就是孔子所说的因材施教，根据学生特点来制订学习计划，这对于现在的教学来说是有些难度的，但这个理念我们应该坚持下去。中国学生应试能力强，实际操作能力较差，其想象能力也十分缺乏。在实际教学中，需提高学生的动手能力和思维想象能力，才能将学生培养成为全面的人才。教师要让大学生转变学习态度，因为知识是一个人成功的根本，学习是为未来投资的积累。学习是真正的成功之母，是一个人成才的根基。现在有的大学生认为考上大学就成功了，上了大学就浑浑噩噩地度过了四年。因此，转变大学生的学习态度才是关键，在大学里，可学习的东西很多，可以让学生充实地度过四年的大学生活。在这四年，学生可以给自己设置一个目标，设置近期的目标、中长期的目标及远期目标。这些目标不能过大，要有一定的可行性，当学生实现了近期目标后就有信心继续实现下一个目标，这样不仅在大学期间学到了知识，还可以让学生获得个人满足感及自信心。在教学中，老师生怕漏教某些知识，总想把所有的知识都教给学生，每个课堂的时间安排满满的，没有给学生一点时间去吸收和消化，学生就像填鸭似的被灌输知识，课后便没了探索的想法，变成了一味地复习、做题，导致恶性循环。老师应该在教学中设置情景式教学法或以游戏的方式教学等。这些方法在教学过程中使用的同时要注意培养学生的自主性，可以使用学生相互教学法，在实践中培养学生的自主性，这不仅是一个新颖的教学方式，同时也可以让学生体会老师的教学意图，树立课堂整体观念。使学生在独立思考的同时，可以相互学习，增强学习的热情。教学是一个相长的过程，学生在准备教学的时候会查阅很多资料，经过反复琢磨总结。这样的教学是有效的，是以学生为本。

4. 开拓、挖掘学生的潜力

总之，教育是以关心、关怀、关爱学生的健康成长为目的，教师应该密切关注学生的言行、感情、心理等各个方面，只有这样为学生着想，才有助于以学生为本，构建和谐校园。在日常教学中应开拓学生的潜力，教师应通过日常的细微小事来发现和挖掘学生的才华，这样才会使每个学生受益。现在强调的是素质教育，而素质教育并不只是学习，而是德智体美劳全面发展。

现在的社会需要的是有能力、有思想、有内涵的年轻人，那么现在提出的以学生为本的教学，是从学生的实际出发，使整个社会更加和谐。教师的引导与教育，是使之持续发展的一个重要因素，而培养学生的潜力则是推动以学生为本的另一因素。

在这个日新月异的社会，大学教育已逐步成为普及教育，大学生在大学的生活与学习已成为家长、老师共同关注的问题，以学生为本的教学理念已成为一个开拓大学教育的新理念。教师在管理中要实现以学生为本，不仅体现在学习中，还应在生活中的各个方面，挖掘学生各方面的潜力。

二、坚持整体论及系统论思想

高校学生管理系统包括两个系统，即思想政治教育系统和管理系统。思想政治教育系统包括校党委办公室、宣传部、学工部、团委、马列部、基层各院系党总支、基层党支部，还有独立的或隶属于学工部的心理咨询中心。行政管理系统有校办、教务处、学生处、保卫处、总务处、大数据管理中心、各院系行政部门等。有人把大学生的教育和管理系统称为“小三线”，即划分为三个系统，分别指学校的教学科研系统、行政后勤管理系统和党团系统。笔者认为分为上面两个系统较为合适，其实“小三线”主要是思想教育和管理两个方面。所有上述内容直接或间接的要素组成一个整体，形成一个以学生工作部门为主体的，相互联系，相辅相成的大学生思想政治教育和管理系统。

1. 高校学生管理系统的目的性和层次性

高校学生管理系统具有鲜明的目的性，其目的就在于根据一定时期国家对人才质量的要求，按照大学生思想的特点与行为变化的客观实际以及高等教育的规律，以马克思列宁主义、毛泽东思想、邓小平理论、“三个代表”重要思想、科学发展观、习近平新时代中国特色社会主义思想作为行动指南。结合伦理道德和现代化的管理手段教育和管理学生，将各种教育管理力量，包括学生干部的自身内驱力，政工干部、行政干部和教师的外在力，学校和有关部门、社会和家庭诸方面的影响力等与学生密切相关的有限时间、客观环境、各种信息、各类活动等，合理地进行组织协调，使之发挥最大的效益，促使学生德、智、体、美、劳全面发展。

系统论认为系统具有层次性，就是说系统内部的要素是相互联系、相互作用的，这种关系和作用一般显示出有序的层次，系统的性能不单单同组成它的要素的性质有关，而且同它们之间的关联形式有关。大学生的思想政治教育和管理是一个大系统，由一定的要素组成，同时这些要素又是由次一级要素组成大的子系统。例如，一所学校所辖的党委宣传部、组织部、学生部（处）、总务处、教务处、校团委以及院系办、年级、班组、团支部、班委会都有不同程度的学生思想教育和行政管理职能。它们既是大学生思想教育工作系统的组成部分，又是各自隶属的子系统，而且它们之间的关系如何是决定整个系统发挥作用的重要因素。

2. 思想政治教育和管理系统的整体效应

系统论认为任何系统都有整体性和环境适应性。整体性认为，作为一个系统，首先必须明确作为一个整体所体现的功能，系统中各个子系统的功能和它们之间的相互联系都要从系统整体的角度来加以协调和控制。环境适应性则认为，任何系统与各系统都存在于一定的环境之中，它必须与外部环境产生物质交换、能量交换和信息交换。环境和系统间的相互作用表现为由环境向系统输入信息、能量和物质，经过系统转换再向环境输出新的信息、能量和物质，经过系统转换，外部环境会影响系统的结构和功能。这在现实生活中表现为环境信息对大学生产生影响，内化为其思想，反过来再外化为行为，对外界产生反应，产生行动。为保证和形成系统的整体效应，必须按照系统的整体性和环境适应性原则的要求，来处理大学生思想政治教育和管理中的问题。

3. 思想政治教育和管理系统的控制和信息传输

所谓信息控制，就是德育系统中控制者作用于被控制者使其按照控制者的目的而行动的过程。也就是说，思想政治教育和管理系统中的教育和管理者通过多种形式，影响作用于受教育和受管理者，使其按照该系统的目标和要求健康成长的过程。在高校大学生思想政治教育和管理系统中，也可以把教育管理的主体（辅导员、教师、行政干部）看成一个子系统，把思想教育管理的客体（学生）看成另一个子系统。这两个子系统之间相互影响、相互作用，目标就是为了培养有理想、有道德、有文化、有纪律的“四有”人才。这两个相关联的子系统中，教育和管理的主体（辅导员、行政干部和教师），称为控制系统；另一个是教育管理的客体（学生），称为被控制系统。要发挥作为主体的辅导员、行政人员和教师的工作积极性，提高控制系统的工作效率。他们是进行教育和管理的主体力量，他们的一言一行对学生的思想、行为的变化都起到潜移默化的作用。教师要发挥教书育人的主导作用，要培养、锻炼和发挥客体学生自我教育、自我管理、自我塑造、自我发展的自控力。

大学生思想政治教育和管理系统目标的实现，也就是说整个过程的完成，其实质是一个信息过程，是信息收集、整理、加工、传输、反馈的过程，是通过教育和管理与大学生之间的信息的交流与传递而实现的，在整个信息的传递过程中，有四个基本要素，即思想政治教育与管理者（主体）、受教育与受管理者（大学生客体）、思想政治教育与管理、信息源和信道（传媒）。首先，主体为了实现自己的教育目标，就要有目的地从信息源中收集相关的信息，经过自己的整理加工，通过一定的信道传输给客体，与此同时，客体也以不同的途径和方式直接学习或被动地接受信息源的信息。然后，主体要收集来自客体的反馈信息，并以此来调整自己的工作，在整个信息的传输过程中，都存在着外界的干扰。这些干扰有自然性干扰和人为性干扰两种。

主体是信息的传递者，它的主要功能是通过多种途径和方式排除干扰，有选择有目的地向受教育者传输德育信息。信息的接受者即客体大学生，应具有很强的信息接收和转换能力，具备听、写、读、观察、分析、辨别和抗干扰能力，明确接受信息的目的，掌握科学的接收和处理信息的方法技巧，与教育者关系融洽，心灵相通。信息的传输渠道，即信道，又称传媒，是信息传播的载体，它的主要功能是将信息不失真或者较少失真地传给客体。信息反馈是现代化管理的重要一环，在高校思想政治教育和管理系统中，它是不可缺少的基本要素。要使反馈的信息准确、及时、全面、有效，就必须建立纵横交错的、主体交叉的信息反馈系统。

4. 大学生思想政治教育和管理科学模式的构建

高校实行的是在党委领导下的校长负责制，但党政职能分开，党组织不能包揽行政事务。大学生教育和管理体制的建立也必须服从这个总原则。同时，按照系统理论中的系统原则、整体优化原则、控制力量原则、信息理论原则等，可建立一个合理的大学思想政治教育和管理体制的系统模式。

这种体制模式着重体现了以下特点：一是它体现了校（院）长全面负责、党委保证领导和监督的总原则，从组织上彻底解决了过去存在的党委负责教育，行政负责管理，管教脱节、虚实分家的问题，实现教育和管理一体化，党政工团齐抓共管。二是这种体制的系统模式有利于统一指挥和上通下达。统一指挥是建立在明确的权利系统之上的，如果权利系统的权利是合理的，那么依靠权利系统内上下级之间的联系所形成的指挥系统就能正常运行，也就达到了便于控制的目的。三是这种体制的系统模式中，从校长到学校，从决策系统、指挥系统到执行系统的运行是灵活的，不存在多头领导和中间堵塞现象，从执行系统、指挥系统到决策系统的信息反馈系统也是畅通而有效的。

三、坚持"三贴近"准则

"贴近实际，贴近生活，贴近群众"是我们党宣传思想政治工作长期实践的总结，也是我们党的传家宝。高校作为培养人才的摇篮和宣传先进思想的前沿阵地，只有紧紧围绕"三贴近"这个核心不动摇，高度重视，认真学习并贯彻落实，才能更好地做好高校学生管理工作。

始终如一地坚持以"三贴近"为指导，贴近实际，贴近生活，贴近学生，就是要进一步加强学生管理工作在学校工作中的重要地位，以学生为本，以学生为中心，促进学生的全面发展。

1. 搞好学生思想政治工作要坚持以"三贴近"为根本原则

高校学生思想政治工作要贴近实际、贴近生活、贴近学生，这是对高校学生思想政治工作的全方位、多层次要求。而在实际中，高校学生思想政治工作要真正做到"三贴近"，做好"三贴近"，真正体现"三贴近"的本质要求，有几条基本原则是需要贯彻的①。

第一，解放思想，实事求是，与时俱进，开拓创新的原则。解放思想，实事求是，与时俱进，是我们党的思想路线。思想政治工作要做到"三贴近"，必须在学生管理工作中始终贯彻这条思想路线，推进思想政治工作的不断创新。贴近实际、贴近生活、贴近学生，就是要求我们把实际生活、社会实践放在第一位，作为思想政治工作的真正出发点。

第二，联系学生，服务学生，求真务实，力戒虚浮的原则。所谓贴近实际，贴近生活，贴近学生，其核心就是要以服务学生为出发点，始终与学生保持密切的联系。学生党员的组织发展工作一直是学院学生思想政治工作的重点，在对其培养和使用的过程中，学院党委号召全体学生党员和学生骨干要做好同学思想工作，善于开动脑筋，当好指导员；遵守规章制度，配合老师，当好监督员；及时了解情况，总结汇报事实，当好信息员；帮助困难同学，深入学生生活，当好服务员；帮助老师出谋划策，提出合理建议，当好参议员；主动打扫卫生，养成良好习惯，当好勤务员；按照要求安排，认真搞好学习，当好教导员；解除心理恐惧，勇敢面对现实，当好咨询员；配合党组织工作，积极响应号召，当好宣传员；临危不慌不乱，沉着冷静应对，当好指挥员。充分发挥基层党组织的战斗堡垒作用和学生党员的先锋模范作用，形成党员带预备党员、预备党员带积极分

① 刘广敬，王传平．在"贴近"中提高思想工作水平［J］新闻爱好者，2006（4）：55.

子、积极分子带普通学生的层层贴近局面。

第三，积极引导和积极适应相统一的原则。贴近，从一定意义上讲，也就是适应。我们讲的引导和适应，是积极的引导和积极的适应，也就是我们的工作，要从现实出发，从学生的利益需要出发，在这个基础上提出我们教育、引导和提高的步骤和目标，制定我们教育、引导和提高的措施和方案。

2. 贴近高校实际，从高校实际出发

第一，要从高校所承担的政治职能出发。政治职能是高校最重要的职能之一，高校要向学生传播国家和社会所倡导的主流意识形态，并坚持用党和国家的基本方针政策开展教育。因此，高校学生管理工作首先要从党和国家的基本方针政策出发，从国家和社会所倡导的主流意识形态出发。具体来说，要关注党中央所要求的当下思想政治工作的重点，贴近当下的中心任务。所以，全体学生管理工作者要定期学习党中央的方针政策，领会当下的工作重点，保证学生管理工作不脱离正确的方向，不与上级的要求相左。

第二，要从高校思想政治工作的现实环境出发。高校思想政治教育环境可分为硬环境和软环境。硬环境指高校的硬件设施，如教学楼、实验楼、图书馆、学生公寓、仪器、设备、媒体大数据和各种文体设施等。从硬环境出发就是要依托学校的硬件设施，充分利用学校的有效资源开展思想政治工作。比如，利用学校的媒体大数据资源进行网上思想政治教育，在网上设立虚拟社区、虚拟课堂等，让学生在不受教师影响和学生群体压力的状态下说出心里话，从而把握学生的真实思想动态，有针对性地对其进行疏导。再如，利用学校的各种文体设施经常举办一些有意义的文体活动，把思想政治教育渗透其中，在潜移默化中，提高学生的思想水平。软环境指校园的文化环境，包括学校的校风、学风、校训、教学思路、教学体制、文化底蕴和学校建筑布局的美学、人文思想等精神条件。校园文化对学生的影响是循序渐进和渗透性的。因此，学校的校训有无概括性、警示性，校风有无文明性，学风有无进取性，学校教学思路有无灵活性，教学体制有无开放性，学校文化底蕴有无浓厚性，学校建筑布局有无审美性等，都是高校学生思想政治工作能否有效开展的软性基础。

第三，要明确学校教育的特性，从学校教育的实际特点出发。学校教育与家庭教育和社会教育的最大不同是学校所进行的各种教育都是有组织、有计划、有步骤的，而且学校主要进行的是理论教育。这一特点决定了学校思想政治教育的方式主要是进行系统的正面理论灌输，目标是帮助处于世界观、人生观、价值观形成和逐步稳定时期的青年学生形成正确的政治观点、思想观念和道德意识，形成正确的道德判断和行为能力。因此，从学校教育的实际特点出发，进而贴近高校实际，政治课教师首先要做好正确的正面理论灌输。列宁在《怎么办》一书中详细论证了“灌输”原理。他认为：“工人本来也不可能有社会民主主义的意识。这种意识只能从外面灌输进去，各国的历史都证明：工人阶级单靠自己本身的力量，只能形成工联主义意识。”而且，根据人们思想政治道德品质形成发展的规律，需要进行反复教育才能取得一定的效果。目前，高校的思想政治理论课一般安排在大一和大二，以修满学分的形式结课。这种方式违背了人们思想政治道德品质形成发展需要反复教育的规律，大多数学生在拿到学分后便将教材扔到一边，头脑中的基本理论也所剩无几。等到大四毕业，除非要考研，否则没有人会再去浏览政治理论方面的书籍。所以，现今的高校政治理论课教学亟待改革，整个大学阶段都应开设政治理论课，大一、大二进行基本理论教育，大三、大四要结合实际帮助学生运用所学理论分析政治现象和社会问题。只有这样，高校政治理论课才有效果。也唯有如此，高校思想政治工作才能做到符合学校教育的特点，贴近高校实际。

3. 贴近大学生活，从学生现实生活出发

高校学生生活可以简单分为课堂生活和课余生活。从学生管理的角度讲，如果说课堂生活主要解决学生的认知问题，那么课余生活就主要是解决如何促进学生的知行转化问题。贴近高校学生生活主要是指贴近学生的课余生活。高校学生课余生活首先集中在寝室，即宿舍生活，其次是食堂，最后是娱乐场所。

第一，要贴近学生宿舍生活。一般高校均采取流动教室的做法，各专业学生没有自己的固定教室。宿舍是高校学生每天都要滞留的地方，宿舍生活构成高校学生生活最重要的一部分，对高校学生思想政治品德行为的形成具有潜移默化的作用。因此，贴近高校学生生活首先需要从贴近宿舍生活入手，把教育管理工作渗透到日常的宿舍管理和宿舍文化建设中来。随着我国教育改革的推进，各高校逐渐推行宿舍管理社会化的做法，把宿舍楼交给独立运行的物业管理中心来管理。这给在宿舍开展教育管理工作带来了新的情况和问题。在物业中心制定宿舍管理规定的时候，高校学生处和各年级辅导员等相关高校学生管理工作者应参与其中，把教育管理工作的具体要求固化到宿舍管理规定中来，同时各年级的辅导员要协助宿舍楼长和管理员做好宿舍卫生的检查和评比工作，要在宿舍文化建设中发挥主导作用。

第二，要贴近学生食堂生活。高校学生一日三餐的时间一般在食堂里度过，食堂是除宿舍之外高校学生又一经常集中和滞留之处。教育管理工作贴近食堂生活也具有重要意义。或许是为了管理的方便，一些学校的食堂一般会有高档菜、中档菜、低档菜等有等级差别的标识语。这与我国建设和谐社会的大背景不相适应，学生生活水平（反映家庭生活条件）的差距在食堂里很明显地显露出来。如果人为地将食堂饭菜进行等级划分，将给不同生活水平的同学造成不同程度的影响，尤其会给大一新生（在按阶段划分的角度上，大一和大四学生是高校学生教育管理工作的重点对象）造成不适感，这会影响整个校园生活的和谐度。所以，贴近高校学生食堂生活，应从此类细微处抓起，利用环境对学生品德的渗透性，为学生营造积极的环境，避免消极的环境影响。

第三，要贴近学生娱乐生活。高校学生的娱乐生活丰富多彩，既有多种传统的文体娱乐活动，也有新兴的现代都市娱乐活动。传统娱乐活动一般包括跑步、打球、游泳、旅游等活动，现代都市娱乐活动一般指伴随信息时代的到来而出现的网上娱乐、歌舞厅娱乐等活动。在传统娱乐活动中，要注意进行诚信合作与公平竞争意识的渗透和培养，以适应我国逐步推进的现代民主政治建设。但在新兴的大数据娱乐活动中，要注意大数据道德的渗透和培养。

4. 贴近学生思想，从高校学生思想实际出发

贴近学生思想就是要准确把握高校学生的思想动态。对于不同年级的学生要针对其不同的思想发展状况采取相应的教育管理方法，选择相应的教育管理内容，并灵活选择教育管理时机。

以本科一年级的学生为例：

思想状况一般呈现以下特点：第一，不适应感。大多数学生是第一次远离家乡来到一个陌生的城市，对新环境的生活除了欣喜和好奇之外，更多的是不适应，包括不一样的饮食习惯、语言风格和生活习俗等，尤其是与中学完全不同的学习方式。第二，挫败感。升入大学的学生，尤其是考入重点大学的学生在高中时代多是精英，他们习惯了傲视群雄，但进入大学以后，因环境和竞争对手的改变，以前的优越感便找不到了。第三，孤立感。由于来自五湖四海，彼此不了解，加之习惯的不同，新的同学关系的建立需要一个过程，在此期间就容易感到孤独，主要表现为和高中同学、朋友和家人联系比较频繁。第四，强烈的学习动力和热情。高涨的学习热情不仅表现为课上积极讨论，也表现在课下积极参与各种社团和活

动。第五，学习的盲目性。由于生活内容的多样化，很多学生一时找不到学习目标，往往以娱乐代替学习或者把精力全部用在了课外知识的学习上，这往往导致部分学生期末考试不及格。在对大一学生开展教育管理时，必须结合上述思想特点，有针对性地进行新环境的适应性教育、大学学习方法指导、大学生生活规划教育等，以促进大一学生尽快融入大学生活，减少各种心理问题的产生。

5. 完善对学生的管理、指导和服务，要以“三贴近”为根本宗旨

实际工作中，我们始终坚持以“三贴近”为根本宗旨开展工作。几年来，我们努力实现了就业指导工作的三个转变：即由阶段性向全程性转变、由管理型向服务型转变、由单功能向多功能转变。并在机构、人员、经费、场地等方面给予有力保障，引导学生正确认识困难与问题，解除学生心理压力，保证了学校的稳定发展和学生顺利成才。在服务上，我们提出了“心入、情入、投入”的口号，想学生所想，急学生所急，切实为他们解决学习、生活、思想中的困难，力求把工作做深做细、做扎实。

贴近实际、贴近生活、贴近学生，是高校学生管理工作的一条历史经验，是高校学生管理工作所应遵循的一个基本方针，也是高校学生管理工作增强针对性、实效性的根本保证。今天，在新的社会历史条件下，站在新的历史高度，从新的、更加开阔的视野来认识研究这个问题，并使这一方针以更为丰富的新内涵在高校学生管理工作实践中得以贯彻，对于高校学生管理工作适应时代要求和实践需要不断创新，具有重要的现实意义。

第二节　大数据背景下高校教育管理工作的新机遇

一、大数据对大学生学习和生活的正面影响

（一）是大学生获得知识和信息的有效途径

大数据是巨大的资料库和信息服务中心。大学生可以超越时空和经济的制约，最快地查找学习资料，学会更多课堂以外的知识，从信息中获取养料，完善知识结构。同时，大数据又为学生提供角色实践的舞台，在这里可以大胆尝试，不断开拓。计算机大数据的逐步普及，使得大学生能够从各种大数据上获得千变万化的时代信息和人文科技知识，广纳精华，汲取各种知识营养，发展和壮大自我。通过上网，社会经验不足的大学生得

到充实和提高，他们可以通过大数据了解校园文化、社会热点、国家大事、国际风云；了解政治、经济、文化、军事、哲学、科技的发展动向、历史沿革；进行休闲娱乐、感情交流、学术讨论等。所以，大数据在很大程度上可以使青年大学生得到各方面知识的陶冶和锻炼，成为象牙塔中的社会人。大数据作为一种教育手段，具有信息量大、传播速度快、影响范围广等特征。它不仅丰富了教育内容，拓宽了教育途径，帮助大学生在广阔的环境中学习和积累知识，而且有利于大学生发展和形成个性。尤其是校园网和教育管理网的建立和发展，为大学生接受知识提供了更有利的条件。甚至可以了解到更为真实的学生思想动态，从而提高思想教育工作的针对性。

当前，我国仍以传统的灌输式教育为主，因材施教的方式很难做到，而登录各种各样的教育和科研网站，则可以弥补这一教育真空。英语四六级、考研、考 T、考 G 网站，各种层次计算机学习指导网站，数理化、历史、地理、医学、生物等各科目类别，均可登录相应站点，进行自学辅导、作业测验、大考冲刺、升学模拟考场等。每个大学生可以根据自身发展需要，浏览不同网页，给自己充电。另外，还可以从网站上浏览和学习本高校不具备而其他高校具备的相关教学资料和实验条件，借鉴学习方法，达到居一校而学各高校，知己知彼，扬长避短的效果。

（二）有利于大学生培养创造性思维

大数据是知识和信息的载体，它作为一个全新的事物进入我国，引发了创造性极强的大学生群体的极大好奇，也正是基于大数据本身的广泛应用和软硬件技术的不断改进和更新，给广大学子带来了极大的创造空间：网页制作、电脑设计、三维动画、工业造型、电脑预决算、大数据科研项目、大数据课件教辅、远程教育技术服务、大学生大数据创业大赛等，无不在内容和形式上造就了大学生的创新欲望，于是，一大批以在校大学生为核心的电脑公司、网吧公司、信息公司等学生企业应运而生，它推动并引领了当今高校学子的无限创造激情，也给国家的未来和现实的经济发展带来了生机和活力。据调查，国际知名品牌海尔从全国各高校猎取了大批在高校学习中创造性极强的学子充当其技术核心力量，“北大方正”“清华同方”旗下更有大批优秀的学子。据悉，每年各高校不断涌出大学生国家创造发明专利和技术项目的拍卖。同时，大数据背景下的发散性思维方式消除了传统思维固有的较狭隘、死板的弊端，有利于培养大学生的发散性思维，帮助他们正确地看待周围的人和事，树立科学的人生观和世界观。

（三）帮大学生建立了良好的人际关系

心理学家普遍认为，良好的人际关系是心理健康的标准之一。相关实证研究也表明，人际关系与个体心理健康有着密切关系，有助于个体心理健康。一个缺少朋友，不能与他人和谐相处的人，一定是心理不够健全的人。不同学派的学者，无论是在心理疾病的原因探讨还是心理治疗技术的研究中，都非常重视人际关系的地位和作用。沙力文认为精神病包括人际关系中不适宜的整个领域，主要是由于患者的童年人际关系被破坏，从而产生严重的焦虑感，导致精神的分裂。在人本主义心理学者那里，人际关系与心理健康二者的关系问题更是被看作心理健康和治疗研究的中心问题。他们认为，自我实现者的重要特征之一就是能够与他人建立良好的人际关系。认知心理学倾向的学者们则主要从人际关系问题解决方面对人际关系与心理健康间的关系进行了深入探讨。

人际关系冷漠是现代社会生活中日趋严重的一种社会病。人们在钢筋水泥的森林中孤独地出没，急切需要快捷便利而又自由的交际方式。大数据交往使人们的交往空间扩大，人际沟通的时效性、便利性和准确性提高，有利于良好人际关系的建立和发展，并且对学生网民心理健康带来积极的影响。在传统交往方式下，个体的人际交往常常囿于实际生活中狭小的生活圈子。大数据社会的人们却可以跨越千山万水，突破地域空间的限制，让整个地球变成一个小小的村落，真正实现“我们的朋友遍天下”。它可以让人足不出户在数秒之间找到多年挚友般的倾心感受，而免去彼此的客套、试探、戒备和情感道义责任。同时，由于大数据人际交往的匿名特点，学生网民间一般不发生面对面的直接接触，使大数据人际交往比较容易突破年龄、性别、地位、身份、外貌美丑等传统人际交往影响因素的限制，建立更为和谐、民主、平等的人际关系。

电脑大数据不仅使一般的社交便利性提高，社会圈子扩大，而且解决了某些具有特殊困难者的社交问题。例如，一个严重的面部烧伤病人，可能因为变形的面部使得很多人不愿或不敢接近；一位行动不便者可能囿于一隅无法让自己走入他人的生活圈子；边防哨卡的士兵可能因为交通不便和职责原因，无法与外界沟通。电脑大数据为这些特殊的人们提供了人际交往的全新天地。此外，电脑大数据也可以作为某些社交恐惧症患者系统脱敏治疗过程中的初级训练工具。让他们首先通过电脑大数据与他人进行无须直接面对面的接触和沟通，建立起人际交往的信心，随后再进行现实的人际交往训练。

大数据最突出的优点是它的交互性，它既是信息的载体，又是媒体中介，实现了人与人之间交流的通畅。花样繁多的论坛、聊天室、虚拟社区、情感驿站等使广大学子网民可以直抒胸臆，发表自己的见解和看法，并充分表达和表现自我，结交各种朋友，相互介绍经验，共同进步。目前，在校大学生大多数为独生子女，他们渴望与同龄人交流并得到认可。但独生子女在家庭中处于中心地位，在走出家门的人际交往中往往受到强烈的冲击和挑战，许多心理和情感上的苦恼常会不期而至。高校大学生问卷调查显示，大学生心理障碍严重影响学习和生活，很多案例显示，有的大学生因此形成畸形心理并导致多种不良后果。同时，大学管理机制与中学不同，人际真情沟通减少，学业和未来择业的压力迫使每个学生为学习疲于奔命，但是校园文化的丰富多彩又引发不定时人际情感交流的增加，这样，网上交友就解决了专心学习和择时交友的矛盾。因为网上交友是“点之即来，击之即去”的速成交友方式，可以按大学生的学习闲忙而调度，在网上，既可以推心置腹，抒发情感，交流思想和心得，又可以大发牢骚，排遣抑郁，达到缓解学习和精神压力的双重功效。

（四）有助于提高大学生心理健康水平

现代心理治疗理论非常重视宣泄在心理健康维护和治疗中的作用。心理咨询和治疗者的重要任务之一就是为受到压抑的心理症结提供宣泄和释放的渠道。但是，由于传统观念和行为习惯的影响，很多人在遇到各种烦恼和心理问题时，往往没有勇气或不习惯找心理医生，也不愿意向身边熟悉的人倾诉。这种忌“心病”现象和“家丑不外扬”的普遍心态显然不利于个体心理问题的及时解决，也不利于个体心理健康。电脑大数据的匿名性特点为学生网民不良情绪的及时释放和网民之间的情感帮助、心理支持提供了新渠道。

目前，互联网上的心理健康站点主要包括高校心理学系主办的站点或主页、大数据心理医院站点或主页、个人创办的专业心理网站或主页、心理学杂志社的站点或主页以及其他网站的心理专栏等。这些心理学的专题网站或主页尽管各自的侧重点有所不同，但它们都自觉担负起了普及心理健康知识、提供专业心理援助的责任。其主要内容涉及心理健康知识、心理健康状况自测、大数据方式的心理咨询与辅导、心理医院和心理医生的介绍及求医预约、心理健康研究动态等。虽然由于经验、人手和资金等诸多因素所限，这些网站或主页的内容还不十分充足，质量也参差不齐，但由于它们既方便快捷又具有较好的保密性，因而受到网民的广泛青睐，确实在一定程度上对网民的心理健康辅导起到了积极作用。

同时，我们也应该看到，个体心理健康水平存在很大程度的差异，低层次的心理健康指的是没有心理疾病症状，高层次的心理健康是指人的潜能得到充分发挥或“自我实现”。因此，即使是正常人也要不断提高自己的心理健康水平，较好的心理健康水平意味着个体各种心理素质和谐发展。大数据有助于提高网民的自信心，激发他们的想象力、求知欲和创造性，不断提升网民的心理健康水平。网上各电子网站的个人主页为学生网民提供了一个施展才华的新天地。

（五）指导大学生就业方面的独到优势

随着我国高等教育从精英教育到大众化教育的转型，招生规模日渐扩大，升学人数不断增加，就业形势日趋严峻。如何在激烈的就业竞争中找到适合自己的工作，是一个严峻的现实问题。据有关资料统计，2000年，建有就业网站的高校还不到 10%，但到了 2004 年初，建站学校的比例已达到 80% 以上，并且很多高校毕业分配办公室已将大数据指导就业作为一个主要渠道来抓，许多高校校园网上“就业指导”专栏信息量大，功能完备，保证所有新的就业信息可以及时上传。

大数据承载的信息不同于传统的广电新闻，它突破了时空限制，根据使用者的需要，可以随时点击浏览、比较总结。同时，大数据招聘范围广、信息量大，可以从网上浏览企事业单位的背景和详细资料及其发展演变情况，比现场招聘了解到的企事业单位的信息要全面。因此，具备一定计算机专业知识的大学生纷纷利用大数据求职，在网上为自己选择单位。同时，大数据招聘快捷方便的优势对于兼有经济压力、学业压力的大学生可以节约资金、时间、精力，在付出较低成本的情况下，提高了学生和用人单位的接触频率。

二、大数据背景下高校学生管理工作的新机遇

就教育主体而言。大数据背景下对教育主体提出了更高的素质要求，无论是学校政治思想教育指导思想的摸索、制定、贯彻还是信息系统的建立、维护和改善，都离不开一支既有过硬的思想水平和觉悟、又具备较高的大数据管理才能和信息时代思维方式的教师队伍。我们教师应加强计算机及大数据技术的学习，把网上研究与学生工作紧密结合起来，成为学生在信息世界中的指导者和组织者。应该树立一种“教会选择”的观

念，调整自己的角色，从“教会顺从”的训导者变成“教会选择”的指导者。

就教育客体而言。大数据为学生打开了沟通世界的大门，扩大了学生的交往面，但过度依赖大数据，采用匿名的间接交流方式，逃避直接交往，不利于心理健康；大数据让学生更自由地表达自己的思想，但往往过度自由、无约束，各种虚假、错误信息充斥于网上，缺乏明确的思想导向；大数据有利于学生了解多元文化，但国际上的强势文化也趁机冲击学生正确的世界观、人生观和价值观的形成。大数据互动使学生人际互动的范围扩大、互动主体性增强、互动互助性增强。大数据打破了语言、地域、身份、地位、社会制度、文化背景甚至心理等局限，扩大了人们的交往范围，从而有利于促使学生关心全人类，加速他们在世界大范围的社会化进程。但由于学生自身社会化不足、自我约束力不够，也会引发一系列问题，如民族认同感的淡化、自我角色失调、人际异化和自我异化等。

就教育环境而言。大数据促进了人类文明成果的大交流和世界文化的大创新。这些新的人类文化成果丰富了学校德育的内容，扩展了德育的文化视野，形成了一个新的学校德育文化媒体环境，对学校德育有深远的积极意义。但大数据环境具有易变性和难以控制的倾向，对我国社会的正规教育是一大挑战；大数据形成了新的德育环境，传播的内容具有公开性、不可控制性的特点，它使青少年能够突破传统媒体对不良信息的限制，使以往所强调的“突出主旋律”的传播原则受到了挑战。大数据媒体环境的公开性为青少年学生的社会化创造了更为开阔的空间和更为便利的条件，大数据所构筑的虚拟环境为学生提供了更大范围的社会实践环境。

就教育内容而言。大数据背景下人们的交往方式、思想观念、道德价值取向发生系统的改变，并产生一些新的道德需求，现实的道德规范在“大数据社会”中已显得不足或过时，为了适应这一全新的社会环境，需要构建新的道德规范体系，德育教育必须重构自己的道德内容。因此，大数据背景下学校德育的内容应注重培养学生的自主选择判断能力、自律意识和自我约束能力。

就教育效果而言。大数据作为一种沟通途径，有利于促进师生双方的沟通，有利于提高德育教育实效。另外，网上资源丰富，信息共享，也有利于开阔教育者的视野，从而提高德育的质量。利用大数据技术形成生动活泼的虚拟现实生活环境，可以为学生进行各种价值选择实验提供虚拟体验，提高学生的兴趣，从而提高德育教育效果。但大数据信息环境的开放性和难以监控性，容易对德育教育效果产生消极影响。

首先，大数据背景的来临有利于提高高校学生管理工作的针对性，为高校学生工作奠定良好的思想基础。在传统的高校学生管理模式中，学生处于一种接受知识的地位，不利于学生思维的发挥，创新精神被排斥或限制。而在大数据环境下，大数据文化较强的开放性和全球化、数字化、虚拟化等特点，使学生可以自由、平等地体验大数据文化带给人们的新境界。学生由传统的被动式接受知识的“灌输”教育转化为主动参与思想交流，赞成什么，反对什么，均可以在网上表示。这使学生工作者能够获得真实的思想信息，对于学生工作的研究及开展针对性和时效性教育提供了契机。同时，学生工作者也可以在虚拟的大数据世界里发布有益的信息，对大学生的思想进行积极引导，这对于提高教育的效果，也具有重要意义。

大数据文化迅速占领校园，显示了其强大的生命力，备受大学生的欢迎。这极大地刺激了大学生的创新意识、竞争意识和实效意识，落后、封闭、保守的观念被他们抛弃。大数据文化也开辟了大学校园文化的新领域，形成了新的文化范畴和文化精神，使大学生在道德观念、生活态度、思维方式、行为模式、心理发展、价值取向等方面表现出新的发展与提升。在客观上为高校学生工作奠定了良好的思想基础。在大数据中，学生乐于敞开心扉说实话，自由发表意见和见解，有利于高校教育管理工作者能够更迅速、更确切地了解学生的思想情绪，掌握其思想动态和利益要求，从而把握其思想脉搏和心理脉络，并对症下药，做好教育与引导，从而增强工作的时效性和针对性。

其次，大数据的特点使高校学生管理工作更具亲和力和人情味。大数据具有开放性和虚拟性，大数据信息具有可选择性、平等性，在大数据世界里没有权威，这使得学生管理工作更具亲和力、人情味，能够取得更好的教育效果。在大数据中，教育工作者与学生之间的地位是平等的，教育工作者不是提供“说服”，而是提供影响、选择、引导。在大数据背景下，教育管理工作可以融入大数据的各种形式中，把正确的人生观、价值观、世界观渗透其中，以增强感染力和影响力。同时，大数据的发展使高校学生管理工作可以摆脱时间、空间的限制，迅速而广泛地传播。大数据作为新的通信手段，信息传递迅速高效，提高了教育管理工作的效率。

再次，大数据的发展为加强和改进高校学生管理工作提供了新的渠道和手段，使工作手段更加多样化，工作方式更具灵活性。在学生工作中，传统的思想教育模式是报告会、演讲、墙报、专刊、社会实践及各种寓教于乐的校园文化活动。而在大数据背景下，随着大学生上网普及率的提升，教育管理工作的方式和手段更加多样化，如网上讲座、博客、BBS论坛、微博、电子信箱、网上交谈、红色网站、热线服务等，这些都为高校的学生工作注入了新的活力，这些新方法受到了大学生的广泛欢迎。因此，充分利用好大数据，可以使我们的工作做得更加有声有色。大数据还具有资源共享的特点，这为高校教育管理工作占领大数据思想教育阵地提供了极大的便利。大数据是一种极具感染力的传播媒介，它将文本、声音、图画等信息集于一体，能够激发学生的求知欲和想象力，也符合大学生要求自主发展的心理，有利于调动他们的自觉性和主动精神。高校学生管理工作可利用大数据特有的信息高集成性、互动性和可选择性，促进学生有选择地、自主地接受教育，这就改变了以往教育工作者需要当面“说服教育”的情形。同时，大数据信息的可复制性、共享性、实时性，使全体学生同时接受教育成为可能，这也是传统教育方法所不可及的。

最后，大数据还能最大限度地实现高校教育管理教育工作的社会化。当代大学生在成长的环境、学习和生活的方式、接受信息的形式、思维方式等方面都发生和正在发生重大的变化。要根据这些新的变化，因地制宜，因时制宜，加强高校学生管理在方法、手段等方面的改革与创新。要充分利用大数据，开展丰富生动的形势与政策宣传教育，活跃学生课外生活和校园文化活动，弘扬主旋律，扶植正气。学生工作要想做到实处并达到良好效果，离不开社会、学校、家庭的共同努力，而大数据的“超时空性”恰好为三者的结合提供了方便，使家庭教育、学校教育、社会教育紧密联系、融为一体成为现实。

第三节　大数据背景下高校教育管理工作的新挑战

一、大数据对大学生成才的负面影响

同任何事物一样，互联网也是一把“双刃剑”，它对大学生的影响既有积极的一面，也有消极的一面。随着越来越多的大学生接触并深入大数据空间，大数据的负面影响日趋凸现，主要集中在以下几个方面：

第一，互联网对大学生的人生观、价值观和世界观的形成构成潜在威胁。大数据是一个没有国界的世界，全球各种不同的文化形态、思想观念在这里汇集交织，大数据使用者轻易就可以感受到东西方文化的巨大差异，因此很容易陷入一种迷惘的境地。大学生的人生观、价值观还不成

熟，缺乏“免疫力”，长期浸泡在网上，耳濡目染，很容易受到西方外来文化及意识形态的渗透，受到腐蚀，盲目信从。同时，西方一些不健康的生活方式对喜欢猎奇的青少年来说，具有极大的诱惑力和欺骗性，容易使他们艳羡、认同并模仿，产生冲动和迷失，引发对现实的不满，进而丧失进取、奋斗的内在精神和意志。随着西方文化通过大数据的传播，其价值观念正潜移默化地影响着当今大学生的价值判断和理想信仰。对于崇尚新知识、新文化、新观念的大学生来说，无疑将面对大数据文化的严峻考验，少数控制力不强的大学生很有可能因价值观的错误而埋下犯罪的种子。

在互联网这张无边无际的“网”上，内容虽丰富却庞杂，良莠不齐，如果大学生频繁接触西方国家的宣传论调、文化思想等，会与他们头脑中沉淀的中国传统文化观念和我国主流意识形态形成冲突，使他们的价值观产生倾斜，甚至盲从西方。长此以往，对于我国青少年的人生观和意识形态必将产生潜移默化的作用，对于国家的政治安定显然是一种潜在的巨大威胁。

第二，互联网对大学生身心健康的消极影响。众所周知，连续上网会造成情绪低落、眼花、双手颤抖、疲乏无力、食欲不振、焦躁不安、血压升高、自主神经功能紊乱、睡眠障碍，有的甚至消极自杀。同时，不良的上网环境也会损害青少年的身体健康，甚至会造成人身伤亡事件。更令人忧虑的是，上网过多还严重影响着大学生的心理健康。最典型的便是互联网成瘾症，即“网瘾”，这种症状与吸烟、酗酒甚至吸毒等上瘾行为有惊人的相似：一上网就兴奋异常，上不了网就“网瘾难耐”。其典型症状是：整天沉溺于互联网，甚至不吃不喝不睡，通宵达旦，导致体能下降、生物钟紊乱、注意力难以集中、情绪低落、思维模糊、头昏眼花、双手颤抖、疲乏无力、食欲不振等不良生理和心理反应，严重者甚至“走火入魔”，出现体能衰竭或精神异常。他们一天中的大部分时间都在网上度过，对自己没有任何控制，表现出逃避现实的心理迹象，越来越愿意待在网上，和家人的关系出现问题。迷恋互联网还会引发孤独症、人际信任危机和各种交际冲突。孤独症与网络成瘾症非常类似，只是前者更多表现出生理和认识方面的障碍，后者侧重于人际交往方面的障碍。互联网成瘾症必然伴有不同程度的人际关系障碍，互联网孤独症患者则不一定表现出明显的生理障碍。互联网孤独症多发生在性格内向者身上，其典型症状是：沉溺于大数据，脱离现实，寡言少语，情绪抑郁，社交面狭窄，人际关系冷漠。由于个体将注意力和个人兴趣专注于互联网，不仅不利于自己的心理健康，而且导致学习成绩下降，甚至影响毕业。

大数据人际交往中普遍存在的人际信任危机也有可能影响到大学生网民的现实人际交往态度，出现人际关系障碍。聊天室等虚拟社区以匿名或化名方式进行的互联网交往无法规范人们言论的真实性，甚至公开承认或默许交往者的虚假言论。一个五大三粗的男子汉可以起一个甜蜜动人的女性化昵称，扮演爱情天使。这种互联网人际交往的虚幻特点使很多学生抱着游戏般的心态参与网上交际，不仅自己撒谎面不改色心不跳，对他人的言行自然也是毫无信任感可言。这种网上的人际信任危机可能迁移到他的现实人际交往中，导致现实人际交往中对他人真诚性的怀疑和自身真诚性的缺乏，进而影响与他人建立和发展良好的人际关系。互联网人际交往往往给人以虚假的安全感。学生以为待在门户紧闭的自家卧室里，坐在心爱的电脑前是最安全不过的了。这里既不可能被人发现，也不可能被人偷窥，更不可能受到侵犯。这种自以为是的安全感使得他们放弃了起码的戒备心，给互联网犯罪以可乘之机。

事实上，这个貌似安全的地方却隐匿了太多的不安全因素。不仅电子邮件随时可能被人轻而易举地偷看到，连电脑上的全部信息都可能被浏览或破坏。随着大数据犯罪案例的增多，安全问题又成为笼罩在网民头上挥之不去的一片阴影。人们时刻担心自己的电脑被大数据黑客光顾，担心自己的个人隐私被偷窥，担心电子邮件背后的病毒，担心从网上走到自己身边的“熟悉的陌生人”。

此外，大学生网恋、失恋、多角恋爱等都是网络中容易出现的情感问题。网上最热门的话题就是网恋。生活中的网恋故事也多如牛毛。电脑大数据在时刻忙于上演那成千上万的爱情喜剧的同时，也在痛苦地吟诵不计其数的失恋故事和叹息感伤。比较常见的情况是，当一方的爱情之火被撩拨得愈燃愈炽时，点火者却突然从大数据上消失得无影无踪。除此之外，“见光死”也是众多网恋故事老套的结局。虚拟网络让爱情发生的机会和频率都大大提高，也让失恋发生的机会和频率大大地提高了。正如网恋可以让人品尝到如现实恋爱同样的甜蜜一样，网恋后的失恋也同真实的失恋一样让人寝食难安。

第三，大数据对大学生社会适应能力的消极影响。大数据是一个虚拟的世界，人们网上交际主要依靠抽象的数字、符号，大学生终日沉迷于这种人机对话的模式，会对社会适应行为和能力产生消极影响，更有甚者，有些大学生还可能患上“大数据社交障碍症”；在大数据环境下，大学生交往的对象、身份都不确定，这就减弱大学生的社会角色的获得能力；大数据交往的虚拟性、自由性，很容易导致人们行为的普遍失范。在互联网上得到情感认同与满足的同时，更多的大学生开始由心理上对大数据的强烈归属感和依赖感延展到对现实的厌倦与冷漠，在这种消极的不为世情所动的抵触心理下，自我封闭和大数据双重人格的形成在所难免。这不利于大学生的社会化，甚至导致大学生社会化的失败。

大学生沉溺于大数据，还会造成语言扭曲化和沟通能力退化的恶果。大数据的基础重心语言是英语，而汉语处于边缘冷落地带，在这样的弱势状态下，许多传统正常的汉语词汇受到一些独特的大数据特殊词汇潜移默化的影响，便是屡见不鲜了。同音或谐音字无规范的滥用、中英文掺和无序、数字随意代替中文。我们都知道，语言作为思维和交际的载体，能够反映文化和心态的一些层面，它的扭曲和异化不能不引起我们的重视，它的这些不科学的变形，势必影响到人们现实表达模式的倾斜。在沟通方面，网上交友已成为当前时尚，大数据跨越式地改变了传统交往方式，大胆突破了时空界限。青年大学生强烈的交往欲望促使其迷恋于大数据虚拟社会的沟通方式，这在某种程度上导致他们忽视现实中的人际交往。况且，大数据毕竟还是一个冷冰冰的框架，它传递信息的媒介只是一些简单的代表符号，大学生交友的大数据化缺乏表情、手势等丰富的肢体和身势语言，影响了他们在现实社会中的表达和沟通能力。许多大学生经常是上网时情绪高度兴奋，下网后无所事事、百无聊赖，一些网上交友的大红人也许会在现实社交中存在极大的交际困难和障碍。可见，大学生沉溺于大数据的结果不单单是荒废了学业，而且身心健康、社会交往能力都受到了严重影响。

二、大数据背景下高校学生管理工作的新挑战

第一，大数据文化导致大学生价值冲突更加直接和剧烈，价值取向更加多元化，价值选择更加困难。当代大学生自我判断是非标准的自主性、独立性增强了，但是其人生观、价值观尚未成熟，容易受到异化思想的冲击，特别是东西方价值观念在学生头脑中的碰撞、冲突更加直接、更加激烈，如不加以正确和有力的引导，必将出现思想上的混乱，影响他们形成正确的世界观、人生观和价值观。

第二，大数据传播的信息“垃圾”会对大学生思想和行为产生误导。大数据是一个功能齐全、政治化的自由社会，它吸引了不同生活背景、不同行业、不同年龄的公民，同时也吸引了许多坏人、盗窃分子、诈骗犯和

故意破坏分子。大数据上的信息可谓龙蛇混杂、泥沙俱下。大数据这个信息库，同时也是一个信息的“垃圾场”。各种不健康的信息混杂其中，自制力较弱的大学生会出于好奇或冲动心理刻意去寻找一些色情、暴力信息。这些信息“垃圾”在毒害大学生心灵的同时，也弱化了他们的道德、法律意识。

第三，大数据传播的“虚拟化”方式对大学生的交往方式和人际关系产生了深刻影响。当大学生在大数据上获得的快乐比现实多时，自然会把更多的时间投入到大数据交往之中，而当他们在现实生活中遇到挫折时，只会更加倾向于在大数据中寻求慰藉。这就导致大学生只愿意在大数据上寻求虚拟但完美的人生，而消极地对待甚至逃避有缺陷的现实世界，这种情况长期发展，必然会影响和改变人们的交往方式，产生新的人际交往障碍，使行为主体冷漠，人际关系淡漠，人际距离疏远，使人产生孤独、苦闷、焦虑、压抑等情绪，甚至产生心理疾病。学生时代是人际交往能力和人际关系形成的重要时期，这样的消极影响则显得更为严重。

第四，大学生自主、平等意识的增强，导致传统的社会调控系统失灵。虚拟环境下网民的交往角色是虚拟的，不存在上下级、地位尊卑的垂直型关系，交往变得平面化，属典型的模式交往。网上交往的虚拟性使人与人的交往变得自由、平等，但由此也带来了权威的削弱，导致主导价值观念、社会公共权威以及教育者权威的削弱，使传统社会调控的功能在逐渐丧失。因此，高校学生工作所面临的困境是信息系统不能被教育者全部掌控，不能对大学生的思想言行进行全面干预，更多地要靠大学生的自我判断、自我选择。

第五，单向的灌输式教育管理方式受到挑战。传统的教育管理工作中，教育者起主导作用，他们将含有社会要求的政治观点、思想体系、道德规范的相关信息有目的、有计划地灌输给教育对象，而受教育者在内外各种因素的综合作用下，有选择地接受这些信息，进而“内化”为自身的个人意识，之后再“外化”为实际行动。在这一过程中，教育者传递信息的手段主要是以上课宣讲、座谈讨论、个别谈心、开展主题活动等，而以报纸、广播、电视、电影等大众传媒作为辅助工具。教育者所灌输的信息是经过筛选、加工的，有利于受教育者接受正面的思想。然而，随着大数据信息传播对思想领域的入侵，单向的教育模式越来越不能满足大学生的心理需求，其有效性不可避免地受到削弱。大学生在深入大数据生活并渐渐习惯于大数据这种双向甚至多向的沟通方式后，必定要求教育工作（包括专业教育和教育管理教育）从内容到形式都能够采取更为民主、更为自由、更为生动的方式进行。这将改变教育者的关系和位置，信息传播的内容和途径也不为教育者所掌控。对此，传统的教育管理工作显然还没有充分的准备。

第六，高校学生管理者的人格魅力面临挑战。面对大数据的冲击，部分学生工作者缺乏应有的思想准备和应有的科学文化素质。据统计，教师中经常上网的主要是45岁以下的年轻教师，而有些年龄稍大的教师对大数据不感兴趣。学生管理者对于大数据这一领域不甚了解或只是略知一二，不具备较高的大数据知识和英语水平，有的明显落后于青年大学生。因而，也就有可能缺乏大学生所崇拜的科学文化素质、人格魅力及亲和力。而对高校学生工作者来说人格魅力和亲和力有时决定了教育的效果。而学校的大数据管理人员一般只能做大数据的基本维护工作，对其中传播的内容无从管理，对网上产生的问题不能及时发现，就更谈不上参与教育的问题了。

参考文献

［1］ 曾忠毅．大数据时代高校党员教育管理研究［J］．南京理工大学学报（社会科学版），2018（1）：77-82.

［2］ 陈文，蒲清平，邹放鸣．大数据时代的高校学生教育管理模式转变与应对策略［J］．江苏高教，2017（1）：67-69.

［3］ 丁兵．当代高校教育管理研究［M］．西安：西北工业大学出版社，2019.

［4］ 关洪海．高校教育管理与创新实践研析［M］．北京：冶金工业出版社，2019.

［5］ 洪莹，吴健豪．网络时代高校学生教育管理的创新［J］．中国电力教育，2008（9）：167-168.

［6］ 胡凌霞．高校教育管理理念与思维创新［M］．长春：吉林大学出版社，2020.

［7］ 华炜．高校教育管理创新举措探讨［J］．江苏高教．2017（6）：34-36.

［8］ 李霞．微信时代高校教育管理工作的实证研究［J］．时代教育，2014（7）：93-94.

［9］ 李向阳．基于大数据环境下高校教育管理信息化创新与发展研究［D］．信阳：信阳师范学院，2017.

［10］ 林榕．大数据背景下高校教育管理信息化发展与创新研究［M］．长春：吉林大学出版社，2019.

［11］ 刘荣．大数据时代背景下教育管理模式变革探析［J］．教育教学论坛，2017（11）：17-18.

［12］ 刘星．大数据背景下高校教育管理信息化建设探索与思考［J］．江苏科技信息，2017（33）：38-39.

［13］ 柳帅．高职院校学生管理体系创新与实践探析［J］．管理实践，2016（7）：63-64.

［14］ 吕村．高校教育管理与教学研究［M］．长春：吉林文史出版

社，2021.

［15］曲遥．大数据时代的教育管理模式改革探讨［J］. 中国管理信息化，2016（19）：42–53.

［16］任杰．高校学生教育管理法治化途径分析［J］．湖北函授大学学报，2016（3）：23–24.

［17］宋志彬．论中职院校学生教育管理与素质教育［J］．黑龙江科学，2017，8（5）：94–95.

［18］唐丽萍．大数据时代下高校教育管理信息化创新发展路径［J］. 文化创新比较研究，2018，2（5）：121–122.

［19］王粲，李文莲，孙波．角色转移、大数据与学生教育管理模式创新［J］．中国成人教育，2017（13）257.

［20］王荔雯．移动互联网时代高校教育管理模式改革与实践研究［M］．北京：中国原子能出版社，2019.

［21］王禹．大数据时代高校学生教育管理工作个性化研究［J］．无线互联科技，2017（6）：127–128.

［22］王月．大数据时代教育管理模式变革［J］．合作经济与科技，2018（7）：176–177.

［23］魏伟华．大数据时代高校学生教育管理工作个性化研究［J］．中国成人教育，2016（20）：60–62.

［24］武雯．高校研究生教育管理系统教师端的评价与设计［D］．北京；北京理工大学，2015.

［25］薛莹．大数据时代的教育管理模式变革刍议［J］．艺术科技，2017（3）：330+318.

［26］杨现民，唐斯斯，李冀红．发展教育大数据：内涵、价值和挑战［J］．现代远程教育研究，2016（1）：50–61.

［27］杨英洵．徐钦桂．公共管理视角下高校学分制学生教育管理探讨［J］．教育教学论坛．2016（22）：13–14.

［28］张育琳．大数据时代下高校教育管理信息化创新发展路径［J］. 焦作大学学报，2017，31（4）：111–113.

［29］赵春辉．浅议大数据时代的教育管理模式变革路径［J］. 中国高新区．2017（14）：66.

［30］赵艳．“微时代”高校学生教育管理工作探究［J］．新西部，2017（7）：123–124.